過去問7回分＋本年度予想

技術士
第一次試験 '24年版

過去問を制するものが試験を制する！

建設部門対策

ガチンコ技術士学園 浜口智洋 著

秀和システム

は じ め に

　私が技術士第一次試験に合格したのは、今から20年前、平成15年度でした。当時私は、地方の建設コンサルタントに勤めていたのですが、一回10問からなる小テストを毎週作成し、同僚たちに強引に受けさせました。効果は絶大でこの年、社内の技術士受験合格率は90％以上を記録しました。

　そして、その翌年の平成16年度に技術士第二次試験に合格し、見事技術士登録を行うことができました。この経験をもとに、翌年、会社を退職し、ガチンコ技術士学園を立ち上げ、インターネット上で技術士受験対策講座をスタートさせました。今では、技術士第一次試験対策講座（基礎適性科目、建設科目）、技術士第二次試験対策講座（建設部門、上下水道部門、総合技術監理部門）そして口頭試験対策講座を開催しています。本書は、ガチンコ技術士第一次試験対策講座のテキストを用いた過去問解説集となっています。また、15年以上も講座を行う中で培った最良の模擬試験を用意しました。ぜひ、今年の勉強に役立ててください。

　技術士第一次試験は、出題範囲が広く、難しいわりには資格としての直接的なメリットはほとんどありません。しかしながら、技術士になるためにはJABEE認定学校卒業者以外は避けることのできない試験でもあります。モチベーションの維持が難しい試験でもありますが、私の体験として強く訴えたいことは、第一次試験の勉強を第二次試験に通じるものと位置づけた勉強を行うことです。

　ただ合格することを目標とするのではなく、専門知識を拡げること、深めることを目標としてください。第二次試験は道路で受けようという方にとっても、河川で受けようとしている方にとっても、第一次試験の土質やコンクリ、河川、道路、施工計画、建設環境といった勉強は決して無駄にはなりません。しっかり取り組むことは第二次試験に必ずプラスになります。さらに、こうした勉強は、実際の業務にも役立つはずです。

　令和6年度、真面目に第一次試験対策に取り組んでください。そして、令和7年度のガチンコ技術士学園の技術士第二次試験対策講座に申し込んでいただけることを期待しています。その先には成長した技術者の姿と、責任ある立場が待っているはずです。頑張ってください。

令和6年2月

ガチンコ技術士学園（gachinko-school.com）代表

浜口智洋（技術士：建設、総監）

本書の使い方

本書は平成30年～令和5年度の技術士第一次試験の「建設部門過去問題」と、1年分の「令和6年度予想問題」と詳細な「正答・解説」から構成されています。以下に簡単に本書の使用例を紹介いたします。

①建設部門の過去問1年分を解く

まず参考書も何も見ずに過去問1年分にチャレンジしてください。おそらく、容易に解答できる問題、ある程度理解できるが正解までは辿りつけない問題、全くわからない問題、に分かれるでしょう。全くわからない問題があってもそれほど心配することはありません。この建設部門は35問中25問、好きな問題を選んで解答する方式です。結果として合格点に達していれば良いのです。

苦手な分野を外して解答しても合格点に達していない場合には、巻頭についている傾向分析を活かして、どの分野が出題されるかを知り、そのうちどれが自分にとって得点しやすい分野かを検討しましょう。わかったらそこを重点的に学習し、得点源にしましょう。そうすれば合格の確率を上げることができます。

②残りの過去問を解く

残りの過去問は、参考書等を見ながらでもよいので、時間を気にせず解答を導くまでじっくりと考えましょう。この際、インターネットを利用して、その内容や関連分野を学びながら学習することをおすすめします。ここで、誤った問題、間違った問題にチェックをしておくとよいでしょう。

③重要事項をノート等にまとめる

本書には詳細な解説がありますが、自分で苦手な分野をノート等にまとめることで知識の確認を図りましょう。

④誤った問題をもう一度解答する

間違った問題に何度もチャレンジしましょう。この時点で、ほとんど理解ができない問題については、手を付けないほうがよいでしょう。

⑤予想問題を解く

予想問題は出題が予想される内容に加え、各分野の基本的な内容、重要分野を中心に構成されています。試験時間内で指示通りに解答し、合格点に達しているか確認しましょう。結構試験時間が短いことや、理解できていない箇所が浮き彫りになってくるでしょう。自分の苦手分野をつかんだら、そこを重点的に学習することで万全の対策となります。

過去問7回分＋本年度予想

技術士第一次試験建設部門対策 '24年版

CONTENTS

重要！
Ⅰ～Ⅳまでの試験実施に関する記述は本書執筆時点での情報ですので「参考用」としてください。試験に関する公式な情報は必ず実施機関から得てください。

Ⅰ．技術士第一次試験案内

①受験申込書等の配布

「受験申込書」及び「受験の手引」は2024年6月7日（金）〜6月26日（水）に配布されます。

（公社）日本技術士会及び（公社）日本技術士会の各支部等で入手するか、郵送での配布を請求してください。請求の方法などは日本技術士会のホームページで確認しましょう（平成23年度から受験申込用紙等のダウンロードも可能）。

②受験申込受付期間

2024年6月12日（水）〜6月26日（水）（土曜日・日曜日を除く。）

受験申込書類は、公益社団法人日本技術士会あてに、原則郵送（書留郵便（6月26日（水）までの消印のあるものは有効。））で提出すること。

③受験申込に必要な書類

１．技術士第一次試験受験申込書（6ヵ月以内に撮った半身脱帽の縦4.5cm、横3.5cmの写真1枚貼付）

２．基礎および専門科目の全部もしくは一部を免除されるものは、免除に必要な証明書又は書面（免除については⑦試験の一部免除についてを参照。）

④試験日

期日　2024年11月24日（日）

⑤ **試験地**

次のうち、受験者があらかじめ選択する試験地において行う。

北海道、宮城県、東京都、神奈川県、新潟県、石川県、愛知県、大阪府、広島県、香川県、福岡県及び沖縄県。

なお、試験会場については、10月下旬の官報に公告するとともに、あらかじめ受験者に通知する。

⑥ **試験科目**

基礎科目、適性科目、専門科目の3科目で行われます。

概要は以下の通りです（建設科目については13ページ以降で詳しく解説します）。

1	基礎科目	科学技術全般にわたる基礎知識
2	適性科目	技術士法第四章（技術士等の義務）の規定の遵守に関する適性
3	専門科目	下記の20技術部門の中から1技術部門を選択

なお、参考までに専門科目の概要は以下の通りです。

技術部門
1. 機械部門
2. 船舶・海洋部門
3. 航空・宇宙部門
4. 電気電子部門
5. 化学部門
6. 繊維部門
7. 金属部門
8. 資源工学部門
9. 建設部門
10. 上下水道部門

11. 衛生工学部門
12. 農業部門
13. 森林部門
14. 水産部門
15. 経営工学部門
16. 情報工学部門
17. 応用理学部門
18. 生物工学部門
19. 環境部門
20. 原子力・放射線部門

⑦**試験の一部免除について**

所定の学歴又は所定の国家資格の保有者は基礎科目及び専門科目が免除されます。

⑧**受験手数料**　11,000円

⑨**正答の発表について**

択一式問題の正答は筆記試験終了後、（公社）日本技術士会ホームページ（http://www.engineer.or.jp/）にて公表される予定です。

⑩**合格発表について**

2025年2月に試験に合格者の受験番号を技術士第一次試験合格者として（公社）日本技術士会ホームページ（http://www.engineer.or.jp/）で発表するとともに、本人宛に文部科学大臣から合格証が送付されます。

また、次の場所でも発表されます。

・文部科学省ホームページ（http://www.mext.go.jp/）
・文部科学省の掲示板

⑪**詳細についての問い合わせ先**

試験に関する情報は、指定試験機関の情報を必ず得てください。

文部科学大臣指定試験機関

公益社団法人　日本技術士会　技術士試験センター

http://www.engineer.or.jp/

Ⅱ．受験者・合格者数統計

技術士試験は比較的新しい資格試験で、制度の改正が度々あるため、受験者数や合格率に大きな変動があります。試験自体の大きな流れを掴んでおくため、技術士第一次試験の過去10年の受験者数等の推移をみてみましょう。

技術士第一次試験過去10年の受験申込者等推移

	申込者数	受験者数	合格者数	対申込者合格率 (%)	対受験者合格率 (%)
平成25年度	19,317	14,952	5,547	28.7	37.1
平成26年度	21,514	16,091	9,851	45.8	61.2
平成27年度	21,780	17,170	8,693	39.9	50.6
平成28年度	22,371	17,561	8,600	38.4	49.0
平成29年度	22,425	17,739	8,658	38.6	48.8
平成30年度	21,228	16,676	6,302	29.7	37.8
令和元年度	22,073	9,337	4,537	20.6	48.6
同再試験	8,096	3,929	2,282	73.7	58.1
令和2年度	19,008	14,594	6,380	33.6	43.7
令和3年度	22,753	16,977	5,313	23.4	31.3
令和4年度	23,476	17,225	7,264	30.9	42.2

　平成14年度までは、合格率が10〜20%前後と非常に難しい試験でした。しかし、平成15年度試験から、

　1．記述問題がなくなりすべて択一問題となる

　2．1次試験に合格していないと2次試験を受験できなくなる

という改正があり、平成16年度も同様の傾向が見られましたが、平成17年度の問題は丸暗記では解答できないような問題が増え、難易度が上がったことにより、合格率が大幅に低下しています。平成18年度も17年度と同様な傾向がありました。平成24年度は問題が過去問と類似したためか、合格率が大幅に上昇しました。平成25年度は、さらに過去問と類似した試験であったにも関わらず、合格率が大幅に減少しました（後述）。平成26年度は、過去問とまったく同一問題がかなりの割合を占めたためか大幅に合格率は上昇しました。平成27年度以降も多少合格率は下がり続けていますが、過去問から多数出題されている状況は続いています。このように、過去問を解いていれば合格できる試験であることがご理解いただける思います。

　全般的に受験者が減少している理由としては、上記2を理由とする受験者が

令和4年度技術士第一次試験技術部門別試験結果

技術部門	受験申込者数	受験者数	合格者数	対受験者合格率（%）
01 機械部門	2,402	1,710	723	42.3
02 船舶・海洋部門	34	19	9	47.4
03 航空・宇宙部門	60	39	22	56.4
04 電気電子部門	2,059	1,430	522	36.5
05 化学部門	256	194	107	55.2
06 繊維部門	49	41	22	53.7
07 金属部門	152	115	41	35.7
08 資源工学部門	25	17	14	82.4
09 建設部門	12,111	8,888	3,661	41.2
10 上下水道部門	1,540	1,150	471	41.0
11 衛生工学部門	438	296	150	50.7
12 農業部門	906	707	304	43.0
13 森林部門	343	241	91	37.8
14 水産部門	124	93	30	32.3
15 経営工学部門	296	236	138	58.5
16 情報工学部門	776	599	383	63.9
17 応用理学部門	445	336	135	40.2
18 生物工学部門	182	139	48	34.5
19 環境部門	1,184	905	356	39.3
20 原子力・放射線部門	94	70	37	52.9
計	23,476	17,225	7,264	42.2

ほとんどいなくなった、JABEE認定校の増加により科学工学系の学生の一部が
受験しなくなったことがあげられます。平成26年度はおよそ10年ぶりに受験者
数の増加が起こっています。今年度も、2万人程度の受験者が見込まれます。
なお、平成25年度は①共通科目の廃止、②問題数の増加（5分野各5問計25問
出題から、各6問計30題出題へ）、③問題の種類の変更、等かなり出題内容の変
化がありました。
　建設部門は毎年過半数前後の受験者を占めています。以下、電気・電子、機
械、環境、水道部門などが受験者の多い分野となります。部門別の合格率の差
は、受験者のレベルおよび専門科目の難易度によって異なると考えられ、一概
に有利や不利とは述べることはできません。

Ⅲ．技術士第一次試験の出題方式・合格基準

■技術士第一次試験の内容

　技術士第一次試験は、機械部門から原子力・放射線部門まで20の技術部門ごとに実施され、技術士となるのに必要な科学技術全般にわたる基礎的学識及び技術士法第四章の規定の遵守に関する適性並びに技術士補となるのに必要な技術部門についての専門的学識を有するか否かを判定し得るような科目構成となっています。

　試験は、基礎科目、適性科目、専門科目の3科目について行われます。基礎科目・専門科目の試験の程度は、4年制大学の自然科学系学部の専門教育程度とされています。試験は筆記により行われ、全科目択一式（マークシート）です。

①基礎科目の詳細

時間：1時間

配点：15点

内容：科学技術全般にわたる基礎知識を問う問題が次の1～5群の5分野から出題されています。

　　　1群　設計・計画に関するもの

　　　2群　情報・論理に関するもの

　　　3群　解析に関するもの

　　　4群　材料・化学・バイオに関するもの

　　　5群　環境・エネルギー・技術に関するもの（以前は技術連関という名称でしたが平成25年度から変更）

それぞれの分野の問題（6問程度）から3問ずつ、計15問解答します。

②適性科目の詳細

時間：1時間

配点：15点

内容：技術士法第四章（技術士等の義務）の規定の遵守に関する適性について出題されています。毎年15問出題され、すべての問題に解答する必要があります。

③専門科目の詳細

時間： 2 時間

配点：50点

内容：技術士補として必要な当該技術部門に係る基礎知識及び専門知識について問われます。20の技術部門から、1 技術部門を選択し、全35問の出題から25問を選択し、解答します。

■合否判定基準

技術士一次試験の合否決定基準は、次の通りとされています（令和元年度）。

基礎科目：50％以上の得点
適性科目：50％以上の得点
専門科目：50％以上の得点

・その他

受験者が解答するに当たっては、計算尺、電子式卓上計算機（プログラム機能がないものに限る。）等の使用は認めることができるが、ノート、書籍類等の使用は禁止されています。

Ⅳ．専門科目：建設 出題傾向と対策

　技術士第一次試験（専門科目：建設）では、過去問と同じ問題が繰り返し出題されています。例えば、令和5年度は、過去問そのままもしくは類似した問題が35問題中20問出題されていました。令和4年度は35問題中12問出題、令和3年度は19問、令和2年度は20問出題されています。まずはしっかり過去問に取り組むこと。ただし、過去問と全く同じ問題ではなくて類似した問題が出題されています。つまり、暗記科目のように過去問に取り組むのではなくて、体系的に知識を修得することが重要です。

　本書では、過去問の1つ1つについて、ただ解説するのではなく、なるべくその知識を体系的に理解できるように努めました。例えば、令和4年度問題21選択肢⑤「河川堤防の浸透対策であるドレーン工は、堤体内への河川水の浸透を防ぐ効果がある。」では、不適切な部分を解説するだけではなくて、浸透対策の考え方を説明し、断面拡大工法（腹付け）や表のり面被覆工法などの主な浸透対策工法を紹介することで、河川堤防への浸透対策を体系的に理解できるように解説しています。

　また、本書の解説だけで理解しづらい点がありましたら、ぜひ各自で一歩深く調べてみてください。楽をするのではなくて、きちんと学ぶという姿勢や実際の勉強の過程一つ一つが第二次試験にもつながっていきます。さらに、こうした専門知識を体系的に勉強したい方はガチンコ技術士学園の第一次試験対策講座（http://gachinko-school.com/gijutusi/method-1st/course-1st/）も活用してみてください。

（1）土質及び基礎

　土質及び基礎は毎年4題出題されています。土の基本的性質、土の透水性、圧密、せん断、土圧、直接基礎、杭基礎などから幅広く出題されています。土質及び基礎は建設部門ではどの分野でも関わってくる分野です。普段の業務や第二次試験にも必要となってくる勉強なので、しっかり取り組んでください。
※過去出題回数は選択肢の順番を変えただけや少し選択肢を違うものにしただけのほぼ同じ問題の出題回数です。初めて出題された問題を新規、過去に1度出題されていて、その年に2度目の出題の問題を2回と表示しています。それ以降に再度出題された場合は＋R3-1と表示しています。また、平成24年度以降に3回以上出題された問題を色づけています。

年度	問題番号	過去出題回数	出題テーマ、頻出語句
平成30年度	1	2回＋R3-1	土の基本的性質：間隙比、飽和度、土粒子の密度
	2	新規	土の透水性、地下水
	3	4回	土のせん断：一軸試験、応力経路、鋭敏比
	4	2回	主働土圧、受働土圧、クーロンの土圧論
令和元年度	1	2回	土の三層構造
	2	2回	土の透水性、透水係数
	3	新規	斜面の安全率、許容支持率、負の摩擦力、直接基礎
	4	新規＋R4-4	移動土塊の安全率を求める
令和元年度再試験	1	3回＋R4-1	間隙比eを算出する式
	2	新規＋R5-2	鉛直有効応力の計算
	3	4回	一次圧密、過圧密、圧密降伏応力
	4	4回	テルツァーギの支持力公式、杭基礎、斜面安定
令和2年度	1	新規	間隙比、含水比、飽和度、間隙率
	2	3回	土の基本的性質：最大間隙比、粒度、液性限界
	3	3回	定水位透水試験で得られる関係式
	4	新規＋R5-4	主働土圧、受働土圧、クーロンの土圧論
令和3年度	1	3回	土の基本的性質：間隙比、飽和度、間隙率
	2	2回	土の圧密現象
	3	新規	一軸圧縮試験
	4	新規	地すべり対策工、簡便分割法、円弧すべり法、落石防止工
令和4年度	1	4回＋R5-1	土の乾燥密度を算出する式
	2	新規	圧密に要する時間
	3	4回	円弧すべり解析、テルツァーギの支持力公式
	4	2回	移動土塊の安全率を求める
令和5年度	1	5回	土の乾燥密度を算出する式
	2	2回	鉛直有効応力の計算
	3	新規	土留めと掘削、ボイリング
	4	2回	主働土圧、受働土圧、クーロンの土圧論

（2）鋼構造

　鋼構造は、毎年5題と比較的多く出題されています。図心、断面一次モーメント、断面二次モーメント、断面係数、断面二次半径の定義をしっかり理解して、計算ができるようにしておいてください。求める式さえ覚えておけば非常に簡単な計算です。また曲げモーメントの計算、たわみ量の計算もよく出題されています。さらには、鋼構造の部材の性質、連結の留意点などが頻出です。

年度	問題番号	過去出題回数	出題テーマ、頻出語句
平成30年度	5	3回＋R4-6	断面二次モーメント、断面係数、断面二次半径の計算
	6	新規＋R3-9	塗装、厚膜被覆、溶融めっき、金属溶射
	7	新規＋R2-7	溶接継手の設計上の留意点
	8	新規＋R3-5	集中荷重と等分布荷重のQ図及びM図
	9	新規＋R2-9	道路橋の設計で考慮する作用
令和元年度	5	3回	図心からの距離の計算
	6	4回	片持ちばり先端のたわみ量の計算
	7	新規＋R5-8	鋼材の非破壊試験の種類
	8	新規＋R4-8	鋼構造の一般的な特徴
	9	新規	道路橋の設計で考慮する作用：活荷重、衝撃、風
令和元年度再試験	5	2回	トラス構造
	6	新規	弾性座屈荷重の計算
	7	3回	鋼構造物の接合部
	8	2回＋R2-5	曲げモーメントの計算
	9	新規＋R4-9	橋の限界状態1、2、3
令和2年度	5	3回	曲げモーメントの計算
	6	新規＋R5-6	断面二次モーメントの計算
	7	2回	溶接継手の設計上の留意点
	8	新規＋R5-9	鋼橋の維持管理：鋼材の腐食、疲労き裂
	9	2回	道路橋の設計で考慮する作用：B活荷重、T荷重、温度
令和3年度	5	2回	集中荷重と等分布荷重のQ図及びM図
	6	新規	T形断面での図心までの距離
	7	新規	最大主応力の計算
	8	新規	鋼構造物の疲労：疲労き裂
	9	2回	塗装、厚膜被覆、溶融めっき、金属溶射
令和4年度	5	新規	曲げモーメント図の計算
	6	4回	断面二次モーメント、断面係数、断面二次半径の計算
	7	3回	道路橋の床版、鋼床版、合成桁の床版
	8	2回	鋼構造の一般的な特徴
	9	2回	橋の限界状態1、2、3
令和5年度	5	新規	鉛直反力、曲げモーメント
	6	2回	断面二次モーメントの計算
	7	新規	鋼部材の接合部
	8	2回	鋼材の非破壊試験の種類
	9	2回	鋼橋の維持管理：遅れ破壊、疲労

（3）コンクリート

　コンクリートの出題内容は、セメントの性質、コンクリートの圧縮強度、ワーカビリティ、プレストレストコンクリートなどと、土木技術者ならば当然知っておかなければいけない基本知識ばかりです。しっかりと勉強したうえで、確実に得点できるようにすることが大切です。また、コンクリート構造物の劣化現象については、毎年出題されています。1つ1つの選択肢すべてに目を通して、確実に理解するようにしましょう。

年度	問題番号	過去出題回数	出題テーマ、頻出語句
平成30年度	10	新規＋R3-10	水セメント比、空気量、練り混ぜ時間
	11	4回＋R2-12	コンクリート構造物の劣化現象
	12	2回	プレストレストコンクリート
令和元年度	10	新規	水セメント比、エントレインドエア、細骨材率
	11	3回＋R3-11	セメントの種類と性質：高炉セメントB種
	12	新規	コンクリート構造物の調査方法
令和元年度再試験	10	4回	圧縮・引張強度、乾燥収縮
	11	2回	コンクリートの品質：水密性
	12	新規＋R5-12	劣化機構と外観上の特徴
令和2年度	10	新規	透過に対する抵抗性、水密性、ワーカビリティ
	11	2回	かぶり、継手、鉄筋の配置
	12	5回＋R3-12	コンクリート構造物の劣化現象
令和3年度	10	2回	空気量、細骨材率、ワーカビリティ
	11	4回	ポルトランドセメントの性質
	12	6回＋R4-12	コンクリート構造物の劣化現象
令和4年度	10	新規	混和材、混和剤、練混ぜ水
	11	2回	引張強度、自己収縮、クリープ、静弾性係数
	12	7回	コンクリート構造物の劣化現象
令和5年度	10	新規	フレッシュコンクリートの性質
	11	新規	鉄筋コンクリート構造の施工上の留意点
	12	2回	劣化機構と外観上の特徴

（4）都市及び地方計画

　都市及び地方計画は、地域地区や用途地域、都市施設などの比較的細かいところからも出題されており、難問も含まれています。都市計画の難問については、選択しないということも検討しておいてください。一方で、都市交通に関する問題は比較的易しい問題が出題されており、パーソントリップ調査や大都

市交通センサスといった用語は押さえておいてください。

　また、国土計画からの出題もあり、全国総合開発計画や国土形成計画、国土のグランドデザイン2050などは理解しておいてください。国土のグランドデザイン2050は国土交通省のHPからダウンロードできます。我が国の社会資本整備の課題や今後の方針が良く理解できます。ぜひ一度目を通してみてください。これらの知識は第二次試験受験の時に改めて必要になります。

年度	問題番号	過去出題回数	出題テーマ、頻出語句
平成30年度	13	新規＋R1再-13	特別用途地区、特別用途制限地域、高度利用地区
	14	2回	土地区画整理事業の歴史
	15	2回＋R4-13	BRT、LRT、コミュニティバス、デマンド交通
	16	2回＋R1再-16	国土形成計画：全国計画、広域地方計画
令和元年度	13	2回	都市計画、都市施設、交通施設、公共施設
	14	新規＋R5-13	都市計画の思想や考え方
	15	4回＋R3-15	パーソントリップ調査、スクリーンライン調査
	16	新規	地方計画、地域計画
令和元年度再試験	13	2回＋R2-13	特別用途地区、特別用途制限地域、高度利用地区
	14	新規＋R4-16	都市開発事業：買収方式、換地方式、権利変換方式
	15	2回	空間平均速度の計算
	16	3回＋R2-16	全国総合開発計画、国土形成計画
令和2年度	13	3回	特別用途地区、特別用途制限地域、高度利用地区
	14	新規	土地区画整理事業の特徴
	15	2回	道路交通需要予測：Wardropの第一原則
	16	4回＋R3-16	国土形成計画：全国計画、広域地方計画
令和3年度	13	新規	都市計画区域、準都市計画区域
	14	新規	市街地再開発事業、スラムクリアランス、スーパーブロック
	15	5回	道路交通需要予測：国勢調査、大都市交通センサス
	16	5回＋R4-14	国土形成計画：全国計画、広域地方計画
令和4年度	13	3回	BRT、LRT、コミュニティバス、デマンド交通
	14	6回	国土のグランドデザイン、第二次国土形成計画
	15	新規	都市防災：災害ハザードエリア
	16	2回	都市開発事業：買収方式、換地方式、権利変換方式
令和5年度	13	2回	都市計画の思想や考え方
	14	新規	立地適正化計画
	15	2回	都市計画制度における区域区分
	16	新規	都市における街路

（5）河川（水理学）

　河川の水理学の基本問題については、ベルヌーイの定理、管路の流れ、開水路の流れが繰り返し出題されています。ここは、似たような問題の繰り返しなので、必ず3つとも正解しましょう。中でもピエゾ水頭、マニングの平均流速公式、ベルヌーイの定理、動水勾配、フルード数などの水理に関する基本的な知識はしっかりと身につけてください。

年度	問題番号	過去出題回数	出題テーマ、頻出語句
平成30年度	17	6回＋R3-18	ピエゾ水頭、速度水頭、圧力水頭ゼロ
	18	3回＋R1再-19	限界勾配、フルード数、等流水深
	19	新規＋R2-17	ベルヌーイの定理
	20	新規	水理模型実験：実物と模型の比較
令和元年度	17	2回＋R5-17	ベルヌーイの定理
	18	2回	完全流体、圧縮性流体、不定流、マニングの公式
	19	新規	ピトー管
令和元年度再試験	17	2回	静水圧の計算
	18	新規＋R4-18	管路：断面変化、エネルギー勾配線、局所損失
	19	4回＋R3-19	射流、フルード数、マニングの公式
令和2年度	17	2回	ベルヌーイの定理
	18	3回＋R5-19	管路流れの損失水頭：摩擦、局所、管の拡大縮小
	19	新規	開水路の流れ：等流、常流、射流
令和3年度	17	新規	ベルヌーイの定理
	18	7回	ピエゾ水頭、エネルギー線と動水勾配線
	19	5回＋R5-20	開水路：限界勾配、フルード数、等流水深
令和4年度	17	新規	静水圧の計算
	18	2回	管路：断面変化、エネルギー勾配線、局所損失
	19	新規	開水路：常流、射流、跳水現象、等流水深
令和5年度	17	3回	ベルヌーイの定理
	19	4回	管路流れの損失水頭
	20	6回	開水路：限界勾配、フルード数、等流水深

（6）河川計画

　河川計画については毎年0～2題程度が出題されています。下表では新規と記載していますが、問題文の選択肢のいくつかはそれぞれ被っているので、選択肢の文章をしっかりと勉強してください。

年度	問題番号	過去出題回数	出題テーマ、頻出語句
平成30年度	—	—	出題なし
令和元年度	22	2回	河川整備計画、洪水防御計画、基本高水
令和元年度再試験	21	新規＋R5-22	河川整備計画、洪水防御計画、対象降雨の継続時間
令和2年度	22	新規	洪水防御計画、治水計画、正常流量
令和3年度	—	—	出題なし
令和4年度	22	新規	一級水系、洪水防御計画、基本高水流量
令和5年度	18	新規	河川の流出解析、流出モデル
	22	2回	河川整備計画、基本高水、計画高水流量

（7）堤防、砂防、土砂の移動

　堤防、砂防施設、土砂の移動に関する問題は、似たような問題が繰り返し出題されています。まずは過去問に取り組むことが最優先です。特に大切なのは、過去の不適切な文章です。また、下表に摘出した頻出語句については、選択肢の文章も参考にして、内容をしっかり理解することが大切です。

年度	問題番号	過去出題回数	出題テーマ、頻出語句
平成30年度	21	4回＋R1-21	河川堤防の安全性照査、侵食に対する外力
	22	3回＋R3-21	河川護岸、のり覆工、根固工、天端工
	26	2回	砂防施設計画、計画流出土砂量
令和元年度	20	新規＋R2-20	水中の土砂移動：限界掃流力、河川の摩擦速度
	21	5回＋R1再-22	河川堤防、天端幅、軟弱地盤、ドレーン工
	26	4回＋R2-26	砂防ダム、流路工、水制工、床固工
令和元年度再試験	20	4回	河川の土砂移動：砂漣、砂堆、掃流輸送、浮遊輸送
	22	6回＋R2-21	河川堤防の安全性照査、余裕高、のり勾配、ドレーン工
	26	新規	流路工の計画河床勾配、透過型捕捉工
令和2年度	20	2回＋R3-20	水中の土砂移動：掃流砂、無次元掃流力
	21	7回＋R4-21	河川堤防の設計、地震動の作用、パイピング
	26	5回	砂防ダムの形式、水制工、床固工、護岸
令和3年度	20	3回＋R4-20	水中の土砂移動：浮遊砂とウォッシュロード
	21	4回	河川護岸、のり覆工、根固工、天端工
	22	新規＋R5-21	流砂及び河床変動、掃流砂、浮遊砂、河床形態
	26	新規	土砂災害防止対策
令和4年度	20	4回	水中の土砂移動：限界掃流力、河川の摩擦速度
	21	8回	河川堤防：余裕高、高規格堤防、パイピング、ドレーン工
	26	2回	流路工の計画河床勾配、透過型捕捉工
令和5年度	21	2回	流砂及び河床変動、掃流砂、浮遊砂、河床形態
	26	新規	土石流（平成20年度に出題。15年ぶりに出題）

（8）海岸・海洋

　海岸・海洋分野は、毎年2題が出題されています。グリーンの法則やサヴィールの仮想勾配法までは専門じゃない方は理解する必要はありませんが、有義波の定義や、離岸流、波の回折といった基本的なことは勉強しておいてください。専門でない方は慣れない用語が多く難問が多いと言えます。避けた方が無難とも言えます。

年度	問題番号	過去出題回数	出題テーマ、頻出語句
平成30年度	23	新規	有義波、離岸流、暴風海浜
	24	新規	深海波、浅水係数、波の反射率
令和元年度	23	新規＋R3-23	深海波、屈折、浅水変形、有義波
	24	新規＋R4-24	合田式、ハドソン式、サヴィールの仮想勾配法
令和元年度再試験	23	5回＋R2-23	有義波、津波、波の屈折
	24	3回	広井公式、ハドソン公式、グリーンの法則
令和2年度	23	6回	ゼロアップクロス法、有義波、回折
	24	新規	静的養浜工、動的養浜工
令和3年度	23	2回	深海波、屈折、浅水変形、有義波
	24	新規	海岸保全施設の設計
令和4年度	23	新規	換算沖波波高、水粒子軌道形状
	24	2回	合田式、ハドソン式、サヴィールの仮想勾配法
令和5年度	23	新規	波の性質：長波、波速、群速度
	24	新規	海岸保全施設の設計

（9）港湾及び空港

　港湾及び空港に関しては、過去10年間で港湾が7題、空港が3題出題されています。いずれも過去問が繰り返し出題されているので、過去問にしっかり取り組むことが大切です。頻出の直立堤、傾斜堤、混成堤の違い、特徴や港湾施設、空港施設、グルービングなどをしっかり理解しておいてください。

年度	問題番号	過去出題回数	出題テーマ、頻出語句
平成30年度	25	3回＋R1-25	港湾計画、泊地、防波堤
令和元年度	25	4回	港湾計画、港内の静穏度
令和元年度再試験	25	2回＋R3-25	傾斜堤、混成堤、直立堤
令和2年度	25	4回	(空港)滑走路の向き、平行誘導路、過走帯、グルービング
令和3年度	25	3回＋R5-25	傾斜堤、混成堤、直立堤

| 令和4年度 | 25 | 新規 | 港湾の外郭施設、静穏度、埠頭 |
| 令和5年度 | 25 | 4回 | 傾斜堤、混成堤、直立堤 |

（１０）電力土木

　電力土木からは、火力・原子力・自然エネルギーから１題、水力発電から１題の合計２題が出題されています。令和２年度以降は過去問がそのまま出題されることは少なくなっており、過去問そのままではなくて、その周辺知識や火力発電・水力発電の発電の仕組みを理解しておくことが必要です。頻出の火力発電の立地条件、放水方式、水力発電の種類や新エネルギーについては一通り勉強してください。

年度	問題番号	過去出題回数	出題テーマ、頻出語句
平成30年度	27	新規＋R4-28	渇水量、有効落差、差動サージタンク
	28	新規	火力発電所の構内配置計画
令和元年度	27	3回	火力発電の立地条件
	28	新規＋R1再-27	水力発電の水路、サージタンク、圧力導水路
令和元年度再試験	27	2回	水力発電の水路、サージタンク、圧力導水路
	28	2回	火力発電の温排水の放水方式
令和2年度	27	新規	電源別発電電力量構成比の推移
	28	新規	豊水量、取水口、沈砂池、流れ込み式発電所
令和3年度	27	新規＋R5-27	国内の再生可能エネルギー
	28	新規	常時使用水量、ペルトン水車、無圧水路に接続する取水
令和4年度	27	新規	火力発電所の取水、放水設備
	28	2回	渇水量、有効落差、差動サージタンク
令和5年度	27	2回	国内の再生可能エネルギー
	28	新規	水力発電：取水口、水路、水槽、余水路

（１１）道路

　道路は、例年１題出題されており、道路構造と舗装が交互に出題されています。同じような問題が繰り返し出題されていますので、まずは過去問にしっかり取り組んでください。

年度	問題番号	過去出題回数	出題テーマ、頻出語句
平成30年度	29	新規＋R2-29	計画交通量、線形設計、車線数、幅員、建築限界
令和元年度	29	2回＋R3-29	舗装の性能指標

令和元年度 再試験	29	2回＋R4-29	交通機能、空間機能、道路構造の基準
令和2年度	29	2回	計画交通量、線形設計、車線数、幅員、建築限界
令和3年度	29	3回＋R5-29	舗装の性能指標
令和4年度	29	3回	交通機能、空間機能、道路構造の基準
令和5年度	29	4回	舗装の性能指標

（12）鉄道

　鉄道は、毎年1題出題されています。本書で取り上げた平成30年度〜令和5年度までの過去問について、選択肢を入れ替えるような出題形式が予想されます。聞き慣れない用語が多いかと思いますが、各選択肢の語句をしっかり勉強してください。

年度	問題 番号	過去 出題回数	出題テーマ、頻出語句
平成30年度	30	3回＋R5-30	レール締結、まくらぎ、ロングレール
令和元年度	30	2回	ロングレール、カント、まくらぎ、スラブ軌道
令和元年度 再試験	30	新規＋R3-30	軌道の構成、スラブ軌道、緩和曲線、レール
令和2年度	30	新規	軌道の設計、PCまくら木、コンクリート道床直結軌道
令和3年度	30	2回	軌道構造：緩和曲線、スラブ軌道、道床バラスト
令和4年度	30	新規	鉄道の種類：モノレール、案内軌上式鉄道、リニア地下鉄
令和5年度	30	4回	スラック、レール締結、ロングレール、まくらぎ

（13）トンネル

　トンネルは、山岳トンネルもしくはシールドトンネルから毎年1題出題されています。出題されている範囲が非常に狭く、対策が立てやすい分野です。過去問にしっかり取り組んでください。

年度	問題 番号	過去 出題回数	出題テーマ、頻出語句
平成30年度	31	新規＋R2-31	シールド：工法の特徴、覆工
令和元年度	31	2回＋R3-31	山岳：吹付コンクリート、ロックボルト
令和元年度 再試験	31	新規＋R5-31	山岳：掘削工法、覆工
令和2年度	31	2回	シールド：工法の特徴、覆工
令和3年度	31	3回	山岳：吹付コンクリート、ロックボルト
令和4年度	31	新規	山岳：平面線形、内空断面、坑口、水路トンネル
令和5年度	31	2回	山岳：掘削工法、覆工

（14）施工計画、施工設備及び積算

　施工計画については、毎年2題出題されています。工程管理、仮設計画、安全管理についてほぼ同じような問題が繰り返し出題されています。施工計画や安全管理については問題文の正しい文章も含めて、過去問の選択肢の文章をしっかりと覚えてください。PERTからクリティカルパスを求める方法については、実際の業務でも十分使えますので、何度か練習してみてください。

年度	問題番号	過去出題回数	出題テーマ、頻出語句
平成30年度	32	2回+R1再-33	建設工事の安全管理
	33	5回	施工計画、盛土のり高、河川仮締切り工
令和元年度	32	新規+R4-32	土留め：簡易土留め壁、親杭横矢板、鋼矢板
	33	4回	作業可能日数、横線式工程表、CPM
令和元年度再試験	32	2回	自立式、切ばり式、グラウンドアンカー式
	33	3回	建設工事の安全管理
令和2年度	32	2回+R3-32	SCP、杭、静的破砕、RCD工法
	33	新規+R4-33	出来形管理、工事原価、工程表
令和3年度	32	3回	EPS工法、RCD工法、バーチカルドレーン工法
	33	新規	品質管理、工程管理、原価管理、労務管理
令和4年度	32	2回	土留め：簡易土留め壁、親杭横矢板、鋼矢板
	33	2回	出来形管理、工事原価、品質管理
令和5年度	32	新規	地盤改良工法
	33	新規	工事積算：工事原価、一般管理費

（15）建設環境

　建設環境からは、例年2題出題されています。出題範囲も決まっていて、環境アセスメントは超頻出です。第二種事業の手続き（スクリーニング）、準備書やスコーピングなど、環境アセスメントの流れについては一通り勉強しておいてください。

　それから環境基本法、大気汚染防止法、水質汚濁防止法、振動規制法、騒音規制法といった各種法律が出題されています。もちろん法律を暗記する必要はなくて、過去問で出題された選択肢の文章をしっかりと覚えてください。同じ選択肢の文章が繰り返し出題されているため、かなりポイントを絞った勉強が可能です。それとレッドデータブック、PM2.5、富栄養化、ゼロ・エミッション、BOD、CODといった基本頻出語句はしっかりと理解してください。

年度	問題番号	過去出題回数	出題テーマ、頻出語句
平成30年度	34	3回＋R3-34	PM2.5、富栄養化、ゼロ・エミッション、COD
	35	**新規**	公害苦情調査結果
令和元年度	34	3回＋R1再-34	環境影響評価、スコーピング、スクリーニング
	35	2回	指標生物、振動規制地域、3R
令和元年度 再試験	34	4回＋R2-34	環境影響評価、スコーピング、スクリーニング
	35	3回＋R4-35	振動規制法、騒音規制法、大気汚染防止法
令和2年度	34	5回＋R4-34	環境影響評価、スコーピング、スクリーニング
	35	**新規**＋R3-35 ＋R5-34	地球温暖化対策、循環型社会形成基本法、外来種
令和3年度	34	4回	PM2.5、ゼロ・エミッション、SDGs
	35	2回＋R5-34	地球温暖化対策、循環型社会形成基本法、生物指標
令和4年度	34	6回	環境影響評価、スコーピング、事後調査
	35	4回	振動規制法、騒音規制法、大気汚染防止法
令和5年度	34	3回	地球温暖化対策、循環型社会形成基本法、公害
	35	**新規**	侵略的外来種、生物多様性国家戦略、SDGs

令和5年度

技術士第一次試験問題 [建設部門]

次の35問題のうち25問題を選択して解答せよ。（解答欄に１つだけマークすること。）

Ⅲ-1　土の湿潤密度をρ_t〔Mg／m³〕，土の含水比をw〔％〕とするとき，土の乾燥密度ρ_d〔Mg／m³〕を算出する式として正しいものはどれか。ここで，〔Mg／m³〕＝〔g／cm³〕である。

① $\dfrac{\rho_t}{w} \times 100$　　② $\dfrac{\rho_t}{1 - \dfrac{w}{100}}$　　③ $\dfrac{\rho_t}{1 + \dfrac{w}{100}}$　　④ $\dfrac{\rho_t}{2 - \dfrac{w}{100}}$

⑤ $\dfrac{\rho_t}{2 + \dfrac{w}{100}}$

Ⅲ-2　下図に示すように水面が異なる４種類の水平成層地盤 a ～ d について，地表面から深さ10〔m〕の点Aにはたらく鉛直有効応力が水平成層地盤 a と等しい水平成層地盤の組合せはどれか。なお，地下水面以浅の湿潤単位体積重量γ_tは16〔kN／m³〕，地下水面以深の飽和単位体積重量γ_{sat}は18〔kN／m³〕，水の単位体積重量γ_wは10〔kN／m³〕とし，地下水面以深の地盤は完全に飽和しており，地盤内に浸透流はないものとする。

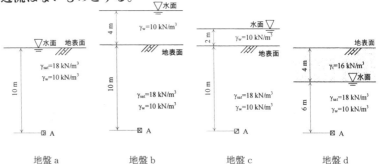

① 地盤 b
② 地盤 c
③ 地盤 d
④ 地盤 b と地盤 c
⑤ 地盤 c と地盤 d

Ⅲ-3 土留めと掘削に関する次の記述の，◻◻◻ に入る語句として，最も適切な組合せはどれか。

地下水位の ◻a◻ 砂質地盤や砂礫地盤で掘削工事を行うと土留め壁の背面より掘削面に向かう上向きの浸透流が生じる。この浸透流による浸透圧が掘削側の土の有効荷重より大きくなると，掘削底面の砂層は ◻b◻ を失い，◻c◻ とともに噴き上がる。このような現象を ◻d◻ といい，土留め壁の近くで大量の湧水を伴って生じれば，地盤が緩んで土留め全体の崩壊を起こす危険がある。

	a	b	c	d
①	深い	粘着力	地下水	ボイリング
②	深い	粘着力	空気	ヒービング
③	浅い	せん断強さ	地下水	ヒービング
④	浅い	粘着力	空気	ボイリング
⑤	浅い	せん断強さ	地下水	ボイリング

土圧に関する次の記述の，□□□□□□に入る語句の組合せとして，最も適切なものはどれか。

下図は，壁体の変位に伴う土圧の変化を示した模式図である。最小，最大となったときの土圧をそれぞれ　a　，　b　と呼ぶ。構造物に作用する土圧は，地盤の破壊状態と密接な関係にあるので，地盤の破壊状態を仮定して土圧を算定することが行われてきた。壁の背後地盤全体が破壊に達した状態を仮定して土圧を導き出すのが　c　の土圧理論であり，壁の背後地盤がくさび状にすべる状態を仮定して，力の釣合い状態から土圧を導き出すのが　d　の土圧理論である。

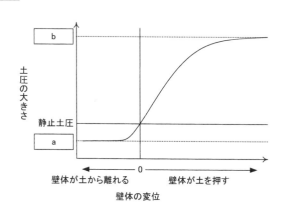

壁体の変位

	a	b	c	d
①	受働土圧	主働土圧	ランキン	クーロン
②	主働土圧	受働土圧	ランキン	クーロン
③	主働土圧	受働土圧	クーロン	ランキン
④	受働土圧	主働土圧	クーロン	物部・岡部
⑤	受働土圧	主働土圧	物部・岡部	ランキン

Ⅲ-5 下図に示すように，支間長が 3 ［m］の単純梁ＡＢの支点Ａから右向きに 1 ［m］の距離にある点Ｃに鉛直下向きの集中荷重 5 ［kN］が作用するとき，支点Ａの鉛直反力 R_A ［kN］，支点Ｂの鉛直反力 R_B ［kN］，点Ｃの曲げモーメント M_C ［kN・m］の組合せとして，適切なものはどれか。

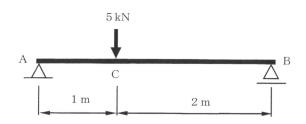

	R_A ［kN］	R_B ［kN］	M_C ［kN・m］
①	$\dfrac{10}{3}$	$\dfrac{5}{3}$	$\dfrac{10}{3}$
②	$\dfrac{10}{3}$	$\dfrac{5}{3}$	$-\dfrac{5}{3}$
③	$\dfrac{5}{3}$	$\dfrac{10}{3}$	$-\dfrac{5}{3}$
④	$\dfrac{5}{3}$	$\dfrac{10}{3}$	$\dfrac{10}{3}$
⑤	$\dfrac{5}{2}$	$\dfrac{5}{2}$	5

下図に示すように x 軸に対して上下対称な I 形の断面がある。x 軸まわりの断面二次モーメントとして，適切なものはどれか。

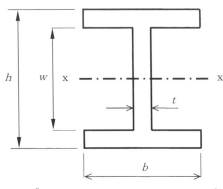

① $\dfrac{bh^3}{12}$　② $\dfrac{tw^3}{12}$　③ $bh-(b-t)w$　④ $\dfrac{(b-t)w^3}{12}$

⑤ $\dfrac{bh^3-(b-t)w^3}{12}$

道路橋における鋼部材の接合部に関する次の記述のうち，最も不適切なものはどれか。

① 接合部の構造はなるべく単純にして，構成する材片の応力伝達が明確な構造にする必要がある。

② 溶接による接合の場合には，溶接に伴う残留応力に対しても十分注意する必要がある。

③ 溶接線に直角な方向に引張力を受ける継手には，完全溶込み開先溶接による溶接継手を用いてはならない。

④ 高力ボルト摩擦接合は，高力ボルトで母材及び連結板を締付け，それらの間の摩擦力によって応力を伝達させるものである。

⑤ ボルト孔の中心から板の縁までの最小距離（最小縁端距離）は，ボルトがその強度を発揮する前に縁端部が破断しないよう決める必要がある。

Ⅲ-8　鋼材の非破壊試験に関する次の記述のうち，**最も不適切なもの**はどれか。

① 渦流探傷試験は，導体の試験体に渦電流を発生させ，欠陥の有無による渦電流の変化を計測することで，欠陥を検出する試験である。

② 放射線透過試験は，放射線を試験体に照射し，透過した放射線の強さの変化から欠陥の状態などを調べる試験である。

③ 超音波探傷試験は，超音波を試験体中に伝えたときに，試験体が示す音響的性質を利用して，内部欠陥などを調べる試験である。

④ 浸透探傷試験は，内部欠陥に浸透液を浸透させた後，拡大した像の指示模様として欠陥を観察する試験である。

⑤ 磁粉探傷試験は，鉄鋼材料などの強磁性体を磁化し，欠陥部に生じた磁極による磁粉の付着を利用して欠陥を検出する試験である。

Ⅲ-9　鋼橋の維持管理に関する次の記述のうち，**最も不適切なもの**はどれか。

① 橋の端部は，雨水や土砂の堆積，風通しの悪さなどにより，厳しい腐食環境となりやすい。

② 遅れ破壊とは，高強度鋼に一定の引張負荷を持続的に与えた場合，ある時間経過後に，突然，ぜい性的な破壊が生じる現象であり，Ｆ10ＴやＦ８Ｔなど，引張強度がおおむね1000N／mm² 以下の摩擦接合用高力ボルトで発生しやすい。

③ 疲労とは，時間的に変動する荷重が部材に繰り返し作用することによりき裂が発生し，それがさらなる荷重の繰返しによって徐々に進展し，最終的に延性破壊やぜい性破壊につながる破壊

現象である。

④ 溶接補修では，対象となる鋼材の溶接性と，溶接の作業環境に十分に配慮する必要がある。判断を誤ると，溶接割れなどの欠陥が発生し，補修効果が得られないことになる。

⑤ 耐候性鋼材は，鋼にリン，銅，クロム，ニッケルなどの合金元素を添加することにより鋼材表面に緻密な錆を発生させ，それによって鋼材表面を保護して腐食の進展を抑制するものである。

Ⅲ-10 フレッシュコンクリートに関する次の記述のうち，最も適切なものはどれか。

① 単位水量が増せば，コンシステンシーも増加する。

② 材料分離を生ずることなく，運搬，打込み，締固め，仕上げなどの作業が容易にできる性　質をフィニッシャビリティーという。

③ ブリーディングによって，コンクリート上部が密実となり，強度，水密性，耐久性が増す。

④ フレッシュコンクリートの表面から水が蒸発するなどによって表面から水分が失われ，フレッシュコンクリートに収縮が生じることをプラスチック収縮という。

⑤ 高さ30ｃｍのスランプコーンにコンクリートを充填した後，スランプコーンを引き上げ，コンクリートが自重で沈下した量を測定する試験をスランプフロー試験という。

Ⅲ-11 鉄筋コンクリート構造に関する次の記述のうち，最も不適切なものはどれか。

① 鉄筋とコンクリートとの間で付着が確保され，かつ，鉄筋は，コンクリートで防護されていなければならない。

② 鉄筋の強度を十分に発揮させるために，鉄筋端部がコンクリートから抜け出さないよう，コンクリート中に確実に定着しなければならない。

③ 鉄筋の継手は，大きな引張応力を生じる断面，例えば，はりのスパン中央付近等に設ける必要がある。

④ 鉄筋の配置は，鉄筋とコンクリートの力学的な相互作用の効果を確保し，かつ，コンクリートの打込みや締固めを考慮して定める必要がある。

⑤ かぶり部分のコンクリートは，耐久性を確保する上できわめて重要であり，確実に充填することが必要である。

Ⅲ-12 次のうち，コンクリート構造物の「劣化機構」と「劣化機構による変状の外観上の主な特徴」との組合せとして，最も不適切なものはどれか。

	劣化機構	劣化機構による変状の外観上の主な特徴
①	化学的侵食	変色，コンクリート剥離
②	凍害	格子状ひび割れ，角落ち
③	アルカリシリカ反応	膨張ひび割れ（拘束方向，亀甲状），ゲル，変色
④	疲労（道路橋床版）	格子状ひび割れ，角落ち，エフロレッセンス
⑤	塩害	鋼材軸方向のひび割れ，さび汁，コンクリートや鋼材の断面欠損

Ⅲ-13 都市計画の思想や考え方に関する次の記述のうち，最も不適切なものはどれか。

① クラレンス・アーサー・ペリーは，小学校の校区を標準とする単位を設定し，住区内の生活の安全を守り，利便性と快適性を確保する近隣住区単位の概念を明らかにした。

② エベネザー・ハワードは，都市，田園，田園都市を三つの磁石にたとえ，その利害得失を比較して，田園都市は都市と田園の両者の利点を兼ね備えることを説いた。

③ ル・コルビジェは，ハワードの田園都市と同じ立場で理想都市を唱えた。それは，広大なオープン・スペースに囲まれた壮大な摩天楼を中心とする都市であった。

④ 20世紀末ごろから欧米諸国を中心とする国際的な地球環境問題への関心が高まり，都市の無秩序で際限のない拡張を押しとどめ，持続可能な都市化のありかたが地球環境に必要不可欠であるというコンパクトシティの考え方が提案された。

⑤ 我が国では2002年6月に都市再生特別措置法が制定され，同法に基づく「都市再生緊急整備地域」の指定，都市再生特区といった「都市再生」のためのさまざまな制度が用意された。

Ⅲ-14 立地適正化計画に関する次の記述のうち，最も不適切なものはどれか。

① 2014年に都市計画法が改正され，市町村は住宅及び都市機能の立地の適正化を図るため，立地適正化計画を作成することができるようになった。

② 都市機能誘導区域は，都市機能（福祉・医療・商業等）を誘導する区域である。

③ 居住誘導区域は，居住を誘導し人口密度を維持する区域である。

④ 居住誘導区域の設定においては，災害危険区域などの災害レッドゾーンを原則除外することが求められている。

⑤ 立地適正化計画は，上位計画として都市計画マスタープランを踏襲しつつ，都市の現状把握や将来推計などを行い，将来における望ましい都市像を描いて策定される。

Ⅲ-15　都市計画制度における区域区分に関する次の記述のうち，最も不適切なものはどれか。

① 区域区分を定めるか否かは，都道府県が地域の実情を踏まえて，都市計画区域マスタープランの中で判断する仕組みとなっている。

② 区域区分を定めた場合には，都市計画区域は，市街化区域と市街化調整区域のいずれかに含まれる。

③ 市街化区域は，すでに市街地を形成している区域及びおおむね10年以内に優先的かつ計画的に市街化を図るべき区域とする。

④ 市街化区域については，用途地域を定める必要はないが，少なくとも道路，公園及び下水道は定める。

⑤ 優先的かつ計画的に市街化を図る市街化区域には，原則として，溢水，湛水，津波，高潮等による災害の発生のおそれのある土地の区域は含めない。

Ⅲ-16　都市における街路に関する次の記述のうち，最も適切なものはどれか。

① 自動車専用道路は，都市間交通や通過交通などの比較的長いトリップの交通を処理するため，高水準の規格を備えるが，交通量は大きくない道路である。

② 主要幹線道路は，比較的長距離のトリップの交通を処理するために大都市などで設けられる道路である。設計速度を大きく設定し，自動車専用とする。

③ 幹線道路は，主要幹線道路及び主要交通発生源などを有機的に結び都市全体に網状に配置され，都市の骨格及び近隣住区を形成し比較的高水準の規格を備えた道路である。

④ 補助幹線道路は，沿道宅地へのサービスを目的とし，密に配置される道路である。

⑤ 区画道路は，近隣住区と幹線道路を結ぶ集散道路であり，近隣住区内での幹線としての機能を有する道路である。

Ⅲ-17 非圧縮性完全流体の定常流れでは，流線上で次式のベルヌーイの定理が成立する。

$$\frac{v^2}{2g} + z + \frac{p}{\rho g} = 一定$$

ここで，gは重力加速度，ρは水の密度，vは高さzの点における流速，pは高さzの点における水圧である。

下図に示すように，壁面に小穴をあけて水を放流するオリフィスについて，基準面から水槽水面までの高さがz_A [m]，基準面から水槽底面までの高さがz_B [m]，基準面から小穴の中心までの高さがz_C [m] のとき，小穴から流出した水の圧力が大気圧に等しく，流れが一様になる位置（基準面からの高さはz_Cに等しいとする）における水の流速v [m／s] を，ベルヌーイの定理を適用して算出すると最も適切なものはどれか。ただし，水槽水面の高さは一定とする。

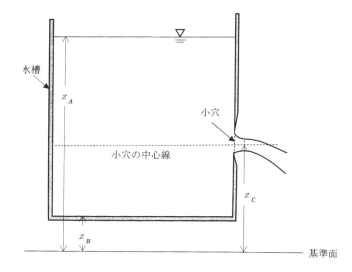

① $\sqrt{2g \cdot (z_A - z_B)}$

② $\sqrt{2g \cdot (z_A - z_C)}$

③ $\sqrt{2g \cdot z_A}$

④ $\sqrt{2g \cdot z_B}$

⑤ $\sqrt{2g \cdot z_C}$

Ⅲ-18 河川の流出解析に関する次の記述のうち，最も不適切なものはどれか。

① 流出解析の目的は，洪水や渇水を予測すること，流域環境や気候の変化に伴う水循環の変化を予測することにある。

② 全降雨のうち，対象となる流出成分となる分を有効降雨という。短期流出解析では，有効降雨を直接流出成分として，解析の対象とすることが一般的である。

③ 全降雨のうち，対象となる流出成分とならない分を損失降雨という。長期流出解析においては，蒸発散量が損失降雨の大部分を占める。

④ 流出解析に用いる流出モデルをモデルの空間的構成方法からみて分類すると，集中型流出モデルと分布型流出モデルに分類される。

⑤ 分布型流出モデルは流出現象の空間的な分布を考えるモデルであり，代表的なものとして，タンクモデルや貯留関数モデルがある。

Ⅲ-19 円形断面の管路流れの損失水頭に関する次の記述のうち，最も不適切なものはどれか。

① 管内の損失水頭には，摩擦による損失水頭と局所的な渦や乱れによる損失水頭がある。

② 曲がりや弁による損失水頭は，断面平均流速の2乗に比例して大きくなる。

③ 摩擦による損失水頭は，管径に比例して大きくなる。

④ 摩擦による損失水頭は，管路の長さに比例して大きくなる。

⑤ 管路の摩擦損失係数には，マニングの式などの経験式が広く用いられている。

Ⅲ-20 一様な水路勾配と一様な長方形断面を持つ開水路の水理に関する次の記述のうち，最も不適切なものはどれか。

① 開水路の流れは，フルード数が1より小さい常流と，フルード数が1を超える射流，フルード数が1の限界流に分けられる。

② 等流水深及び限界水深は，水路勾配が大きいほど減少する。

③ マニングの平均流速公式によると，開水路の平均流速は粗度係数に反比例する。

④ 与えられた流量に対して，等流水深と限界水深が一致するような勾配が必ず存在する。この勾配を限界勾配という。

⑤ 限界勾配より緩い勾配の水路においては，等流水深は限界水深よりも大きい。

Ⅲ-21 河川の流砂，河床形状に関する次の記述のうち，最も不適切なものはどれか。

① 浮遊砂は，河床と間断なく接触しながら移動し，底面付近の限られた範囲を滑動・転動あるいは小跳躍しながら移動する土砂である。

② 中規模河床形態は，砂州によって形成された河床形態を意味し，交互砂州，複列砂州，湾曲内岸の固定砂州，河口砂州，支川砂州などがある。

③ 無次元掃流力は，河道の安定に係る河床構成材料の移動のしやすさを無次元化して表したものであり，流れが河床構成材料に及ぼす掃流力と，河床構成材料の流れに対する抵抗力の比で示すことができる。

④ 河道の湾曲部外岸側は，洪水時の河床洗堀の激しい箇所の1つである。

⑤ 上流側から供給土砂量が減少すると，河床が低下するとともに，河床を構成している土砂の細粒分だけが下流へ流下し，河床面に大粒径の土砂だけが残る場合がある。

河川計画に関する次の記述のうち，最も不適切なものはどれか。

① 国土交通大臣は，河川整備基本方針を定めようとするときは，あらかじめ，社会資本整備審議会の意見を聴かなければならない。

② 河川管理者は，河川整備基本方針に沿って計画的に河川の整備を実施すべき区間について，河川整備計画を定めておかなければならない。

③ 基本高水の検討に用いる対象降雨は計画基準点ごとに選定することを基本とする。また，対象降雨は降雨量，降雨量の時間分布及び降雨量の地域分布の3要素で表すことを基本とする。

④ 正常流量とは，流水の正常な機能を維持するために必要な流量であり，維持流量及び水利流量の年間の変動パターンを考慮して期間区分を行い，その区分に応じて設定する。

⑤ 堤防は堤防高以下の水位の流水の通常の作用に対して安全な構造を持つものとして整備されるが，計画高水流量を超える超過洪水が発生する可能性はあるので，特に必要な区間については高規格堤防の整備を計画する。

海洋で見られる波の性質に関する次の記述のうち，最も適切なものはどれか。

① 長波は，水深が波長の1／2以下の波である。

② 微小振幅波理論では深海波の波速は，水深で決まり，周期と無関係になる。

③ 微小振幅波理論では長波の水粒子の軌道は，ほとんど前後進運動となり，水面から水底までほぼ一様な動きとなる。

④ 微小振幅波理論では波のエネルギーの輸送速度である群速度は，波形の伝播速度である波速よりも大きい。

⑤ 遠方の台風からのうねりの伝播時間の計算において，波速を用いて到達時刻の計算が行われる。

Ⅲ-24 海岸保全施設の設計に関する次の記述のうち，最も適切なものはどれか。

① 浅瀬（リーフ）が広く発達していないところにおいては，波高変化，波力，越波流量，波のうちあげ高の算定式及び算定図を用いる場合には，一般的に設計高潮位に砕波による平均水位の上昇量を加えない。

② 直立堤を表のり勾配が1：2の傾斜堤に改良すると，越波流量は小さくなる。

③ 津波に対して海岸堤防の天端高を設計する場合には，最大規模の津波を想定した設計津波を用いる。

④ マウンド被覆ブロックの重量は，常に設計高潮位を用いて安全性の照査を行う。

⑤ 設計計算に用いる波高が2倍になると，離岸堤のブロックの所要質量はハドソン式では，4倍になる。

Ⅲ-25 港湾施設の重力式防波堤に関する記述のうち，最も適切なものはどれか。

① 防波堤は，航路や泊地とともに水域施設の1つである。

② 防波堤の安定性の照査に用いる波浪による作用は，有義波の諸元から計算する。

③ 傾斜堤は，反射波，越波，透過波が少ない。

④ 直立堤は，波による洗堀に対して順応性があり，軟弱地盤にも適用できる。

⑤ 混成堤は，高マウンドになると，衝撃砕波力が直立部に作用するおそれがある。

Ⅲ-26 土石流に関する記述のうち，最も不適切なものはどれか。

① 土石流の速度は渓床勾配や土石流規模にも強く影響を受けるが，石礫型では3〜10m／s程度，泥流型では20m／sに達する場合もある。
② 土石流が堆積した土砂の状況は粒径に応じて層状となり，表面に細粒分が集中する。
③ 土石流の先端部に巨礫や流木が集中する傾向があり，先端部に続く後続流は土砂濃度が低下する。
④ 土石流は微地形に従わず直進したり，流路屈曲部の外湾側に盛り上がったりして流動する。
⑤ 土石流の発生するタイミングは，累積雨量や降雨強度との相関が必ずしも明瞭ではない。

Ⅲ-27 国内の再生可能エネルギーに関する次の記述のうち，最も適切なものはどれか。

① 中小水力発電は，発電時に二酸化炭素を排出しないクリーンエネルギーであり，一度発電所を作れば，その後数十年にわたり発電が可能なエネルギー源である。
② 太陽光発電は，自家消費やエネルギーの地産地消を行う分散電源に適しており，系統電源喪失時の非常用電源として昼夜間発電できるエネルギー源である。
③ 地熱発電は，地下の地熱エネルギーを使うため，化石燃料のように枯渇する心配がないが，地下に掘削した井戸からは主に夜

間に天然の蒸気・熱水が噴出することから，連続した発電が難しいエネルギー源である。

④ 風力発電は，大規模に開発した場合に，スケールメリットによるコスト低減が得られやすく，出力変動が小さく，電力系統への受け入れを高めるための送電線の整備・増強の対策が不要であることから，今後の再生可能エネルギーの量的拡大の鍵となるエネルギー源である。

⑤ 未活用の廃棄物を燃料とするバイオマス発電は，熱利用率が高く，かつ廃棄物の再利用や減少につながる循環型社会構築に大きく寄与するエネルギー源である。

Ⅲ-28 水力発電に関する次の記述のうち，最も不適切なものはどれか。

① 取水口は，河水を水路に導入するための設備であり，計画水量を取水し，必要に応じて取水量を調整し得ること，損失水頭をなるべく少なくすること，土砂，流木，じん芥などが流入しないようにすること等が求められる。

② 水路は，発電用施設として分類すると，導水路と放水路に大別されるが，これを水理上の特性で分類すると，無圧水路と圧力水路に大別される。

③ 水路式発電所の導水路には，取水口になるべく遠い位置に沈砂池を設け，流れをできるだけ射流にし，流速を落として流水中の浮遊土砂を池底に沈殿させる。

④ 水槽は，水車の負荷変動による水撃圧と水量の変化を調節するとともに，じん芥，土砂を最終的に処理するために，導水路と水圧管路の接続部又は放水路の途中に設置される。

⑤ 余水路は，発電所負荷の変動に伴う余水を安全に流下させるため水槽に付属して設置される。

Ⅲ-29 舗装の性能指標の設定上の留意点に関する次の記述のうち，最も適切なものはどれか。

① 舗装の性能指標及びその値は，道路の存する地域の地質及び気象の状況，交通の状況，沿道の土地利用状況等を勘案して，舗装工事を行う監理技術者が設定する。

② 舗装の性能指標の値は，施工直後及び供用後10年を経た時点での値を設定する。

③ 疲労破壊輪数，塑性変形輪数及び平たん性は必須の舗装の性能指標であるので，路肩全体やバス停なども含めたすべてに必ず設定する。

④ 舗装の性能指標は，車道の舗装の新設の場合に設定し，側帯や改築及び修繕の場合には不要である。

⑤ 雨水を道路の路面下に円滑に浸透させることができる構造とする場合には，舗装の性能指標として浸透水量を設定する。

Ⅲ-30 鉄道の軌道に関する次の記述のうち，最も不適切なものはどれか。

① 鉄道線路は，それぞれの区間における列車重量・列車速度・輸送量などにより，列車の輸送状態に適した構造・強度に合わせて設計される。

② 我が国におけるレールの標準長さは25mであるが，現場溶接によって長尺化した200m以上のレールも使用されている。これをロングレールと呼ぶ。

③ 鉄道車両では一般に，曲線を通過するときには，車輪のフランジが内軌側，外軌側ともにレールの内側に接触する。その対策として軌間を少し拡大して，車輪がレール上を通過しやすいようにしている。この拡大量をスラックと呼ぶ。

④ レールの継ぎ目が減ると乗心地が良くなり，線路保守作業が容

易になることから，現場溶接でレール同士をつなぐことがある。これをレール締結と呼び，その装置をレール締結装置と呼ぶ。

⑤ まくらぎの役目は，左右のレールが正しい軌間を保つように保持するとともに，列車荷重を広く道床に分布させることである。

Ⅲ-31 山岳トンネルに関する次の記述のうち，最も不適切なものはどれか。

① 通常用いられている掘削工法は，全断面工法，補助ベンチ付き全断面工法，ベンチカット工法，導坑先進工法に大別される。

② 吹付けコンクリートは，トンネル掘削完了後，ただちに地山にコンクリートを面的に密着させて設置する支保部材であり，掘削断面の大きさや形状に左右されずに施工できることから，支保部材として最も一般的である。

③ 覆工は，掘削後，支保工により地山の変形が収束した後に施工することを標準としており，外力が作用しないことを基本として打設される。

④ 鋼製支保工は，トンネル壁面に沿って形鋼等をアーチ状に設置する支保部材であり，建込みと同時に一定の効果を発揮できるため，覆工コンクリートの強度が発現するまでの早期において切羽の安定化を図ることができる。

⑤ ロックボルトの性能は，亀裂の発達した中硬岩や硬岩地山では，主に亀裂面に平行な方向あるいは直角な方向の相対変位を抑制すること，また軟岩や未固結地山では，主にトンネル半径方向に生じるトンネル壁面と地山内部との相対変位を抑制することにある。

地盤改良工法に関する次の記述のうち，最も不適切なものはどれか。

① サンドマット工法は，軟弱地盤上に厚さ0.5～1.2 m程度の厚さの砂を小型ブルドーザで敷き均して良質な地盤を確保し，上載荷重の分散効果などにより地盤の安定を図る工法である。

② 浅層混合処理工法は，軟弱地盤の浅層部分にセメントや石灰などの改良材を添加混合して地盤の圧縮性や強度特性を改良する工法である。

③ 圧密・脱水工法は，軟弱な粘性土の間隙水を圧密やその他の方法で排出することによって，粘性土の圧縮性やせん断強さなどを改良する工法である。

④ 薬液注入工法は，ボーリングにて地盤を削孔して薬液を注入し，地盤の透水性を低下させる，あるいは地盤を強化する工法である。

⑤ 高圧噴射撹拌工法は，撹拌翼又はオーガーを回転させながら，主に，セメント系改良材と軟弱土を撹拌混合して軟弱地盤を円柱状に改良する工法である。

工事積算に関する次の記述のうち，最も不適切なものはどれか。

① 請負工事費とは，工事を請負施工に付する場合における工事の設計書に計上すべき当該工事の工事費であり，工事原価，一般管理費等，消費税相当額により構成される。

② 工事原価とは，工事現場の経理において処理されるすべての費用を指し，工事実施のために投入される材料，労務，機械等の直接工事費により構成される。

③ 直接工事費とは，工事目的物をつくるために直接投入され，目的物ごとに投入量が明確に把握される費用である。

④ 間接工事費とは，工事の複数の目的物あるいは全体に対して共

通して投入され，かつ，目的物ごとの投入量を個別に把握する
ことが困難な共通的な現場費用である。

⑤　一般管理費等とは，工事施工に当たる受注企業の企業活動を継
続運営するために必要な費用である。

Ⅲ-34　建設環境関係の各種法令などに関する次の記述のうち，最も不適切
なものはどれか。

①　気候変動対策として緩和策と適応策は車の両輪であり，これら
を着実に推進するため，「地球温暖化対策の推進に関する法律」
並びに「気候変動適応法」の２つの法律が施行されている。

②　環境基本法で定める「公害」とは，事業活動その他の人の活動
に伴って生ずる相当範囲にわたる大気の汚染，水質の汚濁，土
壌の汚染，騒音，振動，地盤の沈下及び悪臭によって，人の健
康又は生活環境に係る被害が生ずることをいう。

③　大気汚染防止法の目的には，建築物の解体等に伴うばい煙，揮
発性有機化合物及び粉じんの排出等の規制により，大気の汚染
に関し，国民の健康を保護することが含まれる。

④　循環型社会の形成のためには，再生品などの供給面の取組に加
え，需要面からの取組が重要であるとの観点から，循環型社会
形成推進基本法の個別法の１つとして「公共工事の品質確保の
促進に関する法律」が制定された。

⑤　建設リサイクル法では，特定建設資材を用いた建築物等に係る
解体工事又はその施工に特定建設資材を使用する新築工事等で
あって一定規模以上の建設工事について，その受注者等に対し，
分別解体等及び再資源化等を行うことを義務付けている。

Ⅲ-35 建設環境に関する次の記述のうち，最も不適切なものはどれか。

① 侵略的外来種とは，外来生物（海外起源の外来種）であって，生態系，人の生命・身体，農林水産業へ被害を及ぼすもの，又は及ぼすおそれがあるものの中から指定され，輸入，放出，飼養等，譲渡し等の禁止といった厳しい規制がかかる。

② 木材は，加工に要するエネルギーが他の素材と比較して少なく，多段階における長期的利用が地球温暖化防止，循環型社会の形成に資するなど環境にやさしい素材であることから，公共工事等において木材利用推進を図っている。

③ 生物多様性国家戦略とは，生物多様性条約及び生物多様性基本法に基づく，生物多様性の保全と持続可能な利用に関する国の基本的な計画であり，我が国では，平成7年に最初の生物多様性国家戦略が策定された。

④ 脱炭素社会とは，人の活動に伴って発生する温室効果ガスの排出量と吸収作用の保全及び強化により吸収される温室効果ガスの吸収量との間の均衡が保たれた社会を意味し，我が国においては2050年までに実現することを目指している。

⑤ 持続可能な開発目標（SDGs：Sustainable Development Goals）とは，2001年に策定されたミレニアム開発目標（MDGs）の後継として，2015年9月の国連サミットで加盟国の全会一致で採択された「持続可能な開発のための2030アジェンダ」に記載された，2030年までに持続可能でよりよい世界を目指す国際目標である。

令和4年度

技術士第一次試験問題［建設部門］

次の35問題のうち25問題を選択して解答せよ。（解答欄に１つだけマークすること。）

Ⅲ-1 土粒子の密度を ρ_s，土の間隙比をeとするとき，土の乾燥密度 ρ_d を算出する式として正しいものはどれか。

① $\dfrac{\rho_s}{2+e}$ ② $\dfrac{\rho_s}{2-e}$ ③ $e\,\rho_s$ ④ $\dfrac{\rho_s}{1+e}$ ⑤ $\dfrac{\rho_s}{1-e}$

Ⅲ-2 境界条件，圧密層厚，透水係数，体積圧縮係数が下図に示すような４つの水平成層の飽和粘土地盤a～dについて，圧密に要する時間が同一となる地盤の組合せとして，適切なものはどれか。ただし，圧密はテルツァーギの一次元圧密方程式に従うものとし，初期過剰間隙水圧は深さ方向に一様に分布するものとする。

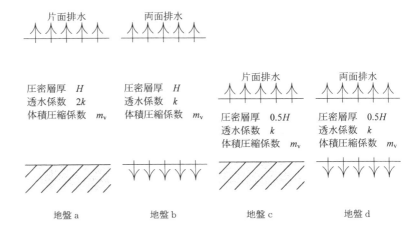

① 地盤 a と地盤 b
② 地盤 a と地盤 c
③ 地盤 a と地盤 d
④ 地盤 b と地盤 c
⑤ 地盤 b と地盤 d

Ⅲ-3 土圧，支持力，基礎及び斜面安定に関する次の記述のうち，不適切なものはどれか。

① 地盤が構造物の荷重を支える能力を支持力という。

② 斜面のすべりに対する安全率の値を具体的に求める方法には，すべり面の形状を円形と仮定する円弧すべり解析と，任意形状のすべり面を対象とした非円形すべり面解析がある。

③ テルツァーギの支持力公式にて使用される3つの支持力係数は，すべて無次元量で，土の粘着力の関数である。

④ 擁壁などが前方に移動するときのように，土が水平方向に緩む方向で変形していくとき，水平土圧が次第に減少して最終的に一定値に落ち着いた状態を主働状態という。

⑤ 杭基礎の支持形式は，大きく分けて支持杭及び摩擦杭の2つに分かれる。

Ⅲ-4 下図に示すような直線すべり面ＡＢ上の土塊ＡＢＣに対する安全率 F_s を求める式として，次のうち適切なものはどれか。ここですべり土塊は奥行き１ｍ幅を想定し，平面ひずみ条件を満足するものとする。また，すべり面の勾配，長さをそれぞれ α ，l，土の粘着力，内部摩擦角をそれぞれ c ，ϕ ，移動土塊ＡＢＣの重量をＷとし，モール・クーロンの破壊規準に従うものとする。

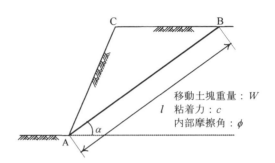

① $\quad F_s = \dfrac{cl + W\cos\alpha\sin\phi}{W\sin\alpha}$

② $\quad F_s = \dfrac{cl + W\sin\alpha\sin\phi}{W\cos\alpha}$

③ $\quad F_s = \dfrac{cl + W\cos\alpha\cos\phi}{W\sin\alpha}$

④ $\quad F_s = \dfrac{cl + W\sin\alpha\tan\phi}{W\cos\alpha}$

⑤ $\quad F_s = \dfrac{cl + W\cos\alpha\tan\phi}{W\sin\alpha}$

Ⅲ-5 次の単純ばりＡＢへの荷重の作用と曲げモーメント図の組合せのうち，誤っているものはどれか。ただし，曲げモーメントは反時計回りを正とする。

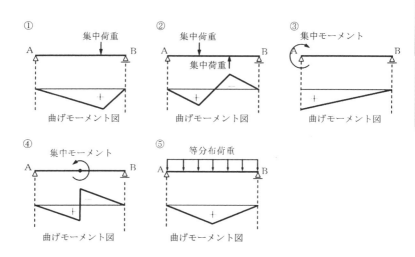

Ⅲ-6 下図に示す長方形断面の各種断面諸量に関する次の記述のうち，不適切なものはどれか。

① 高さdを2倍，幅bを2倍にすると，断面積は4倍になる。

② 幅bを2倍にすると，図示の軸まわりの断面二次モーメントは2倍になる。

③ 高さdを2倍，幅bを2倍にすると，図示の軸まわりの断面二次モーメントは16倍になる。

④ 高さdを2倍にすると，図示の軸に関する断面係数は8倍になる。

⑤ 高さdを2倍にすると，図示の軸に関する断面二次半径は2倍になる。

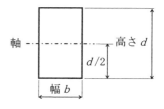

道路橋の床版に関する次の記述のうち，最も不適切なものはどれか。

① 床版の設計にはL荷重を用いる。このL荷重は，車両の隣り合う車軸を1組の集中荷重に置き換えたものである。

② 床版のコンクリートと鋼桁との合成作用を考慮する場合，床版のコンクリートには一般に桁作用としての応力と床版作用としての応力が同時に生じる。

③ 鋼床版とは，縦リブ，横リブでデッキプレートを補剛したものであり，鋼床版は縦桁，横桁等の床組構造又は主桁で支持される。

④ 鋼コンクリート合成床版は，鋼板や形鋼等の鋼部材とコンクリートが一体となって荷重に抵抗するよう合成構造として設計される。

⑤ 床版は，自動車輪荷重を直接支えるものであるため，その耐久性は輪荷重の大きさと頻度，すなわち大型の自動車の走行台数の影響を大きく受ける。

鋼構造の一般的な特徴に関する次の記述のうち，最も不適切なものはどれか。

① 鋼材は曲げ・切断などの加工が可能であり，溶接あるいはボルトにより容易にほかの部材と接合できるため，補修・補強・構造的な改良に対応しやすい。

② 鋼材はさびやすいため，防食防錆対策が必要である。

③ 一般に薄肉構造であるため変形が小さく，動的荷重に対して振動・騒音を生じにくい。

④ 主として工場内で製作されるため，施工現場での工期が短い。

⑤ 一般に薄い板厚の鋼板を溶接によって組立てる薄肉構造となるため，コンクリート構造に比べて重量が軽い。

Ⅲ-9 道路橋示方書・同解説　Ⅰ共通編（平成29年11月）に規定される橋の限界状態に関する次の記述のうち，最も不適切なものはどれか。

① 限界状態とは，橋の耐荷性能を照査するに当たって，応答値に対応する橋や部材等の状態を区分するために用いる状態の代表点をいう。

② 橋の限界状態は，橋を構成する部材等及び橋の安定に関わる周辺地盤の安定等の限界状態によって代表させることはできない。

③ 橋の限界状態1とは，橋としての荷重を支持する能力が損なわれていない限界の状態をいう。

④ 橋の限界状態2とは，部分的に荷重を支持する能力の低下が生じているが，橋としての荷重を支持する能力に及ぼす影響は限定的であり，荷重を支持する能力があらかじめ想定する範囲にある限界の状態をいう。

⑤ 橋の限界状態3とは，これを超えると構造安全性が失われる限界の状態をいう。

Ⅲ-10 コンクリートの材料に関する次の記述のうち，最も不適切なものはどれか。

① ポルトランドセメントには，普通，早強，超早強，中庸熱，低熱，耐硫酸塩の6種類がある。

② 混和材の中の膨張材は，コンクリートの乾燥収縮や硬化収縮等に起因するひび割れの発生を低減できる。

③ 細骨材は，清浄，堅硬，劣化に対する抵抗性を持ち化学的あるいは物理的に安定し，有機不純物，塩化物等を有害量以上含まないものとする。

④ 混和剤の中の減水剤及びAE減水剤は，ワーカビリティーを向

上させ，所要の単位水量及び単位セメント量を低減させること
ができる。

⑤　練混ぜ水として海水を使用すると，鉄筋腐食，凍害，アルカリ
シリカ反応による劣化に対する抵抗性が高くなり，長期材齢に
おけるコンクリートの強度増進が大きくなる。

Ⅲ-11　コンクリートに関する次の記述のうち，最も不適切なものはどれか。

①　コンクリートの強度は，一般に温度20℃の水中での養生を行っ
た材齢28日における圧縮強度を基準とする。

②　引張強度は，圧縮強度の約1／5であって，この比は圧縮強度
によらず一定である。

③　自己収縮とは，セメントの水和反応により水が消費されること
でコンクリートが縮む現象をいう。

④　クリープとは，持続荷重の場合，弾性ひずみに加えて時間の経
過とともにひずみが増大する現象をいう。

⑤　静弾性係数には，初期接線弾性係数，割線弾性係数及び接線弾
性係数がある。

Ⅲ-12　コンクリート構造物の劣化現象に関する次の記述のうち，最も不適
切なものはどれか。

①　床版の疲労とは，道路橋の鉄筋コンクリート床版が輪荷重の繰
返し作用によりひび割れや陥没を生じる現象をいう。

②　塩害とは，コンクリート中の鋼材の腐食が塩化物イオンにより
促進され，コンクリートのひび割れや剥離，鋼材の断面減少を
引き起こす劣化現象をいう。

③　アルカリシリカ反応とは，骨材中に含まれる反応性を有するシ

リカ鉱物等がコンクリート中の酸性水溶液と反応して，コンク
リートに異常な収縮やひび割れを発生させる劣化現象をいう。

④ 凍害とは，コンクリート中の水分が凍結と融解を繰返すことに
よって，コンクリート表面からスケーリング，微細ひび割れ及
びポップアウト等の形で劣化する現象をいう。

⑤ 化学的侵食とは，酸性物質や硫酸イオンとの接触によりコンク
リート硬化体が分解したり，化合物生成時の膨張圧によってコ
ンクリートが劣化したりする現象をいう。

Ⅲ-13 公共交通に関する次の記述のうち，最も適切なものはどれか。

① デマンド交通は，利用者のニーズに応じて移動ができるように，
登録を行った会員間で特定の自動車を共同使用するものであ
る。

② BRTは，連節バス，公共車両優先システム，自家用車混用の一
般車線を組合せることで，速達性・定時性の確保や輸送能力の
増大が可能となる高次の機能を備えたバスシステムである。

③ コミュニティバスは，交通空白地域・不便地域の解消等を図る
ため，民間交通事業者が主体的に計画し，運行するものである。

④ トランジットモールは，中心市街地やメインストリートなどの
商店街を，歩行空間として整備するとともに，人にやさしい低
公害車だけを通行させるものである。

⑤ グリーンスローモビリティは，時速20km未満で公道を走るこ
とができる電動車を活用した小さな移動サービスで，その車両
も含めた総称である。

国土計画に関する次の記述のうち，不適切なものはどれか。

① 全国総合開発計画は三次にわたり策定されており，1998年に策定された「21世紀の国土のグランドデザイン」は，第三次に当たる計画である。

② 2005年に国土総合開発法は国土形成計画法へと抜本改正され，開発を基調とした右肩上がりの時代の計画であった全国総合開発計画は，国土の利用・整備・保全に関する国土形成計画（全国計画及び広域地方計画）へと改正された。

③ 2014年にとりまとめられた「国土のグランドデザイン2050—対流促進型国土の形成—」では，「国土を取り巻く時代の潮流と課題」を指摘し，我が国の目指すべき国土の姿を提案している。

④ 2015年に閣議決定された第二次国土形成計画（全国計画）は，国土の基本構想（計画の目標）を「対流促進型国土」とし，多様な個性を持つさまざまな地域が相互に連携し生じる地域間のヒト，モノ，カネ，情報等の双方向の動きを「対流」と定義し，この対流が全国各地でダイナミックに湧き起こる国土の形成を目指すとしている。

⑤ 第二次国土形成計画（全国計画）では，計画実現の方式として，「コンパクト＋ネットワーク」の形成を掲げている。このような取り組みによって，人口減少下でも質の高いサービスを効率的に提供し，新たな価値を創造することにより，国全体の生産性を高める国土構造を構築できるとしている。

都市防災に関する次の記述のうち，最も不適切なものはどれか。

① 都市防災の計画は地震後に想定される火災などの2次災害から人々を守る避難地，避難路の整備，火災などの延焼を阻止する遮断機能の強化が中心となっている。

② 国土交通省が2013年に提示した防災都市づくり計画策定指針では，多様なリスクを考えるという姿勢で取り組むこと，都市計画の目的として防災を明確に位置付けること，しっかりとしたリスク評価に基づいて都市づくりを行うこと，こうしたリスクを開示して自助・共助の力を地域に根付かせること，などがうたわれている。

③ 都市計画法施行令においては，おおむね10年以内に優先的かつ計画的に市街化を図るべき区域として市街化区域を設定する際，溢水，湛水，津波，高潮等による災害の発生のおそれのある土地の区域についての基準はない。

④ 2020年には災害ハザードエリアにおける開発抑制が講じられ，災害危険区域などの災害レッドゾーンでは開発許可が原則禁止され，浸水ハザードエリア等においても住宅等の開発許可が厳格化され，安全・避難上の対策が許可の条件となった。

⑤ 立地適正化計画においては，防災を主流化し，災害レッドゾーンを居住誘導区域から原則除外すること，防災対策・安全確保を定める防災指針を作成することとなった。さらに，災害ハザードエリアからの移転を促進するための事業も整備された。

Ⅲ-16 都市開発事業における土地に対する措置手法に関する次の記述のうち，最も不適切なものはどれか。

① 換地方式は，事業施行区域内の用地は原則として買収せず，道路・公園などの公共施設用地を施行区域内のすべての土地所有者から少しずつ提供してもらう代わりに，すべての土地について土地の交換や分合筆を同時に行うものである。

② 買収方式は，事業対象区域の土地を全部買収してから都市施設と宅地の整備を行うものであり，地価の比較的高い既成市街地において再開発を行う際に用いられる。

③ 免許方式は，海岸や湖沼など水面を埋立てて市街地を造成する場合に埋立て免許が必要なことからこのように呼ばれており，埋立てにより比較的低廉な土地が大量に得られるが，漁業権補償などの問題を伴うことが多い。

④ 権利変換方式は，土地だけではなく建物の床面にまで交換の範囲を広げるもので，市街地の高度利用をすべき区域において施行される。

⑤ 2002年に施行された都市再生特別措置法は，従来の都市計画の土地に対する措置が適用可能であれば何でも使用できる強力な手法であるので，換地方式，買収方式，権利変換方式，免許方式も採用されている。

Ⅲ-17 下図のように，垂直に立てられた長方形の矩形ゲートに水深hの静水圧が作用している。このゲートの部材Aと部材Bのそれぞれに作用する奥行方向の単位幅あたりの全水圧が等しくなる部材Aの高さXとして適切なものはどれか。ただし，水の密度をρ，重力加速度をgとする。

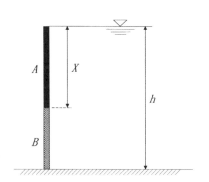

① $\dfrac{1}{2}h$ ② $\sqrt{\dfrac{1}{2}}\,h$ ③ $\dfrac{2}{3}h$ ④ $\sqrt{\dfrac{2}{3}}\,h$ ⑤ $\sqrt{\dfrac{h}{2}}$

Ⅲ-18 水理学における管路の流れに関する次の記述のうち，最も不適切なものはどれか。

① 管路の流れとは，流体が管の断面全体を満たした状態で流れている流れのことをいう。

② 管路の断面変化に伴って，動水勾配線は流れの流下方向に対して逆勾配が生じる場合がある。

③ ポンプ等からのエネルギー供給がなければ，エネルギー勾配線は流れの流下方向に向けて必ず下降する。

④ 管内のエネルギー損失には摩擦による損失と，局部的な形状の変化の箇所での局所損失がある。

⑤ 局所損失は管内の平均流速に反比例する。

Ⅲ-19 水理学における開水路の流れに関する次の記述のうち，最も不適切なものはどれか。

① 開水路の流れには常流・限界流及び射流の3種の流れの状態がある。

② 跳水現象は，射流の流れが下流の常流流れに遷移する場合に発生し，この遷移は水表面に激しい表面渦を伴う不連続な形で行われる。

③ 射流の場合は，流れの速度が波速よりも大きいために，水面変化は上流に向かって伝わることができない。

④ 跳水においては，エネルギー保存の式は使えない。

⑤ 等流水深は水路勾配によらず，流量と断面形及び粗度係数によって決まる。

　水中の土砂移動に関する次の記述のうち，最も不適切なものはどれ
か。

① 掃流砂は，河床と間断なく接触しながら移動する土砂の運動形
態のことを指す。これに対し，浮遊砂は，掃流砂に比べれば細
粒の土砂の輸送のことを指し，水流中の流れと一体となって移
動する。

② 流れが空間的に一様な分布を持つ水流中の物体に働く抗力は，
経験的に作用流速の二乗に比例することがわかっている。

③ 河床上を砂粒子が連続的に移動するようになる限界掃流力は，
土砂の粒径によらず一定の値をとる。

④ 土砂を静水中に積み上げて斜面を造ったときに，土砂が崩れず
に留まることができる最大傾斜角を土砂の水中安息角と呼ぶ。

⑤ 河川の摩擦速度の縦断変化は，局所的な河床高の変化を表すこ
とができ，上流の摩擦速度に比べて下流側の摩擦速度が大きけ
れば河床低下，反対に下流側の摩擦速度が小さければ河床上昇
となることが多い。

　河川堤防に関する次の記述のうち，最も不適切なものはどれか。

① 河川堤防の余裕高は，計画高水流量に応じて定められた値以上
とする。

② 高規格堤防は，越流水による洗堀破壊に対しても安全性が確保
されるよう設計するものとする。

③ 耐浸透性能の照査は，すべり破壊及びパイピング破壊に対する
安全率等を評価し，安全率等の許容値を満足することを照査の
基本とする。

④ 堤体には締固めが十分行われるために，細粒分と粗粒分が適当
に配合されている材料を用いるのが望ましい。

⑤ 河川堤防の浸透対策であるドレーン工は，堤体内への河川水の浸透を防ぐ効果がある。

Ⅲ-22 河川計画に関する次の記述のうち，**不適切なもの**はどれか。

① 一級水系に係る河川整備基本方針においては，全国的なバランスを考慮し，また個々の河川や流域の特性を踏まえて，水系ごとの長期的な整備の方針や整備の基本となる事項を定める。

② 河川整備計画においては，河川整備基本方針に定められた内容に沿って，地域住民のニーズなどを踏まえた，おおよそ20～30年間に行われる具体的な整備の内容を定める。

③ 洪水防御計画の策定に当たっては，河川の持つ治水，利水，環境等の諸機能を総合的に検討するとともに，この計画がその河川に起こり得る最大洪水を目標に定めることに留意する。

④ 計画高水流量とは，基本高水を合理的に河道，ダム等に配分した主要地点における河道，ダム等の計画の基本となる流量である。

⑤ 計画の規模を超える洪水により，甚大な被害が予想される河川については，必要に応じて超過洪水対策を計画することを基本とする。

Ⅲ-23 海岸工学に関する次の記述のうち，**最も適切なもの**はどれか。

① 津波が湾内に侵入したときの湾口と湾内の津波の高さの比は，波高と水深の比が小さい範囲では，湾口と湾内の水深の比の1／4乗に比例する。

② 換算沖波波高は，浅水変形及び屈折，回折の平面的な波高の変化を加えた波高として構造物の設計に標準的に用いられる。

③ 不規則波の反射率は，入射波と反射波の位相差が $0°$ と $180°$ となる地点での最大波高と最小波高の比となる。

④ 波の波高が水深に比べて十分に小さい場合，水深が波長の半分より深い海域では，水粒子軌道形状が楕円となり，深さ方向に水平運動振幅が変化しない。

⑤ 水深の異なる境界に斜めに波が入射した場合に，波向線が浅い領域でより境界に直角になるように変化する。この現象を屈折という。

Ⅲ-24 海岸保全施設の設計に関する次の記述のうち，最も不適切なものはどれか。

① ハドソン式は，傾斜堤等の斜面被覆材の安定な質量（所要質量）の算定に用いられるとともに，混成堤のマウンド被覆材や離岸堤のブロックの所要質量の算定にも用いられている。

② 改良仮想勾配法は，サヴィールの仮想勾配法を緩勾配海岸にも適用できるように改良したもので，複雑な海浜断面や堤防形状を有する海岸への波のうちあげ高の評価に広く使われている。

③ 海中部材に作用する波力は，モリソン式では，波による水粒子速度の2乗に比例する抗力と水粒子加速度に比例する慣性力の和として算定される。

④ 直立壁に作用する風波の波圧の算定に用いる合田式は，重複波圧は算定できるが，砕波圧は算定できない。

⑤ 防波堤等の直立壁に作用する津波の波圧は，波状段波の発生がなく，かつ越流の発生のない場合には，谷本式で算定することができる。

Ⅲ-25 港湾施設に関する次の記述のうち，最も適切なものはどれか。

① 港湾の外郭施設の機能として，港内の静穏度の確保，水深の維持，臨港交通の確保，海岸の決壊防止，高潮・津波に対する陸域の防護がある。

② 港内の泊地の常時波浪に対する静穏度は，泊地での施設の耐用年数期間中に出現すると推定される確率波として評価するのが一般的である。

③ 防波堤と航路の法線は，入港時に船舶がなるべく強い風や潮流を真横から受けないように設定する。

④ 航路の必要水深は，航走時の船体沈下であるトリム等を考慮して決定される。

⑤ 埠頭は，コンテナ埠頭，フェリー埠頭，旅客埠頭のような専門埠頭とRORO船埠頭，バルク（バラ）貨物埠頭のような雑貨埠頭に分類される。

Ⅲ-26 砂防施設に関する次の記述のうち，最も不適切なものはどれか。

① 流路工の計画河床勾配は，土砂の河道内の堆積を抑制するため，できるだけ急勾配となる方向で設定する。

② 流路工の工事着手時期は，上流の砂防工事が進捗して，多量の流出土砂の流入による埋塞の危険がなくなるとともに，河床が低下傾向に転じた時期が望ましい。

③ 急傾斜地崩壊対策としての擁壁工は，アンカー工とともに抑止工の一種である。

④ 砂防堰堤（砂防ダム）の水通しは，できる限り広くし，越流水深を小さくする方がよい。

⑤ 土石流対策としての透過型の捕捉工は，必要に応じて除石を行って空容量を確保することを原則とする。

Ⅲ-27 火力発電所の取水・放水設備に関する次の記述のうち，不適切なものはどれか。

① 冷却水の取水方式には，取水する位置によって港湾内取水，沿岸取水，沖合取水方式がある。

② 取水口の構造には，カーテンウォール式と海底管式がある。

③ スクリーン室は，取水口とポンプ室の間に設け，取水口から流入したごみ，海藻などを除塵装置によって取り除き，復水器細管の閉塞を防止する設備である。

④ ポンプ室は，冷却水をスクリーン室へ圧送するための循環水ポンプを設置する設備である。

⑤ 放水口の設計に当たっては，波浪や漂砂の影響を受けにくく，温排水の放水に伴う漁業や船舶航行など海域環境への影響が極力少なくなるような配置や構造形式を採用する。

Ⅲ-28 水力発電に関する次の記述のうち，不適切なものはどれか。

① 有効落差は，取水口から水車入口まで及び水車出口から放水口までの間を流れが流下する際に失う損失水頭を総落差より差し引いた残りの落差（水頭）である。

② 水路の粗度係数の値は，流水中に含まれる砂礫などのためにコンクリート面が次第に摩耗し，あるいは水虫が付着したりして，日時の経過とともに増大する傾向にある。

③ 導水路とヘッドタンクとの取付部がわん曲し，あるいは著しく非対称であると，流心が一方にかたよって渦流を生じ，空気が水圧管に吸い込まれるなどヘッドタンクの機能が低下する。

④ 河川流量の調査結果を発電計画に適用する際に用いる渇水量は，1年のうち95日間はこの流量よりも減少することのない水量である。

⑤ 差動サージタンクは，水槽内に断面積の小さい円筒形の立て坑（ライザー）を立てて水路と直結させ，水槽と水路とは小孔（ポート）で連絡する構造を有している。

Ⅲ-29 道路の計画・設計に関する次の記述のうち，最も適切なものはどれか。

① 道路の中央帯の幅員の設計に当たっては，当該道路の区分に応じて定められた値以下とする。

② 道路構造の決定に当たっては，必要とされる機能が確保できる道路構造について検討し，さらに，各種の制約や経済性，整備の緊急性，道路利用者等のニーズなど地域の実状を踏まえて適切な道路構造を総合的に判断する。

③ 道路構造の基準は，全国一律に定めるべきものから，地域の状況に応じて運用すべきものまで様々であることから，道路構造令は，基本となる規定として，すべての項目で標準値を定めている。

④ 道路の機能の中の交通機能とは，一義的に自動車や歩行者・自転車それぞれについて，安全・円滑・快適に通行できる通行機能のことをいう。

⑤ 道路の機能の中の空間機能とは，一義的に交通施設やライフライン（上下水道等の供給処理施設）などの収容空間のことをいう。

Ⅲ-30 鉄軌道に関する次の記述のうち，不適切なものはどれか。

① 索道は，空中に架設した鋼索に搬器を吊るし，これを鋼索の循環又は往復運動によって移動させる交通機関で，主として山岳

部の観光地やスキー場などで用いられている。

② モノレールの種類には，跨座式と懸垂式がある。一般的に，跨座式は，支柱の高さが高くなり，景観に対する阻害率が大きくなる一方，軌道の曲線半径を小さくすることができる特徴がある。

③ 案内軌条式鉄道の建設コストはモノレールと比べ低廉といわれる一方，輸送力や速度の面で劣る。したがって，路面電車とモノレールの中間的な交通機関として位置付けられる。

④ LRTとは，低床式車両の活用や軌道・電停の改良による乗降の容易性，定時性，速達性，快適性などの面で優れた特徴を有する軌道系交通システムのことである。

⑤ リニア地下鉄は，地下鉄における建設コストの削減を図るためトンネルの断面積を小さく抑え，リニアモーター駆動によって床面高さを極力低くした小断面の車両を用いた地下鉄であり，一般の地下鉄と比べてトンネルの断面積は約半分程度である。

Ⅲ-31 山岳トンネルの計画に関する次の記述のうち，最も不適切なものはどれか。

① トンネルの平面線形は，使用目的及び施工面からできるだけ直線とし，曲線を入れる場合はできるだけ小さい半径を採用しなければならない。

② トンネルの坑口は，安定した地山で地形条件のよい位置に選定するよう努めなければならない。

③ 水路トンネルでは，通水量，通水断面積，流速等の相互関係を考慮して勾配を設定しなければならない。

④ トンネルの内空断面は，トンネルの安定性及び施工性を十分考慮して効率的な断面形状とする必要がある。

⑤ 2本以上のトンネルを隣接して設置する場合，先行施工と後方

施工のトンネル相互の影響を検討のうえ位置を選定しなければ
ならない。

Ⅲ-32 土留め壁に関する次の記述のうち，**不適切なもの**はどれか。

① 簡易土留め壁は，木矢板や軽量鋼矢板などによる土留め壁であ
り，軽量かつ短尺で扱いやすく，断面性能が大きく，遮水性も
よい。

② 鋼矢板土留め壁は，U形，Z形，直線形，H形などの鋼矢板を，
継手部をかみ合わせながら，連続して地中に打ち込む土留め壁
であり，遮水性がよく，掘削底面以下の根入れ部分の連続性が
保たれる。

③ 親杭横矢板土留め壁は，Ⅰ形鋼，H形鋼などの親杭を，1～2
m間隔で地中に打ち込み，又は穿孔して建て込み，掘削に伴っ
て親杭間に木材の横矢板を挿入していく土留め壁であるが，遮
水性がよくなく，掘削底面以下の根入れ部分の連続性が保たれ
ない。

④ 鋼管矢板土留め壁は，形鋼，パイプなどの継手を取り付けた鋼
管杭を，継手部をかみ合わせながら，連続して地中に打ち込む
土留め壁であり，遮水性がよく，掘削底面以下の根入れ部分の
連続性が保たれ，しかも断面性能が大きい。

⑤ ソイルセメント地下連続壁は，各種オーガー機やチェーンカッ
ター機等を用いてセメント溶液を原位置土と混合・撹拌した掘
削孔にH形鋼などを挿入して連続させた土留め壁であり，遮水
性がよく，断面性能は場所打ち杭，既製杭地下連続壁と同等で
ある。

Ⅲ-33 建設工事の施工管理に関する次の記述のうち，不適切なものはどれか。

① 工事原価とは，工事現場において使用される材料，労務，機械，仮設物など工事管理に必要な全ての費用に，一般管理費，利益を加えたものである。

② 出来形管理とは，工事目的物の形状，寸法，仕上げなどの出来形に関する管理のことである。

③ 施工計画の目標とするところは，工事の目的物を設計図書及び仕様書に基づき所定の工事期間内に，最小の費用でかつ環境，品質に配慮しながら安全に施工する条件を策定することである。

④ 品質管理とは，資材，材料，施工方法，機械などの手段を含めた品質に関する管理のことである。

⑤ 特定建設業者は，下請負人の名称，工事内容，工期等を記載した施工体制台帳を，工事現場ごとに据え置き，発注者から請求があったときは，閲覧に供さなければならない。

Ⅲ-34 環境影響評価法に関する次の記述のうち，不適切なものはどれか。

① 環境影響評価法では，規模が大きく環境に著しい影響を及ぼすおそれのある事業について環境アセスメントの手続きを定める。

② 配慮書とは，第1種事業を実施しようとする者が，事業の位置・規模等の検討段階において，環境保全のために適正な配慮をしなければならない事項について検討を行い，その結果を取りまとめた図書である。

③ スコーピングとは，第1種事業に準じる大きさの事業（第2種事業）について環境アセスメントを行うかどうかを個別に判定

する手続きのことである。

④ 事後調査の必要性は，環境保全対策の実績が少ない場合や不確実性が大きい場合など，環境への影響の重大性に応じて検討され，判断される。

⑤ 地方公共団体が定めた環境アセスメントに関する条例には，環境影響評価法と比べ，法対象以外の事業種や法対象より小規模の事業を対象にするといった特徴がある。

Ⅲ-35 建設環境関係の各種法令などに関する次の記述のうち，不適切なものはどれか。

① 工作物の新築，改築又は除去に伴って生じたコンクリートの破片は，廃棄物の処理及び清掃に関する法律における産業廃棄物である。

② 騒音規制法により，指定地域内で特定建設作業を伴う建設工事を施工しようとする者は，当該特定建設作業の開始の日の7日前までに，特定建設作業の場所及び実施の期間などを都道府県知事に届けなければならないとされている。

③ 工事で使用する生コンクリートを製造するバッチャープラントは，水質汚濁防止法における特定施設である。

④ 大気汚染防止法の目的には，建築物等の解体等に伴う粉じんの排出等を規制し，また，自動車排出ガスに係る許容限度を定めること等により，大気の汚染に関し，国民の健康を保護することが含まれる。

⑤ 振動規制法に定める特定建設作業の規制に関する基準では，特定建設作業の振動が，当該特定建設作業の場所の敷地境界線において，75デシベルを超える大きさのものでないこととされている。

令和3年度

技術士第一次試験問題 [建設部門]

次の35問題のうち25問題を選択して解答せよ。(解答欄に1つだけ
マークすること。)

Ⅲ-1 土の基本的性質に関する次の記述のうち，**不適切なもの**はどれか。

① 間隙比eは，土粒子密度ρ_sと乾燥密度ρ_dを用いて，$e = \dfrac{\rho_s}{\rho_d} - 1$
と求める。

② 粗粒土では，その粒度分布が透水性や力学的性質に影響するが，
細粒土の力学的性質は，含水比wの多少によって大きく変化す
る。

③ 飽和度S_rは，含水比w，土粒子密度ρ_s，水の密度ρ_w，間隙比e
を用いて，$S_r = \dfrac{e\rho_w}{w\rho_s} \times 100$（%）と求める。

④ 土粒子の密度ρ_sは，土粒子の構成物の単位体積当たりの平均質
量である。

⑤ 間隙比eと間隙率nの関係は，$n = \dfrac{e}{1+e} \times 100$（%）である。

Ⅲ-2 土の圧密に関する次の記述の，〔　　　　　〕に入る語句として，最
も適切な組合せはどれか。

土の圧密を考えるときに，土粒子及び〔　a　〕は事実上圧縮し
ないものと考えてよい。したがって，土の圧密による体積減少は土

の間隙の減少によるものであり，飽和土の場合，体積減少に等しい分だけの　a　が排出される。粗い砂や礫のように透水性の　b　土の場合，圧密は短時間で終了する。一方，粘土のような透水性の　c　土では，　a　の排出に長時間を要する。したがって，このような土の圧密現象を扱う場合，圧密荷重と圧密量の関係に加えて，圧密の　d　が問題となる。

	a	b	c	d
①	間隙空気	高い	低い	応力履歴
②	間隙空気	低い	高い	時間的推移
③	間隙水	高い	低い	時間的推移
④	間隙水	低い	高い	応力履歴
⑤	間隙水	低い	高い	時間的推移

Ⅲ-3　飽和粘土の供試体を用いて一軸圧縮試験を行ったところ，破壊時の軸荷重Pが20N，軸変位ΔHは10mmであった。供試体が円柱形を正しく保持していること，体積が変化しないことと仮定して算定したこの飽和粘土の一軸圧縮強さσの値として適切なものはどれか。ただし，この供試体の初期高さH_0は10.0cmで，初期断面積A_0は10cm²とする。

① 0.9kN／m²
② 1.8kN／m²
③ 9.0kN／m²
④ 18.0kN／m²
⑤ 20.0kN／m²

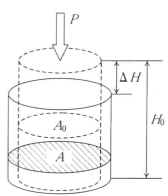

Ⅲ-4 斜面安定に関する次の記述のうち，**不適切なもの**はどれか。

① 地すべりとは，山体を構成する土砂や礫の一部が，水と混合し河床堆積物とともに渓岸を削りながら急速に流下する現象である。

② 地すべり対策工は，地すべりの発生機構及び規模に応じて，抑制工と抑止工を適切に組み合わせて計画するものである。

③ 簡便分割法やスウェーデン法で用いられる斜面の安全率は，土のせん断強さをすべり面に働くせん断力で除した値として定義される。

④ 円弧すべり法で用いられる斜面の安全率は，ある点に関する土のせん断強さによる抵抗モーメントを滑動モーメントで除した値として定義される。

⑤ 落石防止工は，斜面上方の落石発生源において実施する落石予防工と，発生した落石に対し斜面下方で対処する落石防護工に区分される。

Ⅲ-5 はりの断面力図に関する次の記述のうち，**不適切なもの**はどれか。

① 等分布荷重の区間では，せん断力図は直線，曲げモーメント図は2次曲線となる。

② 三角形分布荷重の区間では，せん断力図，曲げモーメント図の両方とも3次曲線となる。

③ 曲げモーメント図の勾配（接線の傾き）は，その点のせん断力に等しい。

④ 集中荷重の作用点では，せん断力図は階段状に変化し，曲げモーメント図は折れ曲がる。

⑤ 集中モーメント荷重の作用点では，せん断力図は変化せず，曲げモーメント図は階段状に変化する。

Ⅲ-6 下図に示すT形断面について，辺ABから図心Oまでの距離hとして，適切なものはどれか。

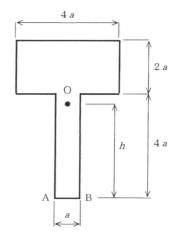

① $3a$ ② $\dfrac{7}{2}a$ ③ $4a$ ④ $\dfrac{9}{2}a$ ⑤ $5a$

Ⅲ-7 平面応力状態にある弾性体が下図に示すように垂直応力とせん断応力を受けている。この点における最大主応力の値として適切なものはどれか。ただし，応力は矢印で示す方向を正とする。

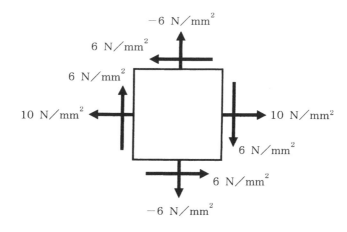

① 2N／mm²
② 6N／mm²
③ 10N／mm²
④ 12N／mm²
⑤ 16N／mm²

Ⅲ-8 鋼構造物の疲労に関する次の記述のうち，最も不適切なものはどれか。

① 疲労とは，時間的に変動する荷重が繰返し作用することによってき裂が発生・進展する破壊現象である。
② 溶接継手において疲労き裂の起点となるのは主に，溶接止端，溶接ルート，溶接欠陥である。
③ き裂の進展寿命に対しては，鋼種の影響はほとんどない。
④ 溶接止端から発生する疲労き裂を対象とした疲労強度向上法として，グラインダー処理によって溶接止端形状を滑らかにする方法がある。
⑤ 一定振幅の変動応力を繰返し受けるとき，疲労寿命の長短は変動応力の振幅に依存し，変動応力の平均値の影響は受けない。

Ⅲ-9 鋼材の腐食及び防食に関する次の記述のうち，最も不適切なものはどれか。

① 耐候性鋼材は，リン，銅，ニッケル，クロムなどを少量添加した低合金鋼材であり，適度な乾湿の繰返しを受け，塩化物イオンのほとんどない環境で鋼材表面に形成される緻密な保護性錆びにより腐食の進展を抑制する。このため，耐候性鋼材は腐食性の高い環境に適用される。

② 防食下地として塗装されるジンクリッチペイントは，塗膜中に含まれる亜鉛末が鋼材表面に接触しており，塗膜に傷が入った場合などに犠牲防食作用を発揮して鋼材の腐食を防ぐ役割を担っている。溶出した亜鉛は，水分と反応して亜鉛化合物を生成して保護皮膜を形成する。

③ 厚膜被覆は，ゴムやプラスチックなどの有機材料を1mm以上の厚膜に被覆した長期間の耐食性を有する防食法であり，主として港湾・海洋鋼構造物の飛沫・干満部の防食に用いられる。

④ 金属溶射は，鋼材表面に溶融した金属材料を溶射して形成した溶射皮膜が腐食因子や腐食促進物質の鋼材への到達を抑制して鋼材を保護する防食法である。溶射直後の皮膜には多くの気孔が存在し，この気孔に水分などの腐食因子が侵入し不具合が生じることを防ぐため，金属溶射後に封孔処理が必要となる。

⑤ 溶融めっきは，溶融した金属浴に鋼材を浸漬させ，鋼材表面にめっき皮膜を形成させる防食法であり，めっき材に用いる金属として亜鉛，アルミニウム，亜鉛・アルミニウム合金などがある。

Ⅲ-10

コンクリートに関する次の記述のうち，不適切なものはどれか。

① コンクリートの標準的な空気量は，練上がり時においてコンクリート容積の4〜7％程度とするのが一般的である。

② 細骨材率を過度に小さくするとコンクリートが粗々しくなり，材料分離の傾向も強まるため，ワーカビリティーの低下が生じやすくなる。

③ コンクリートの配合は，所要のワーカビリティーが得られる範囲内で，単位水量をできるだけ少なくするように定める。

④ コンクリートの劣化に対する抵抗性並びに物質の透過に対する抵抗性等が要求されるコンクリートの一般的な水セメント比の値は65％より大きい。

⑤ コンクリートの材料分離抵抗性を確保するためには、一定以上の単位セメント量あるいは単位粉体量が必要である。

Ⅲ-11 コンクリートの材料としてのセメントに関する次の記述のうち、不適切なものはどれか。

① 早強ポルトランドセメントは、高温環境下で用いると、凝結が早いためにコンクリートにこわばりが生じて仕上げが困難になったり、コールドジョイントが発生しやすくなったりすることがある。

② 低熱ポルトランドセメントは、寒中コンクリート、工期が短い工事、初期強度を要するプレストレストコンクリート工事等に使用される。

③ ポルトランドセメントには、普通、早強、超早強、中庸熱、低熱及び耐硫酸塩の6種類がある。

④ セメントは、構造物の種類、断面寸法、位置、気象条件、工事の時期、工期、施工方法等によって、所要の品質のコンクリートが経済的に安定して得られるように選ぶ必要がある。

⑤ JISに品質が定められていない特殊なセメントの選定にあたっては、既往の工事実績を調査し、事前に十分な試験を行ったうえで品質を確認して使用する必要がある。

Ⅲ-12 コンクリート構造物の劣化現象に関する次の記述のうち、不適切なものはどれか。

① アルカリシリカ反応とは、骨材中に含まれる反応性を有するシリカ鉱物等がコンクリート中のアルカリ性水溶液と反応して、コンクリートに異常膨張やひび割れを発生させる劣化現象をいう。

② 凍害とは，コンクリート中の水分が凍結と融解を繰返すことによって，コンクリート表面からスケーリング，微細ひび割れ及びポップアウト等の形で劣化する現象をいう。

③ すりへりとは，流水や車輪等の摩耗作用によってコンクリートの断面が時間とともに徐々に失われていく現象をいう。

④ 中性化とは，二酸化炭素がセメント水和物と炭酸化反応を起こし，細孔溶液中のpHを上昇させることで，鋼材の腐食が促進され，コンクリートのひび割れや剥離，鋼材の断面減少を引き起こす劣化現象をいう。

⑤ 床版の疲労とは，道路橋の鉄筋コンクリート床版が輪荷重の繰返し作用によりひび割れや陥没を生じる現象をいう。

Ⅲ-13 **都市計画に関する次の記述のうち，不適切なものはどれか。**

① 都道府県が都市計画区域を指定しようとするときは，あらかじめ，関係市町村及び都道府県都市計画審議会の意見を聴くとともに，国土交通大臣に協議し，その同意を得なければならない。

② 準都市計画区域は，あらかじめ関係市町村及び都道府県都市計画審議会の意見を聴いたうえで，都市計画区域外の区域のうち一定区域に対して，市町村が指定する。

③ 2つ以上の都府県にわたる都市計画区域は，関係都府県の意見を聴いたうえで，国土交通大臣が指定する。

④ 準都市計画区域においては，将来，都市計画区域となった場合においても市街地として確保すべき最低基準を担保するために必要な規制のみを行い，事業に係る都市計画は定められない。

⑤ 地域地区のうち高度地区については，都市計画区域では建築物の高さの最高限度又は最低限度を定めるが，準都市計画区域では建築物の高さの最高限度を定めるものに限られる。

Ⅲ-14 再開発に関する次の記述のうち，最も不適切なものはどれか。

① 市街地再開発事業には，用地買収方式による第1種市街地再開発事業と，権利変換方式による第2種市街地再開発事業がある。

② 再開発において，土地の所有権者・借地権者・建物所有者・借家権者などの地権者が複雑に絡み合っている場合，これを整理して，事業前と事業後の権利を変更することを権利変換という。

③ 土地区画整理事業は，市街地の新規開発ばかりではなく，再開発の手法としても有効であるが，換地処分が複雑になり，立体換地が多くなるという特徴がある。

④ スラムクリアランスとは，不良住宅の密集地区を取り壊し，良好な住宅や商業地区につくり変えることである。

⑤ スーパーブロックは，細街路を廃道にして適当な大きさに構成された街区であり，大規模建築物・高層建築物の建設によって土地利用が高度化されるため，広場・小公園・駐車場などの都市施設を生み出すことができる。

Ⅲ-15 交通需要調査に関する次の記述のうち，最も不適切なものはどれか。

① 全国道路・街路交通情勢調査（道路交通センサス）は，自動車交通に関して行われる調査であり，主要な調査として一般交通量調査と自動車起終点調査が秋期の平日に全国一斉に行われる。

② 総合都市交通体系調査（都市圏パーソントリップ調査）は，規模の大きな都市圏の交通需要を交通主体にもとづいて総合的な視点で調査するものであり，人の1日の動きについて，トリップの発地・着地，交通目的，交通手段，訪問先の施設などに関するアンケート調査が実施される。

③ 全国都市交通特性調査（全国PT調査）は，全国横断的かつ時

系列的に都市交通の特性を把握するために，国土交通省が実施
主体となり，都市圏規模別に抽出した対象都市に対し，5年ご
とに全国一斉に調査を実施するものである。

④ 国勢調査では，従業地又は通学地，従業地又は通学地までの利
用交通手段などが5年ごとに調査されるため，市区町村間の通
勤，通学交通需要とその流動の実態が把握できる。

⑤ 大都市交通センサスは，東京，中部，京阪神の3大都市圏にお
ける公共交通機関の利用状況を把握するために行われる調査で
あり，平成27年までは5年ごとに実施されている。

Ⅲ-16

国土形成計画に関する次の記述のうち，最も不適切なものはどれか。

① 国土形成計画とは国土の利用，整備及び保全を推進するための
総合的かつ基本的な計画であり，全国計画と広域地方計画から
なる。

② 国土づくりの転換を迫る新たな潮流を踏まえ，全国総合開発法
を抜本的に見直し，国土形成計画法とする法律改正が2005年に
行われた。

③ 広域地方計画は，9つのブロック（北海道，東北圏，首都圏，
北陸圏，中部圏，近畿圏，中国圏，四国圏，九州・沖縄圏）に
ついてそれぞれ策定される。

④ 広域地方計画は，国と地方の協議により策定するために設置さ
れた広域地方計画協議会での協議を経て，国土交通大臣が決定
する。

⑤ 全国計画は，国土交通大臣が自治体からの意見聴取等の手続を
経て案を作成し，閣議で決定する。

Ⅲ-17 非圧縮性完全流体の定常流れでは，流線上で次式のベルヌーイの定理が成立する。

$$\frac{v^2}{2g} + z + \frac{p}{\rho g} = \text{一定}$$

ここで，gは重力加速度，ρは水の密度，vは高さz点における流速，pは高さzの点における水圧である。

　下図のように，狭窄部を有する水平な管路がある。点Aにおける流速がv_A，圧力がp_A，点Bにおける流速が$3v_A$となるとき，点Bにおける圧力として最も適切なものはどれか。ただし，点A，点Bを通る流線は水平とする。

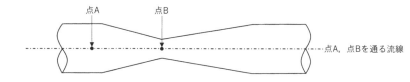

点A　　　点B

·······点A，点Bを通る流線

① $p_A - \rho \cdot v_A^2$　② $p_A - 4\rho \cdot v_A^2$　③ $p_A - 9\rho \cdot v_A^2$

④ p_A　　　⑤ $p_A - v_A^2$

Ⅲ-18 単一管路内で満管となる水の流れに関する次の記述のうち，不適切なものはどれか。

① 流れ方向に管路の断面積が大きくなると，流量は減少する。

② ピエゾ水頭は，位置水頭と圧力水頭の和である。

③ 流れ方向に管路の断面が一様なときは，エネルギー線と動水勾配線は平行となる。

④ 全エネルギーは，摩擦や局所損失のため，流れ方向に減少する。

⑤ 管路の水平箇所では，流れ方向に管路の断面積が小さくなると，圧力水頭は減少する。

Ⅲ-19　一様な水路勾配と一様な長方形断面を持つ開水路の水理に関する次の記述のうち，不適切なものはどれか。

① 開水路の流れは，フルード数が1より小さい常流と，フルード数が1を超える射流，フルード数が1の限界流に分けられる。

② 限界勾配より緩い勾配の水路においては，等流水深は限界水深よりも大きい。

③ 限界勾配より急な勾配の水路においては，射流の水面形は下流側で等流水深に漸近する。

④ 等流水深は水路勾配が大きいほど減少するが，限界水深は水路勾配によらない。

⑤ マニングの平均流速公式によると，開水路の平均流速は粗度係数に比例する。

Ⅲ-20　水中の土砂移動に関する次の記述のうち，最も不適切なものはどれか。

① 河川における流砂は掃流砂，浮遊砂，ウォッシュロードに大別される。

② 砂堆は上流側が緩やかで，下流面は河床材料の水中安息角にほぼ等しい。

③ 移動床上で流れの速度を増加させると，移動床境界に作用するせん断力が増加し，土砂が移動するようになる。この限界のせん断力を限界掃流力という。

④ 河川の湾曲部では，大きい粒形の砂礫ほど，内岸側へ輸送されやすい。

⑤ ウォッシュロードは，流域にある断層，温泉余土などから生産される粘土・シルトや河岸侵食によって供給される微細粒子により構成される。

護岸に関する次の記述のうち，最も不適切なものはどれか。

① 護岸は，水制等の構造物や高水敷と一体となって，想定最大規模水位以下の流水の通常の作用に対して堤防を保護する，あるいは堀込河道にあっては堤内地を安全に防護できる構造とする。

② 低水護岸の天端工・天端保護工は，低水護岸が流水により裏側から侵食されることを防止するため，必要に応じて設けられる。

③ のり覆工は，河道特性，河川環境等を考慮して，流水・流木の作用，土圧等に対して安全な構造となるように設計する。

④ 基礎工は，洪水による洗掘等を考慮して，のり覆工を支持できる構造とする。

⑤ 根固工は，河床の変動等を考慮して，基礎工が安全となる構造とする。

流砂及び河床変動に関する次の記述のうち，最も不適切なものはどれか。

① 掃流砂は，河床と間断なく接触しながら移動する土砂の運動形態のことを指し，底面付近の限られた範囲を滑動・転動あるいは小跳躍のいずれかの形式で移動する。

② 浮遊砂は，水流中の流れと一体となって移動するため，水路床から水面にいたる幅広い範囲にわたって分布する。

③ 混合砂の場合，大きな粒子の限界掃流力は平均粒径の粒子の限界掃流力よりも大きくなり，小さな粒子の限界掃流力は小さくなる。このことにより河床材料の分級現象が生じる。

④ 平面二次元河床変動解析は計算負荷が小さく，ダム築造や河川改修などによって境界条件を含む河道の状況に変化がもたらされた場合の，広範囲かつ長期にわたる河道内の土砂の侵食・堆

積量を予測するのに適している。

⑤ 中規模河床形態は，砂州によって形成された河床形態であり，交互砂州（単列砂州），複列砂州（多列砂州），湾曲内岸の固定砂州，河口砂州，支川砂州などがある。

Ⅲ-23 海岸工学に関する次の記述のうち，最も不適切なものはどれか。

① 潮汐（通常観測される潮位変動）は，天文潮，気象潮及び異常潮に大別される。このうち天文潮は，地球・月・太陽の位置関係の変化と地球の自転によって生じるものである。

② 有義波高とは，一般にはゼロアップクロス法で定義した各波の波高を大きいものから並べて，上から全体の1／3に当たる個数を抽出して平均した値である。

③ 平行等深線海岸に波が直角に入射すると，水深の減少に伴って波高が変化する。これを浅水変形という。

④ 水深が異なる境界に斜めに波が入射した場合に，波向線が浅い領域でより境界に直角になるように変化する。これを屈折という。

⑤ 海底地盤の変動によって発生した津波は，一般にはその波長は水深に比べて非常に短く，深海波として扱うことができる。

Ⅲ-24 海岸保全施設の設計に関する次の記述のうち，最も適切なものはどれか。

① マウンド被覆ブロックの重量は，設計高潮位を用いて安全性の照査を行う。

② 波高変化，波力，越波流量，波のうちあげ高の算定式及び算定図を用いる場合には，一般的に設計高潮位に砕波による平均水

位の上昇量を加えない。

③ 津波に対して海岸堤防は，最大規模の津波を想定した設計津波を用いて天端高を設計する。

④ 直立堤を表のり勾配が1：2の傾斜堤に改良すると，越波流量が小さくなる。

⑤ 設計計算に用いる波高が2倍になると，離岸堤のブロックの所要質量はハドソン式では，4倍になる。

Ⅲ-25 港湾施設の防波堤に関する次の記述のうち，最も不適切なものはどれか。

① 防波堤は，防潮堤や水門，堤防などの港湾施設の外郭施設の1つで，主に港内静穏度の確保を目的に設置される。

② 消波ブロック被覆堤は，反射波，越波，伝達波が少なく，直立部に働く波力が軽減される。

③ 混成堤は，水深の大きな箇所，比較的軟弱な地盤にも適するが，高マウンドになると，衝撃砕波力が直立部に作用する恐れがある。

④ 傾斜堤は，反射波が少なく，波による洗掘に対して順応性があるが，軟弱地盤には適用できない。

⑤ 直立堤は，堤体の幅が狭くてすむが，反射波が大きく，波による洗掘の恐れがある。

Ⅲ-26 土砂災害防止対策に関する次の記述のうち，最も不適切なものはどれか。

① 土砂災害警戒区域等における土砂災害防止対策の推進に関する法律（以下，土砂災害防止法）では，対象とする自然現象を急

傾斜地の崩壊，土石流，地すべり，河道閉塞による湛水と定めている。

② 土砂災害防止法では，土砂災害警戒区域は市町村長が，土砂災害特別警戒区域は都道府県知事が指定する。

③ 土砂災害防止法では，土砂災害警戒区域が指定された場合，市町村長はハザードマップを作成し住民等に提供することが義務付けられている。

④ 土砂災害防止法の土砂災害特別警戒区域は，要配慮者利用施設等にかかわる開発行為の制限等を行う区域を定めるものである。

⑤ 土砂災害防止法に基づき運用されている土砂災害警戒情報は，土壌雨量指数と60分積算雨量を用いて，土砂災害発生の蓋然性を判断している。

Ⅲ-27 国内の再生可能エネルギーに関する次の記述のうち，最も適切なものはどれか。

① 太陽光発電は，自家消費やエネルギーの地産地消を行う分散電源に適しており，系統電源喪失時の非常用の電源として昼夜間発電できるエネルギー源である。

② 風力発電は，大規模に開発した場合，発電コストは原子力発電と比較しても遜色なく，今後の再生可能エネルギーの量的拡大の鍵となるエネルギー源である。

③ 中小水力発電は，発電時に二酸化炭素を排出しないクリーンエネルギーであり，一度発電所を作れば，その後数十年にわたり発電が可能なエネルギー源である。

④ 未活用の廃棄物を燃料とするバイオマス発電は，熱利用効率が高く，かつ廃棄物の再利用や減少につながる循環型社会構築に大きく寄与するエネルギー源である。

⑤　地熱発電は，地下の地熱エネルギーを使うため，化石燃料のように枯渇する心配がないが，地下に掘削した井戸からは主に夜間に天然の蒸気・熱水が噴出することから，連続した発電が難しいエネルギー源である。

Ⅲ-28　中小水力発電に関する次の記述のうち，**不適切なもの**はどれか。

①　第5次包蔵水力調査における一般水力の発電方式のうち，流れ込み式発電所は地点数，最大出力，年間可能発電電力量のそれぞれの合計が，未開発地点の大部分を占めている。

②　発電計画において決定すべき使用水量のうち常時使用水量は，流れ込み式発電所にあっては年間を通じて355日発電に使用し得る水量である。

③　無圧水路に接続する取水口の位置は，極端な水流の激突や土砂の堆積を防ぐため，一般に川の流れが直線的なところで，土砂や漂流物が流入しないように，河川に直角かやや上流向きに設ける。

④　露出形式の水圧管路の屈曲部では，管をコンクリート製アンカーブロックで固定する。

⑤　ペルトン水車は，流量が変化しても落差変動が少ない場合には効率の低下が比較的小さいので，高落差で流量変動の少ない流れ込み式発電所に適した水車である。

Ⅲ-29　舗装の性能指標の設定上の留意点に関する次の記述のうち，**不適切**なものはどれか。

①　舗装の性能指標及びその値は，道路の存する地域の地質及び気象の状況，交通の状況，沿道の土地利用状況等を勘案して，舗

装が置かれている状況ごとに，監理技術者が設定する。

② 雨水を道路の路面下に円滑に浸透させることができる構造とする場合には，舗装の性能指標として浸透水量を設定する。

③ 舗装の性能指標の値は施工直後の値とするが，施工直後の値だけでは性能の確認が不十分である場合には，必要に応じ，供用後一定期間を経た時点での値を設定する。

④ 疲労破壊輪数，塑性変形輪数及び平たん性は必須の舗装の性能指標であるので，路肩全体やバス停などを除き必ず設定する。

⑤ 舗装の性能指標は，原則として車道及び側帯の舗装の新設，改築及び大規模な修繕の場合に設定する。

Ⅲ-30 鉄道における軌道構造に関する次の記述のうち，最も不適切なものはどれか。

① レールは長期にわたり車両の走行を維持する重要な役割を果たす材料であり，車両の重量を支えるとともに，車両の走行に対して平滑な走行面を与えるという機能を持つ。

② 軌道の一般的な構成はレールとまくら木とで組み立てられた軌きょうと，これを支持する道床バラスト及び土路盤とからなる。

③ スラブ軌道はレールを支持するプレキャストのコンクリートスラブ（軌道スラブ）をコンクリートの路盤上に填充層を介して設置した軌道構造で，保守省力化を目的として開発されたものである。

④ 曲線における許容通過速度は軌道の構造強度による制限に加えて，緩和曲線長，設定カント，横圧に対するレール締結装置の強度により定まるが，車両の性能とも大きな関連がある。

⑤ 車両が直線から円曲線に，又は円曲線から直線に移るときに発生する大きな水平方向の衝撃を防ぐため，直線と円曲線との間に曲率が連続的に変化する緩和曲線を挿入するが，その形状と

して，在来線では一般的にサイン逓減曲線が，新幹線では３次放物線が用いられる。

Ⅲ-31 山岳トンネルの支保工に関する次の記述のうち，不適切なものはどれか。

① ロックボルトは，トンネル壁面から地山内部に穿孔された孔に設置される支保部材であり，穿孔された孔のほぼ中心に定着される芯材が孔の周囲の地山と一体化することにより，地山の内部から支保効果を発揮する。

② ロックボルトの性能は，軟岩や未固結地山では，主に亀裂面に平行な方向あるいは直角な方向の相対変位を抑制すること，また，亀裂の発達した中硬岩や硬岩地山では，主にトンネル半径方向に生じるトンネル壁面と地山内部との相対変位を抑制することにある。

③ 鋼製支保工は，トンネル壁面に沿って形鋼等をアーチ状に設置する支保部材であり，建込みと同時に一定の効果を発揮できるため，吹付けコンクリートの強度が発現するまでの早期において切羽の安定化を図ることができる。

④ 吹付けコンクリートは，トンネル掘削完了後，ただちに地山にコンクリートを面的に密着させて設置する支保部材であり，その性能は，掘削に伴って生じる地山の変形や外力による圧縮せん断等に抵抗することにある。

⑤ 吹付けコンクリートの強度については，掘削後ただちに施工し地山を保持するための初期強度，施工中に切羽近傍でのトンネルの安定性を確保するための早期強度，長期にわたり地山を支持する長期強度が必要である。

Ⅲ-32 建設工事の施工法に関する次の記述のうち，**不適切なもの**はどれか。

① 盛土式仮締切り工法は，土砂で堰堤を構築する締切り工法であり，比較的水深が浅い地点で用いられることが多い。構造は比較的単純であり，水深の割に堤体幅が小さくなり，大量の土砂を必要とするため，狭隘な地点では不利になることが多い。

② ワイヤーソー工法は，切断解体しようとする部材にダイヤモンドワイヤーソを大回しに巻き付け，エンドレスで高速回転させてコンクリートや鉄筋を切断する工法である。

③ バーチカルドレーン工法は，飽和した粘性土地盤に対する地盤改良工法の一種であり，軟弱粘性土地盤中に人工的な排水路を設けて間隙水の排水距離を短くし，圧密を早期に収束させ地盤強度を向上させる工法である。

④ RCD工法は，セメント量を減じたノースランプの超硬練りコンクリートをダンプトラックなどで運搬し，ブルドーザで敷き均し，振動ローラで締固める全面レアー打設する工法であり，従来のケーブルクレーン等によるブロック打設工法に比べ，大幅に工期の短縮と経費の節減が可能な工法である。

⑤ EPS工法は，高分子材の大型発泡スチロールブロックを盛土材料や裏込め材料として積み重ねて用いる工法であり，材料の超軽量性，耐圧縮性，耐水性及び自立性を有効に利用する工法である。

Ⅲ-33 建設工事の施工管理に関する次の記述のうち，**不適切なもの**はどれか。

① 品質管理の目的は，施工管理の一環として，工程管理，出来形管理とも併せて管理を行い，初期の目的である工事の品質，安定した工程及び適切な出来形を確保することにある。

② 工程管理とは，施工前において最初に計画した工程と，実際に工事が進行している工程とを比較検討することで，工事が計画どおりの工程で進行するように管理し，調整を図ることである。

③ 原価管理とは，受注者が工事原価の低減を目的として，実行予算書作成時に算定した予定原価と，すでに発生した実際原価を対比し，工事が予定原価を超えることなく進むよう管理することである。

④ 環境保全管理とは，工事を実施するときに起きる，騒音振動をはじめとする環境破壊を最小限にするために配慮することをいう。

⑤ 労務管理とは，労務者や第三者に危害を加えないようにするために，安全管理体制の整備，工事現場の整理整頓，施工計画の検討，安全施設の整備，安全教育の徹底を行うことである。

Ⅲ-34 建設環境に関する次の記述のうち，**最も不適切なもの**はどれか。

① 水質汚濁に係る環境基準は，公共用水域の水質について達成し，維持することが望ましい基準を定めたものであり，人の健康の保護に関する環境基準（健康項目）と生活環境の保全に関する環境基準（生活環境項目）の2つからなる。

② 微小粒子状物質「PM2.5」とは，大気中に浮遊している直径2.5マイクロメートル以下の非常に小さな粒子のことで，ぜんそくや気管支炎などの呼吸器系疾患や循環器系疾患などのリスクを上昇させると考えられている。

③ ゼロ・エミッションとは，1994年に国連大学が提唱した考え方で，あらゆる廃棄物を原材料などとして有効活用することにより，廃棄物を一切出さない資源循環型の社会システムをいう。

④ 振動規制法では，くい打機など，建設工事として行われる作業のうち，著しい振動を発生する作業であって政令で定める作業

を規制対象とし，都道府県知事等が規制地域を指定するとともに，総理府令で振動の大きさ，作業時間帯，日数，曜日等の基準を定めている。

⑤ 持続可能な開発目標（SDGs：Sustainable Development Goals）とは，2001年に策定されたミレニアム開発目標（MDGs）の後継として，2015年9月の国連サミットで加盟国の全会一致で採択された「持続可能な開発のための2030アジェンダ」に記載された，発展途上国を対象とする先進国の開発援助目標である。

Ⅲ-35 建設環境に関する次の記述のうち，最も不適切なものはどれか。

① 建設副産物物流のモニタリング強化の実施手段の1つとして始まった電子マニフェストは，既存法令に基づく各種届出等の作業を効率化し，働き方改革の推進を図る相互連携の取組である。

② 気候変動対策として緩和策と適応策は車の両輪であり，これらを着実に推進するため，「地球温暖化対策の推進に関する法律」並びに「気候変動適応法」の2つの法律が施行されている。

③ 生物指標とは，生息できる環境が限られ，かつ，環境の変化に敏感な性質を持つ種を選定し，その分布状況等の調査をすることによって地域の環境を類推・評価するためのものである。

④ 木材は，加工に要するエネルギーが他の素材と比較して大きく，地球温暖化防止，循環型社会の形成の観点から，公共工事での木材利用は推奨されていない。

⑤ 循環型社会の形成のためには，再生品などの供給面の取組に加え，需要面からの取組が重要であるとの観点から，循環型社会形成推進基本法の個別法の1つとして，2005年に「国等による環境物品等の推進等に関する法律（グリーン購入法）」が制定された。

令和2年度

技術士第一次試験問題 [建設部門]

次の35問題のうち25問題を選択して解答せよ。(解答欄に１つだけマークすること。)

Ⅲ-1 土の構成を表す諸指標に関する次の記述のうち，最も不適切なものはどれか。

① 間隙の体積と，土粒子の体積の比率を間隙比という。
② 土の全体の重量のうち，水の重量が占める割合を含水比という。
③ 土の間隙の体積のうち，水の体積が占める割合を飽和度という。
④ 土の総重量を，土の全体の総体積で割った体積当たりの総重量を湿潤単位体積重量という。
⑤ 土の全体の体積のうち，間隙の体積が占める割合を間隙率という。

Ⅲ-2 土の基本的性質に関する次の記述のうち，最も不適切なものはどれか。

① 土の単位体積当たりの質量を土の密度といい，土粒子の質量だけを考える場合を乾燥密度という。
② 土中の間隙が水で完全には満たされず，一部に気体が存在する状態を不飽和という。
③ 最大間隙比とは，砂の最も緩い状態における間隙比のことであり，砂の相対密度を求めるために必要な間隙比の１つである。

④ 粒度（粒径分布もしくは粒度分布ともいう。）とは，土を構成する土粒子を粒径によって区分けしたときの分布状態のことで，塑性図によってこれを知ることができる。

⑤ 細粒土のコンシステンシー限界の1つで，土を練り返したときの液性状態と塑性状態の境界の含水比を液性限界という。

Ⅲ-3　下図は，定水位透水試験の模式図である。容器Ⅰの中に長さL，断面積Aの円筒形の砂供試体を作製し，容器Ⅰ上部の水面を一定位置に保ちながら給水を行う。砂供試体を通過した水を，パイプを通して容器Ⅱに導き，容器Ⅱの水位を一定に保ちながら，あふれる水の量を測定する（このとき，水頭差hは一定に保たれる）。ある程度水を流して定常状態になったときを見計らって，あふれる水の量を測定すると，単位時間当たりの水量（流量）がQであった。ダルシーの法則が成り立つとき，砂の供試体の透水係数kとQ，h，L，Aの関係を正しく表している式として適切なものはどれか。

① $k = \dfrac{QL}{hA}$

② $k = \dfrac{Qh}{LA}$

③ $k = \dfrac{Q}{AhL}$

④ $k = \dfrac{QLA}{h}$

⑤ $k = \dfrac{QhA}{L}$

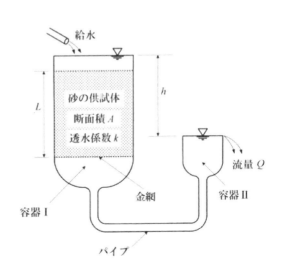

Ⅲ-4 土圧に関する次の記述の，□□□□□に入る語句の組合せとして，最も適切なものはどれか。

下図は，壁体の変位に伴う土圧の変化を示した模式図である。最小，最大となったときの土圧をそれぞれ $\boxed{a}$ ，$\boxed{b}$ と呼ぶ。構造物に作用する土圧は，地盤の破壊状態と密接な関係にあるので，地盤の破壊状態を仮定して土圧を算定することが行われてきた。壁の背後地盤全体が破壊に達した状態を仮定して土圧を導き出すのが $\boxed{c}$ の土圧理論であり，壁の背後地盤がくさび状にすべる状態を仮定して，力の釣合い状態から土圧を導き出すのが $\boxed{d}$ の土圧理論である。

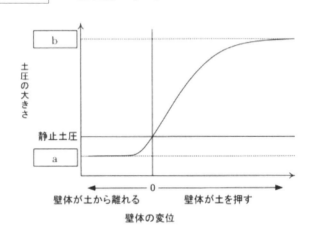

	a	b	c	d
①	受働土圧	主働土圧	クーロン	物部・岡部
②	受働土圧	主働土圧	物部・岡部	ランキン
③	受働土圧	主働土圧	ランキン	クーロン
④	主働土圧	受働土圧	ランキン	クーロン
⑤	主働土圧	受働土圧	クーロン	ランキン

Ⅲ-5

下図に示すスパンl［m］の単純ばりABに等分布荷重q［N／m］が作用している。支点から$1／2$の点Cに発生する曲げモーメントM_c［N・m］として，次のうち最も適切なものはどれか。ただし，はりの自重は無視するものとする。

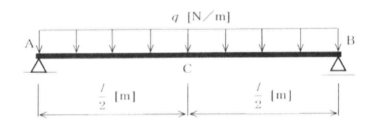

① $\dfrac{ql^2}{8}$　② $\dfrac{ql^2}{48}$　③ ql^2　④ $\dfrac{ql}{4}$　⑤ $\dfrac{ql}{16}$

Ⅲ-6

下図に示すようにx軸に対して上下対称なⅠ形の断面がある。x軸まわりの断面二次モーメントとして，次のうち最も適切なものはどれか。

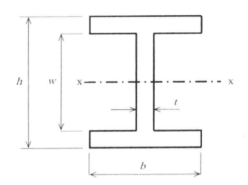

① $\dfrac{bh^3}{12}$　② $bh-(b-t)w$　③ $\dfrac{tw^3}{12}$　④ $\dfrac{bh^3-(b-t)w^3}{12}$　⑤ $\dfrac{(b-t)w^3}{12}$

Ⅲ-7 鋼構造物の溶接継手の設計上の留意点に関する次の記述のうち，最も不適切なものはどれか。

① 溶接箇所はできるだけ少なくし，溶接量も必要最小限とする。

② 衝撃や繰返し応力を受ける継手はできるだけ全断面溶込みグループ（開先）溶接にする。

③ 溶接継手の組立方法，溶接順序を十分考慮し，できるだけ上向き溶接が可能な構造とする。

④ 連結部の構造はなるべく単純にし，応力の伝達を明確にする。溶接の集中，交差は避け，必要に応じてスカラップ（切欠き）を設ける。

⑤ 構成する各材片においてなるべく偏心がないようにし，できるだけ板厚差の少ない組合せを考える。

Ⅲ-8 鋼橋の維持管理に関する次の記述のうち，最も不適切なものはどれか。

① 支承周りなどの滞水が生じやすい箇所では鋼材の腐食が進行しやすい。

② 部材連結部においてＦ11Ｔ以外の高力ボルトが使われている場合，ボルトの遅れ破壊の危険性がある。

③ 構造物に自動車，列車などの活荷重，風などの外力が繰返し作用すると，溶接継手や溶接欠陥などの応力集中部に疲労き裂が発生することがある。

④ 塗装においては，鋼材表面さびを除去し，付着している有害物質の除去と層間付着性を良くするための面粗しを行う。

⑤ き裂の溶接補修においては，再溶接による残留応力，ひずみの増加，新たな溶接欠陥の発生など損傷発生前の状態よりも疲労強度が劣る場合がある。

Ⅲ-9 「道路橋示方書・同解説Ⅰ共通編（平成29年11月）」に規定される，我が国の道路橋の設計で考慮する作用に関する次の記述のうち，最も不適切なものはどれか。

① 吊橋の主ケーブル及び補剛桁を設計する際には衝撃の影響は考慮しない。

② 不静定構造物において，地盤の圧密沈下等のために長期にわたり生じる支点の移動及び回転の影響が想定される場合には，この影響を適切に考慮しなければならない。

③ 高速自動車国道，一般国道，都道府県道及びこれらの道路と基幹的な道路網を形成する市町村道の橋の設計に当たってはB活荷重を適用しなければならない。

④ コンクリート構造全体の温度変化を考慮する場合の温度昇降は，一般に，基準温度から地域別の平均気温を考慮して定める。

⑤ 床版及び床組を設計する場合の活荷重として，車道部分には等分布荷重（T荷重）を載荷する。

Ⅲ-10 コンクリートに関する次の記述のうち，最も不適切なものはどれか。

① コンクリートには，鋼材を腐食から保護するために物質の透過に対する抵抗性が求められる。

② コンクリートの強度は，一般には材齢7日における標準養生供試体の試験値で表す。

③ 水密性とは，コンクリートの水分の浸透に対する抵抗性である。

④ コンクリートは，施工の各段階で必要となる強度発現性を有していなければならない。

⑤コンクリートは，運搬，打込み，締固め，仕上げ等の作業に適するワーカビリティーを有している必要がある。

鉄筋コンクリート構造に関する次の記述のうち，最も不適切なものはどれか。

① 鉄筋の強度を十分に発揮させるために，鉄筋端部がコンクリートから抜け出さないよう，コンクリート中に確実に定着しなければならない。

② かぶり部分のコンクリートは，耐久性を確保する上できわめて重要であり，確実に充填することが必要である。

③ 鉄筋とコンクリートとの間で付着が確保され，かつ，鉄筋は，コンクリートで防護されていなければならない。

④ 鉄筋の継手は，大きな引張応力を生じる断面，例えば，はりのスパン中央付近等に設ける必要がある。

⑤ 鉄筋の配置は，鉄筋とコンクリートの力学的な相互作用の効果を確保し，かつ，コンクリートの打込みや締固めを考慮して定める必要がある。

コンクリート構造物の劣化現象に関する次の記述のうち，最も不適切なものはどれか。

① 凍害とは，コンクリート中の水分が凍結と融解を繰返すことによって，コンクリート表面からスケーリング，微細ひび割れ及びポップアウト等の形で劣化する現象をいう。

② 化学的侵食とは，酸性物質や硫酸イオンとの接触によりコンクリート硬化体が分解したり，化合物生成時の膨張圧によってコンクリートが劣化する現象をいう。

③ 床版の疲労とは，道路橋の鉄筋コンクリート床版が輪荷重の繰返し作用によりひび割れや陥没を生じる現象をいう。

④ 塩害とは，コンクリート中の鋼材の腐食が塩化物イオンにより促

進され，コンクリートのひび割れや剥離，鋼材の断面減少を引き起こす劣化現象をいう。

⑤ アルカリシリカ反応とは，骨材中に含まれる反応性を有するシリカ鉱物等がコンクリート中の酸性水溶液と反応して，コンクリートに異常な収縮やひび割れを発生させる劣化現象をいう。

Ⅲ-13 地域地区に関する次の記述のうち，最も不適切なものはどれか。

① 都市計画法では，市街化区域の全域に対して用途地域を指定することになっている。用途地域は平成29年の都市計画法の改正により田園住居地域が加えられ，計13種類となった。

② 高度利用地区とは，用途地域内において市街地の環境や景観を維持し，又は土地利用の増進を図るため，建築物の高さの最高限度又は最低限度を定める地区である。

③ 防火地域と準防火地域は，市街地における防火や防災のため，耐火性能の高い構造の建築物を建築するように定められた地域である。

④ 特別用途地区は，地域の特性にふさわしい土地利用や，環境の保護等の特別の目的の実現を目指すため，用途地域の指定を補完するために指定される地区である。

⑤ 特定用途制限地域とは，市街化調整区域を除く，用途地域が定められていない土地の区域内において，その良好な環境の形成又は保持のため当該地域の特性に応じて合理的な土地利用が行われるよう，制限すべき特定の建築物等の用途の概要を定める地域である。

土地区画整理事業に関する次の記述のうち，最も不適切なものはどれか。

① 受益の範囲が事業施行地区全体にわたり，公平な受益と負担が実現される。

② 宅地の位置・形状・配置などが整備されるため土地利用の効率が高まる。

③ 換地という手続きを経るため，土地に対する所有権などの権利が中断することなく保護される。

④ 面的開発整備であるため開発規模が広く関係権利者が多いことから，事業完了までにかなりの年月を要し，成熟した市街地になるのに期間がかかる。

⑤ 地価の上昇が続くときには当初想定した減歩では事業費が不足し，事業費の捻出が困難となる。

道路交通需要予測で用いられる利用者均衡配分法に関する次の記述のうち，最も不適切なものはどれか。

① 分割配分法とは異なり，リンク交通量のOD内訳については算出できない。

② 分割回数や分割比率などの恣意的なパラメータがなく，理論的に説明ができる。

③ Wardropの第一原則（等時間原則）に厳密に従っており，インプット条件などを同一とすれば，誰が行っても同じ答えを得ることができる。

④ 利用者均衡の概念に基づいているため，配分以外の段階における需要変動を考慮した統合型モデルなど，多様な政策の評価に対応したモデルへの拡張性が高い。

⑤ 設計要素によって定まる道路特性を反映した適切なリンクパ

フォーマンス関数を設定することにより，路線の交通量と旅行時間の両方を精度高く推計することができる。

Ⅲ-16 国土形成計画に関する次の記述のうち，最も不適切なものはどれか。

① 「総合的な国土の形成を図るための国土総合開発法等の一部を改正する等の法律」が2005年7月に国会を通過し，国土形成計画法が誕生した。

② 国土の利用，整備及び保全に関する施策の指針となる全国計画と，ブロック単位の地方ごとに国と都府県等が適切な役割分担の下で連携，協力して地域の将来像を定める広域地方計画からなる。

③ 全国計画の案の作成に際して，内閣総理大臣はあらかじめ国土審議会の調査審議を経ることが義務付けられている。

④ 広域地方計画の策定に際して，国土交通大臣はあらかじめ広域地方計画協議会の協議を経ることが義務付けられている。

⑤ 広域地方計画制度の創設に伴い，首都圏整備法等に基づく各大都市圏の整備に関する計画を整理するとともに，東北開発促進法をはじめとした各地方の開発促進法が廃止された。

Ⅲ-17 非圧縮性完全流体の定常流れでは，流線上で次式のベルヌーイの定理が成立する。

$$\frac{v^2}{2g} + z + \frac{p}{\rho g} = \text{一定}$$

ここで，gは重力加速度，ρは水の密度，vは高さzの点における流速，pは高さzの点における水圧である。

下図のように，水面の水位変化が無視できる十分広い水槽から，水槽に鉛直に取り付けられた断面積一定の細い管路で排水する場合，

点Bと点Cの流速は等しくなる。このとき管路中心線上の点Bにおける水の圧力を，ベルヌーイの定理を適用して算出すると最も適切なものはどれか。

① $\rho \cdot g \cdot (z_C - z_A)$
② $\rho \cdot g \ (z_C - z_B)$
③ $\rho \cdot g \cdot z_A$
④ $\rho \cdot g \cdot z_B$
⑤ $\rho \cdot g \cdot z_C$

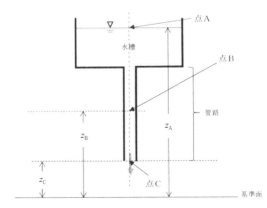

Ⅲ-18 円形断面の管路流れの損失水頭に関する次の記述のうち，最も不適切なものはどれか。

① 管内の損失水頭には，摩擦による損失と局所的な渦や乱れによる損失がある。
② 摩擦による損失水頭は，管径に比例して大きくなる。
③ 摩擦による損失水頭は，管路の長さに比例して大きくなる。
④ 管路の摩擦損失係数には，マニングの式などの経験式が広く用いられている。
⑤ 曲がりや弁による損失水頭は，断面平均流速の2乗に比例して大きくなる。

Ⅲ-19 一様勾配・一様断面の開水路の定常流れに関する次の記述のうち，最も不適切なものはどれか。

① 底面の摩擦力が重力の分力と釣合い，水深も断面平均流速も一様な流れを等流という。

② 等流状態の流れが常流であるか射流であるかは，水路の勾配と水深によって決まる。

③ 常流では，水深は限界水深より大きく，断面平均流速は限界流速より小さい。

④ 常流から射流に接続する場合，限界水深を通って水面は滑らかに接続する。

⑤ ダムなどによって流れをせきとめたときにできる水面形（せき上げ背水曲線）は，上流側で限界水深に漸近する。

Ⅲ-20 水中の土砂移動に関する次の記述のうち，最も不適切なものはどれか。

① 限界掃流力を上回る掃流力が河床に作用した場合に，河床を構成する土砂が移動する。

② 同一の掃流力に対して粒径が小さいほど，無次元掃流力は大きな値をとる。

③ 同一粒径の土砂に対して掃流力が大きいほど，摩擦速度 u^* の沈降速度 w_0 に対する比（u_*/w_0）は大きな値をとる。

④ 掃流砂は，水の乱れの影響を顕著に受け，底面付近から水面まで幅広く分布する。

⑤ ウォッシュロードとして輸送されてきた土砂は，貯水池における濁水の長期化を引き起こすことがある。

河川堤防に関する次の記述のうち，最も不適切なものはどれか。

① 堤防は，堤防高以下の水位の流水の通常の作用による侵食及び浸透並びに降雨による浸透に対して安全である機能を有するよう設計する。

② 堤防設計で反映すべき項目には，不同沈下に対する修復の容易性，基礎地盤及び堤体との一体性及びなじみ，損傷した場合の復旧の容易性などが含まれる。

③ 堤防の耐浸透性能の照査では，すべり破壊及びパイピング破壊に対する安全率等を評価する必要がある。

④ 堤防の高さは，上下流及び左右岸の堤防の高さとの整合性が強く求められる。

⑤ 土堤の耐震性能の照査では，地震動の作用により堤防に沈下が生じた場合においても，河川の流水の河川外への越流を防止する機能を保持することの確認が必要とされる。

河川計画に関する次の記述のうち，最も不適切なものはどれか。

① 河川法では，治水計画を基本的で長期的な目標を示す「河川整備基本方針」と当面の実施目標，具体的整備内容を示す「河川整備計画」との2つに区分し策定することとしている。

② 洪水防御計画は，その河川に起こり得る最大洪水を目標に定めることを原則とする。

③ 治水計画の計画安全度の評価における「流域に降る降雨量に基づく方法」は，河道の変化や氾濫による影響を直接受けない。

④ 洪水調節計画がない場合，基本高水ピーク流量と計画高水流量は同じになる。

⑤ 正常流量は，維持流量と水利流量を同時に満たす流量として定義され，適正な河川管理のために定められる。

Ⅲ-23　海岸工学に関する次の記述のうち，最も不適切なものはどれか。

① 波が浅い水域に入ってくると，次第に変形を受けて，波高，波長，波速が変化する。これを浅水変形と呼ぶ。

② 不規則な波の一群の記録から，波高と周期を定義する方法としてゼロ・アップ（又はダウン）クロス法が一般に用いられている。

③ 有義波（1／3最大波）は不規則波の代表波として最もよく用いられるものであり，全体の波数をNとするとき，波高が上位N／3番目の波で定義される。

④ 波速は，深海波では周期（あるいは波長）のみによって定まり，極浅海波（長波）では水深のみによって定まる。

⑤ 防波堤のような障害物の背後に波が回り込んで進行する現象を回折と呼ぶ。

Ⅲ-24　海岸事業における養浜工に関する次の記述のうち，最も不適切なものはどれか。

① 静的養浜工は，砂浜のない，あるいは狭い海岸において実施されることが多く，養浜砂の流出を防止するために付帯施設を伴うのが一般的である。

② 静的養浜工の断面形状として，海浜が安定する後浜天端高，前浜勾配などを設定するが，この推定式としてRectorや砂村の提案がある。

③ 静的養浜工の断面諸元は，対象海域に年数回程度来襲する高波浪に対して設計することを基本とする。

④ 動的養浜工は，連続した砂浜海岸の保全に用いられ，漂砂の下手への継続的な供給源とすることで海浜の安定を図る工法である。

⑤ サンドバイパスやサンドリサイクルは静的養浜工に含まれる。

空港に関する次の記述のうち，最も不適切なものはどれか。

① 滑走路の長さは，航空機の離陸距離，加速停止距離及び着陸距離の3要素に対して十分な長さを確保する必要がある。

② 滑走路の長さを検討するに当たり考慮すべき必要性のある現地条件には，標高，気温，滑走路勾配，湿度及び滑走路面特性が含まれる。

③ 着陸帯は，航空機が滑走路から逸脱した場合に，人命の安全を図り，航空機の損傷を軽微にとどめるために設置するものである。

④ 平行誘導路は，滑走路と平行に設けられる誘導路であり，主として離着陸回数の少ない空港に設置される。

⑤ 誘導路の交差部及び曲線部には，フィレットと呼ばれる舗装体の拡幅を行う。

砂防計画に関する次の記述のうち，最も不適切なものはどれか。

① 護岸は，流水による河岸の決壊や崩壊を防止するためのものと，流水の方向を規制してなめらかな流向にすることを目的としたものがある。

② 水制工の目的は，流水や流送土砂をはねて渓岸構造物の保護や渓岸侵食の防止を図ることと，流水や流送土砂の流速を減少させて縦侵食の防止を図ることである。

③ 床固工の機能は，縦侵食を防止して河床の安定を図り，河床堆積物の流出を防止し，山脚を固定するとともに，護岸等の工作物の基礎を保護することである。

④ 砂防ダムの機能には，山脚固定，縦侵食防止，河床堆積物流出防止，土石流の抑制，又は抑止，流出土砂の抑制及び調節がある。

⑤ 砂防ダムの型式には，重力式コンクリートダム，アーチ式コンクリートダム等があるが，型式選定に当たり，アーチ式コンクリートダム

は，重力式コンクリートダムよりも地質の良否に左右されない。

Ⅲ-27　我が国の電源別発電電力量（10電力会社の合計値）について，1990年度，2000年度，2010年度，2015年度の構成比率をみると下表のとおりである。表中のA〜Eの組合せとして，最も適切なものはどれか。

表：電源別発電電力量構成比の推移

電源の種類	1990年度	2000年度	2010年度	2015年度
A	11.9%	9.6%	8.5%	9.6%
B	22.2%	26.4%	29.3%	44.0%
C	9.7%	18.4%	25.0%	31.6%
D	26.5%	9.2%	6.4%	7.7%
E	27.3%	34.3%	28.6%	1.1%
その他	2.3%	2.1%	2.2%	6.0%

（注1）　表中の数値は四捨五入の関係で合計が必ずしも100%とならない。

（注2）　「電気事業のデータベース（INFOBASE）」（電気事業連合会HP，2019年による）

	A	B	C	D	E
①	水力	原子力	ＬＮＧ	石油	石炭
②	原子力	石炭	水力	ＬＮＧ	石油
③	水力	ＬＮＧ	石炭	石油	原子力
④	原子力	石油	水力	ＬＮＧ	石炭
⑤	石油	石炭	ＬＮＧ	水力	原子力

Ⅲ-28　水力発電に関する次の記述のうち，最も不適切なものはどれか。

① 発電所の使用水量の選定や可能発生電力量の算定などに利用される流況曲線における豊水量とは，1年のうち95日はこの流量よ

りも減少することのない水量をいう。

② 取水口は，河水を水路に導入するための設備であり，計画水量を取水し，必要に応じて取水量を調整し得ること，損失水頭をなるべく少なくすること，土砂，流木，じん芥などが流入しないようにすることが求められる。

③ 沈砂池は，流水中の浮遊土砂が導水路内に沈殿堆積することによる通水量の減少並びに鉄管，水車の摩耗を防ぐために設置される。このことから池内では流れをできるだけ射流にし，流速を落とすことが必要である。

④ 普通水槽の容量を設定する条件としては，導水路からの水の補給なしで1～2分程度の運転ができること，起動時や定常運転時に大きな水位変動が起きないよう十分な湛水面積を有することが必要とされる。

⑤ 流れ込み式発電所とは，河川の自然流量を調整せずそのまま発電する方式で，一般には負荷変動に応じた調整機能を持たない。

Ⅲ-29 道路の構造及び設計に関する次の記述のうち，最も適切なものはどれか。

① 建築限界内には，橋脚，橋台，照明施設，防護柵，信号機，道路標識，並木，電柱などの諸施設を設けることはできない。

② 車線数は，当該道路の実際の構造，交通条件から定まる交通容量を求め，設計時間交通量との割合に応じて定めるのが一般的である。

③ 車線の幅員は，走行時の快適性に大きな影響を与えるため，路線の設計速度にかかわらず設計交通量に応じて定めるのが一般的である。

④ 道路の線形設計は，必ずしも自動車の速度が関係して定まるものではないため，設計速度は道路の構造を決定する重要な要素とは

ならない。

⑤ 計画交通量は，計画，設計を行う路線を将来通行するであろう自動車の日交通量のことで，計画目標年における30番目日交通量とするのが一般的である。

Ⅲ-30 鉄道における軌道構造に関する次の記述のうち，最も不適切なものはどれか。

① 軌道は列車荷重を安全に支持し，案内することを使命としているが，さらに通過トン数，列車速度，乗心地などの輸送特性，車両の特性，保守の経済性などを考慮した構造とする必要がある。

② 車両の走行により軌道の各部材には軸重，軸配置，走行時の衝撃による割増効果に応じた力が作用する。安全走行のためには，この力が軌道の強度を上回ることのないようにしなければならない。

③ コンクリート道床直結軌道はコンクリート道床内に木製短まくら木又はコンクリート短まくら木を埋め込んだ軌道構造で，保守量軽減を目的としており，主としてトンネル内に用いられる。

④ PCまくら木は腐食，腐朽がなく耐用年数が長いが，ロングレールの敷設に適さない，保守費が高くなるといった欠点がある。

⑤ 鉄道線路と道路とが平面交差する部分を踏切道又は踏切という。鉄道に関する技術上の基準を定める省令では，鉄道及び道路の交通量が少ない場合，又は地形上等の理由によりやむを得ない場合を除いて新設を認めていない。

Ⅲ-31 シールドトンネルに関する次の記述のうち，最も不適切なものはどれか。

① シールド工法は，トンネル工法の中では周辺に及ぼす影響が比較的多いことから，市街地で民地に接近して，昼夜連続で施工されることは少ない。

② シールド工法は，一般的には，非常に軟弱な沖積層から，洪積層や，新第三紀の軟岩までの地盤に適用されるが，硬岩に対する事例もある。

③ 一次覆工はシールド掘進に当たってその反力部材になるとともに，裏込め注入圧等の施工時荷重に対抗することになる。また，シールドテールが離れた後は，ただちにトンネルの覆工体としての役割も果たす。

④ シールドトンネルの断面形状としては円形断面を用いるのが一般的であり，その理由の1つに，セグメントがローリングしても断面利用上支障が少ないことが挙げられる。

⑤ シールドトンネルと立坑は，坑口において異なる構造が地中で接合することから，接合部における止水性の確保と，地震時には相互に影響を及ぼすことから必要に応じて耐震性の検討が求められる。

Ⅲ-32 施工法に関する次の記述のうち，最も不適切なものはどれか。

① サンドコンパクションパイル工法は，上部に振動機を取り付けたケーシングパイプを地中に打設し，内部に砂を投入しながらパイプを引き抜き，さらに打ち戻すことによってパイプ径よりも太く締まった砂杭を造成していく工法である。

② 打込み杭工法は，既製杭に衝撃力を加えることにより地中に貫入，打設するものであり，衝撃力としては杭頭部を打撃するものと振動を加えるものとに大別される。

③ 静的破砕工法は，被破砕体に削孔機で孔をあけ，中に水と練り混ぜた膨張性の破砕剤を充填し，これが硬化膨張することによる圧

力でひび割れを発生させることにより破砕する工法である。

④ RCD工法は，セメント量を減じたノースランプの超硬練りのコンクリートをダンプトラックなどで運搬し，ブルドーザで敷均し，振動ローラで締め固める全面レアー打設する工法である。

⑤ ベンチカット工法は，ブルドーザ，スクレーパなどを用いて傾斜面の下り勾配を利用して掘削し運搬する工法である。

Ⅲ-33 建設工事の施工管理に関する次の記述のうち，最も不適切なものはどれか。

① 出来形管理とは，工事目的物の形状，寸法，仕上げなどの出来形に関する管理のことである。

② 工事原価とは，工事現場において使用される材料，労務，機械，仮設物など工事管理に必要な全ての費用に，一般管理費，利益を加えたものである。

③ 特定建設業者は，下請負人の名称，工事内容，工期等を記載した施工体制台帳を，工事現場ごとに据え置きしなければならない。

④ 施工計画の目標とするところは，工事の目的物を設計図書及び仕様書に基づき所定の工事期間内に，最小の費用でかつ環境，品質に配慮しながら安全に施工できる条件を策定することである。

⑤ 工程表には，ガントチャート工程表，バーチャート工程表，曲線工程表，斜線式工程表，ネットワーク式工程表などがあり，複雑な工事には作業進度と作業間の関連が明確となるネットワーク式工程表が適している。

Ⅲ-34 環境影響評価に関する次の記述のうち，最も不適切なものはどれか。

① 方法書や準備書について，環境の保全の見地からの意見を意見書

の提出により，誰でも述べることができる。

② 環境アセスメントに関する条例は，すべての都道府県，ほとんどの政令指定都市において，制定されている。

③ 環境影響評価法では，第1種事業についてはすべてが環境アセスメントの手続きを行うことになる。

④ スコーピングとは，手法，方法等，評価の枠組みを決める準備書を確定させるための手続きのことである。

⑤ スクリーニングとは，第2種事業を環境影響評価法の対象とするかどうかを判定する手続きのことである。

Ⅲ-35 建設環境に関する次の記述のうち，最も不適切なものはどれか。

① 気候変動対策として緩和策と適応策は車の両輪であり，これらを着実に推進するため，「地球温暖化対策の推進に関する法律」並びに「気候変動適応法」の2つの法律が施行されている。

② 建設副産物物流のモニタリング強化の実施手段の1つとして始まった電子マニフェストは，既存法令に基づく各種届出等の作業を効率化し，働き方改革の推進を図る相互連携取組である。

③ 循環型社会の形成のためには，再生品などの供給面の取組に加え，需要面からの取組が重要であるとの観点から，循環型社会形成推進基本法の個別法の1つとして，2005年に「公共工事の品質確保の促進に関する法律」が制定された。

④ 木材は，加工に要するエネルギーが他の素材と比較して少なく，地球温暖化防止，循環型社会の形成に資することから，公共工事等において利用促進が図られている。

⑤ 外来種の中で，地域の自然環境に大きな影響を与え，生物多様性を脅かすおそれのあるものを，侵略的外来種という。

令和元年度
(再試験)
技術士第一次試験問題 [建設部門]

次の35問題のうち25問題を選択して解答せよ。（解答欄に１つだけ
マークすること。）

Ⅲ-1 土粒子の密度をρ_s [g/cm³]，土の乾燥密度をρ_d [g/cm³] とすると
き，土の間隙比 e を算出する式として，最も適切なものはどれか。

① $\dfrac{\rho_d}{\rho_s}+1$ ② $\dfrac{\rho_d}{\rho_s}-1$ ③ $\dfrac{\rho_s}{\rho_d}+1$ ④ $\dfrac{\rho_s}{\rho_d}$ ⑤ $\dfrac{\rho_s}{\rho_d}-1$

Ⅲ-2 下図に示すように水面が異なる４種類の水平成層地盤 a ～ d につい
て，地表面から深さ5.0mの点Aにはたらく鉛直有効応力が水平成層
地盤 a と等しい水平成層地盤の組合せを選べ。なお，地下水面以浅
の湿潤単位体積重量γ_tは16.0 k N ／ m³，地下水面以深の飽和単位体
積重量γ_{sat}は18.0 k N ／ m³，水の単位体積重量γ_wは10.0 k N ／ m³と
し，地下水面以深の地盤は完全に飽和しており，地盤内に浸透流は
ないものとする。

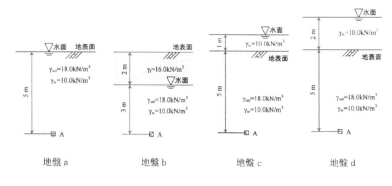

地盤 a　　　　地盤 b　　　　地盤 c　　　　地盤 d

① 地盤 b
② 地盤 c
③ 地盤 d
④ 地盤 b と地盤 c
⑤ 地盤 c と地盤 d

Ⅲ-3 土の圧密に関する次の記述のうち，最も不適切なものはどれか。

① 一次圧密は，過剰間隙水圧が消散する過程を表し，実務的には熱伝導型圧密方程式の解に従う圧密度100％までに対応する部分をいう。

② 過圧密とは，土が過去に受けた圧密履歴を表す用語の1つであり，現在受けている有効土被り圧の大きさが，先行圧密圧力より大きくなっている状態をいう。

③ 圧密とは，土が内部間隙水の排出を伴いながら徐々に圧縮していく現象をいう。

④ 圧密降伏応力は，粘土が弾性的（可逆的）な圧密挙動を示す範囲から塑性的（非可逆的）な圧密挙動を示す範囲に移行する境界の応力をいう。

⑤ 圧密係数は，粘土の圧密速度を支配する土質定数をいい，体積圧縮係数と透水係数により定義される。

Ⅲ-4 土圧，支持力，基礎及び斜面安定に関する次の記述のうち，最も不適切なものはどれか。

① テルツァーギの支持力公式にて使用される3つの支持力係数は，すべて無次元量で，土の粘着力の関数である。

② 擁壁などが前方に移動するときのように，土が水平方向に緩む

令和元年度・再　建設部門

121

方向で変形していくとき，水平土圧が次第に減少して最終的に一定値に落ち着いた状態を主働状態という。

③ 地盤が構造物の荷重を支える能力を支持力という。

④ 杭基礎の支持形式は，大きく分けて支持杭及び摩擦杭の二つに分かれる。

⑤ 斜面のすべりに対する安全率の値を具体的に求める方法には，すべり面の形状を円形と仮定する円弧すべり解析と，任意形状のすべり面を対象とした非円形すべり面解析がある。

Ⅲ-5 トラス構造に関する次の記述のうち，**最も不適切なものはどれか。**

① トラスとは，まっすぐな棒状の部材の両端を回転自由なヒンジ（ピン）結合により組み立てた構造物であり，三角形の骨組みを基本とする。

② トラスの構成部材には，軸方向力すなわち圧縮力又は引張力のみが作用する。

③ 静定トラスの部材力を求める方法として，節点法や断面法などがある。

④ ハウトラスは，斜材の方向が交互になるように配置された形式である。

⑤ 上弦材と下弦材が平行に配置されているものを平行弦トラス，そうでないものを曲弦トラスと呼ぶ。

Ⅲ-6 下図に示す長さLの柱（圧縮材）の弾性座屈荷重として，**最も適切なものはどれか。**ただし，柱の曲げ剛性はEIで一定とする。

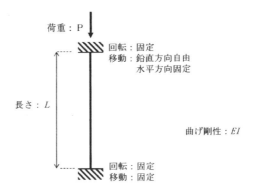

荷重：P

回転：固定
移動：鉛直方向自由
　　　水平方向固定

長さ：L

曲げ剛性：EI

回転：固定
移動：固定

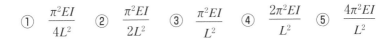

① $\dfrac{\pi^2 EI}{4L^2}$　② $\dfrac{\pi^2 EI}{2L^2}$　③ $\dfrac{\pi^2 EI}{L^2}$　④ $\dfrac{2\pi^2 EI}{L^2}$　⑤ $\dfrac{4\pi^2 EI}{L^2}$

Ⅲ-7 道路橋における鋼構造物の接合部に関する次の記述のうち，最も不適切なものはどれか。

① 接合部については，応力の伝達が明確であり，構成する各材片において，なるべく偏心がないような構造詳細とする必要がある。

② 溶接と高力ボルトを併用する継手は，それぞれが適切に応力を分担するように設計しなければならない。

③ 溶接継手では，溶接品質や溶接部の応力状態が疲労耐久性に大きく影響する。

④ 高力ボルト継手のうち支圧接合は，高力ボルトで母材及び連結板を締付け，それらの間の摩擦力によって応力を伝達させる継手である。

⑤ ボルト孔の中心から板の縁までの最小距離（最小縁端距離）は，縁端部の破壊によって継手部の強度が制限値を下回らない寸法としなければならない。

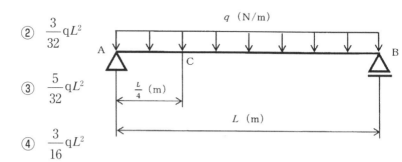

Ⅲ-8

下図に示すように, 長さ L (m) の梁ＡＢの全体に等分布荷重 q (N/m)が作用している。この梁ＡＢについて, 点Ｃに発生する曲げモーメント Mc (N・m) の値として, 最も適切なものは①〜⑤のうちどれか。ただし, 点Ｃは点Ａから $\dfrac{L}{4}$ (m) の距離にある点である。

① $\dfrac{1}{32}qL^2$

② $\dfrac{3}{32}qL^2$

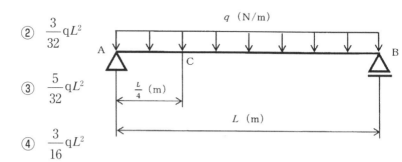

③ $\dfrac{5}{32}qL^2$

④ $\dfrac{3}{16}qL^2$

⑤ $\dfrac{1}{8}qL^2$

Ⅲ-9

道路橋示方書・同解説 Ⅰ共通編 (平成29年11月) に規定される橋の限界状態に関する次の記述のうち, 最も不適切なものはどれか。

① 限界状態とは, 橋の耐荷性能を照査するに当たって, 応答値に対応する橋や部材等の状態を区分するために用いる状態の代表点をいう。

② 橋の限界状態1とは, 橋としての荷重を支持する能力が損なわれていない限界の状態をいう。

③ 橋の限界状態2とは, 部分的に荷重を支持する能力の低下が生じているが, 橋としての荷重を支持する能力に及ぼす影響は限定的であり, 荷重を支持する能力があらかじめ想定する範囲にある限

界の状態をいう。

④ 橋の限界状態3とは，これを超えると構造安全性が失われる限界の状態をいう。

⑤ 橋の限界状態は，橋を構成する部材等及び橋の安定に関わる周辺地盤の安定等の限界状態によって代表させることはできない。

Ⅲ-10 コンクリートに関する次の記述のうち，最も不適切なものはどれか。

① コンクリートの圧縮強度は，一般に水セメント比が大きくなるほど小さくなる。

② コンクリートの中性化速度は，一般に水セメント比が大きくなるほど遅くなる。

③ コンクリートの引張強度は，一般に「コンクリートの割裂引張強度試験方法」によって求める。

④ コンクリートの凍害対策の1つとして，水セメント比を小さくすることが挙げられる。

⑤ コンクリートの乾燥収縮は，一般に単位水量が多いほど大きくなる。

Ⅲ-11 コンクリートの品質に関する次の記述のうち，最も不適切なものはどれか。

① コンクリート構造物がその供用期間中，所要の安全性や使用性を満たすためには，使用するコンクリートが，設計段階で想定した強度を有している必要がある。

② 水密性とは，コンクリートの水分の浸透に対する抵抗性であり，各種貯蔵施設，地下構造物，水理構造物，貯水槽，上下水道施設，トンネル等に求められる。

③ コンクリート構造物では，ひび割れの発生しにくいコンクリートを用いることはきわめて重要であり，構造物の性能に悪影響を及ぼさない程度のひび割れも許容しないようにする。

④ コンクリートの製造に当たっては，材料の品質管理ならびにコンクリートの製造管理を十分に行い，バッチ間の変動が少なく，安定した品質のコンクリートを常に供給できるように配慮する。

⑤ コンクリートは，施工条件，構造条件，環境条件に応じて，その運搬，打込み，締固め及び仕上げ等の作業に適するワーカビリティーを有していなければならない。

Ⅲ-12 コンクリート構造物の「**劣化機構**」と「**劣化機構による変状の外観上の主な特徴**」との組合せに関する次の記述のうち，**最も不適切な**ものはどれか。

	劣化機構	劣化機構による変状の外観上の主な特徴
①	塩害	鋼材軸方向のひび割れ，さび汁，コンクリートや鋼材の断面欠損
②	中性化	鋼材軸方向のひび割れ，コンクリート剥離
③	アルカリシリカ反応	膨張ひび割れ（拘束方向，亀甲状），ゲル，変色
④	凍害	格子状ひび割れ，角落ち
⑤	化学的侵食	変色，コンクリート剥離

Ⅲ-13 用途地域による建築制限に関する次の記述のうち，**最も不適切な**ものはどれか。

① 用途地域による建築物の用途の制限は，建築基準法によって規定されている。

② 用途地域の都市計画には，容積率，建ぺい率，敷地の最低面積，外壁の後退の限度，高さの限度があわせて定められる。

③ 特別用途地区は，用途地域内の一定の地区における当該地区の特性にふさわしい土地利用の増進，環境の保護等の特別の目的の実現を図るための当該用途地域の指定を補完して定める地区である。

④ 特定用途制限地域は，用途地域が定められた土地の区域内において，その良好な環境の形成又は保持のため当該地域の特性に応じて合理的な土地利用が行われるよう，制限すべき特定の建築物等の用途の概要を定める地域である。

⑤ 特別用途地区及び特定用途制限地域における具体的な建築物の用途の制限は，地方公共団体の条例で定められる。

Ⅲ-14 都市開発事業における土地に対する措置手法に関する次の記述のうち，最も不適切なものはどれか。

① 買収方式は，事業対象区域の土地を全部買収してから都市施設と宅地の整備を行うものであり，地価の比較的高い既成市街地において再開発を行う際に用いられる。

② 換地方式は，事業施行区域内の用地は原則として買収せず，道路・公園などの公共施設用地を施行区域内のすべての土地所有者から少しずつ提供してもらう代わりに，すべての土地について土地の交換や分合筆を同時に行うものである。

③ 新都市基盤方式は，買収方式と換地方式を組合せたもので，各地主の土地についてその一定割合を一団の住宅施設用地として買収し，残りを元の所有者に換地するものである。

④ 権利変換方式は，土地だけではなく建物の床面にまで交換の範囲を広げるもので，市街地の高度利用をすべき区域において施行される。

⑤ 免許方式は，海岸や湖沼など水面を埋立てて市街地を造成する場合に埋立て免許が必要なことからこのように呼ばれており，埋立てにより比較的低廉な土地が大量に得られるが，漁業権補償などの問題を伴うことが多い。

Ⅲ-15 道路区間400mの両端で交通量を60秒間観測し，3台の車両を観測した。各車両は60km／h，60km／h，30km／hの一定速度で走行していた。このとき時間平均速度は50km／hになるが，空間平均速度に最も近い値はどれになるか。

① 45km／h　　② 48km／h　　③ 50km／h
④ 52km／h　　⑤ 55km／h

Ⅲ-16 国土計画に関する次の記述のうち，最も不適切なものはどれか。

① 1962年に策定された全国総合開発計画では，地域間の均衡ある発展が基本目標とされ，拠点開発構想による工業の地方部への分散が図られた。

② 1977年に策定された第三次全国総合開発計画では，人間のための豊かな環境の創造を基本目標として，新幹線や高速道路等のネットワーク整備に関する大規模プロジェクト構想が提示された。

③ 1987年に策定された第四次全国総合開発計画では，人口等の東京一極集中や，地方圏での雇用問題の深刻化を背景として，交流ネットワーク構想による多極分散型国土の構築が提示された。

④ 2008年に策定された国土形成計画では，多様な広域ブロックが自立的に発展する国土を構築するとともに，美しく，暮らしやすい国土の形成を図るため，おおむね10年間の国土づくりの方向性が示された。

⑤ 2014年に公表された国土のグランドデザイン2050では，人口減少社会に対応した，コンパクトな拠点と交通及び情報に関するネットワークの構築などが基本戦略として示された。

Ⅲ-17

垂直に立てられた長方形の壁（平板）に水深 h の静水圧が作用するとき，奥行方向の単位幅あたり（奥行方向の幅 b ＝ 1 ）の全水圧と，全水圧の作用点の水面からの距離の組合せとして，最も適切なものはどれか。ただし，水の密度を ρ，重力加速度を g とする。

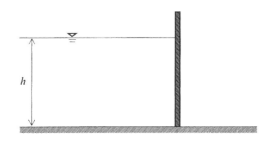

全水圧　　　　全水圧の作用点（水面からの距離）

① $\dfrac{1}{3}\rho g h^2$　　　　$\dfrac{1}{2}h$

② $\dfrac{1}{2}\rho g h^2$　　　　$\dfrac{2}{3}h$

③ $\dfrac{3}{5}\rho g h^2$　　　　$\dfrac{1}{2}h$

④ $\dfrac{2}{3}\rho g h^2$　　　　$\dfrac{1}{2}h$

⑤ $\rho g h^2$ $\dfrac{2}{3}h$

Ⅲ-18   管路の流れに関する次の記述のうち，最も不適切なものはどれか。

① 管路の流れとは，流体が管の断面全体を満たした状態で流れている流れのことをいう。

② 管内のエネルギー損失には摩擦による損失と，局部的な形状の変化の箇所での局所損失がある。

③ 局所損失は管内の平均流速に反比例する。

④ 管路の断面変化に伴って，動水勾配線は流れの流下方向に対して逆勾配が生じる場合がある。

⑤ ポンプ等からのエネルギー供給がなければ，エネルギー勾配線は流れの流下方向に向けて必ず下降する。

Ⅲ-19   開水路流れに関する次の記述のうち，最も不適切なものはどれか。

① 同じ流量の流れでは，常流の水深は限界水深より大きい。

② 射流では，フルード数が1より大きい。

③ 射流では，水路勾配は限界勾配より大きい。

④ 常流から射流に移る場合，跳水現象を生ずる。

⑤ マニングの流速公式によると，断面平均流速は粗度係数に反比例する。

Ⅲ-20   河川の土砂の移動に関する次の記述のうち，最も不適切なものはどれか。

① 直線水路であっても，水路内に発生した砂州などにより，水流の蛇行や深掘れ部が生ずる。

② 砂漣，砂堆などの形態は，河床材料の粒径，水深，河床勾配より概ね推定することができる。

③ 河床に働く摩擦速度がある限界を超えて大きくなると，粒径の大きい土砂粒子から移動を始める。

④ 底質又は河床構成材料との交換を伴う土砂の輸送形態は，掃流輸送と浮遊輸送に大別される。

⑤ 底質よりも細かく，つねに浮遊しながら移動する土砂を浮泥又はウォッシュロードと呼ぶ。

Ⅲ-21 河川計画に関する次の記述のうち，最も不適切なものはどれか。

① 河川整備基本方針においては，地域住民のニーズなどを踏まえた，おおよそ20～30年間に行われる具体的な整備の内容を定めなければならない。

② 河川整備計画においては，段階的に効果を発揮するよう目標年次を定め，一定規模の洪水の氾濫を防止し，必要に応じそれを超える洪水に対する被害を軽減する計画とする。

③ 洪水防御計画の策定に当たっては，超過洪水の生起に際して，下流や本川が危険になるのが一般であるので，この点も考慮して，同一水系内における上下流，本支川の整合性を保つよう配慮する。

④ 基本高水を定める際の対象降雨は，降雨量，降雨量の時間分布及び降雨量の地域分布の3要素で表す。

⑤ 対象降雨の継続時間は，流域の大きさ，洪水の継続時間，降雨の原因等を検討すると同時に，対象施設の種類を考慮して定める。

Ⅲ-22 河川堤防に関する次の記述のうち，最も不適切なものはどれか。

① 河川堤防の浸透に対する安全性照査は，のり面のすべり破壊と基礎地盤のパイピング破壊について行う。

② 河川堤防の余裕高は，計画高水流量に応じて定められた値以上の高さとする。

③ 河川堤防への浸透に対する対策工法であるドレーン工法には，浸透水の堤体への浸入を防ぐため，透水係数の小さい材料を用いる。

④ 盛土による堤防ののり勾配は，堤防の高さと堤内地盤高との差が0.6メートル未満である区間を除き，50パーセント以下とするものとする。

⑤ 河川堤防の浸透対策である表のり面被覆工法は，河川水の堤防への浸透を抑制することにより，洪水末期の水位急低下時の表のりすべり破壊の防止にも有効である。

Ⅲ-23 海岸工学に関する次の記述のうち，最も不適切なものはどれか。

① 有義波は1／3最大波ともいわれ，目視観測によって報告されている波の波高，周期にほぼ等しい。

② 津波の主要部分は，深海波の波速で伝播する。

③ 波は防波堤のような障害物の背後に回り込んで進行する。この現象を波の回折という。

④ 養浜工とは，人工的に土砂を海浜に供給する工法である。

⑤ ある一定の風速によって発達する波の状態は，吹送距離と吹送時間のいずれかによって定められる。

Ⅲ-24 海岸工学に関する次の記述のうち，最も不適切なものはどれか。

① 波の屈折では，光の場合と同じくネルソンの法則が成立する。

② グリーンの法則は，湾内の津波の波高の変化を求める近似式として用いられている。

③ 直立堤に作用する砕波の波圧強度の算定式として，広井公式が提案されている。

④ 傾斜堤における捨石の安定重量の算定公式として，ハドソン公式が提案されている。

⑤ 複合断面を有する海岸堤防における波の打上げ高さを算定する方法として，サビールの仮想（のり面）勾配法が提案されている。

Ⅲ-25 港湾施設の防波堤に関する次の記述のうち，最も不適切なものはどれか。

① 防波堤は，防潮堤や水門，堤防などの港湾施設の外郭施設の1つで，主に湾内静穏度の確保を目的に設置される。

② 直立堤は，堤体の幅が狭くてすむが，反射波が大きく，波による洗掘の恐れがある。

③ 傾斜堤は，反射波が少なく，波による洗掘に対して順応性があるが，軟弱地盤には適用できない。

④ 混成堤は，水深の大きな箇所，比較的軟弱な地盤にも適するが，高マウンドになると，衝撃砕波力が直立部に作用する恐れがある。

⑤ 消波ブロック被覆堤は，反射波，越波，伝達波が少なく，直立部に働く波力が軽減される。

砂防施設に関する次の記述のうち，最も不適切なものはどれか。

① 砂防堰堤（砂防ダム）の水通しは，貯砂・調節効果とダム下流の洗掘を防止する観点から，できる限り広くし，越流水深を小さくする方が良い。

② 流路工の工事着手時期は，上流の砂防工事が進捗して，多量の流出土砂の流入による埋塞の危険がなくなるとともに，河床が低下傾向に転じた時期が望ましい。

③ 流路工の計画河床勾配は，土砂の河道内の堆積を抑制するため，できるだけ急勾配となる方向で設定する。

④ 土石流対策の捕捉工には，不透過型と透過型があり，必要に応じて除石を行って土石流発生時点まで空容量を確保することを原則とする。

⑤ 山腹工は，山腹崩壊地ならびに禿赧（とくしゃ）地（はげ山）の土砂生産を抑制し急速な森林造成を行うことを目的として実施するものであり，山腹基礎工と山腹緑化工に大別される。

水力発電所に関する次の記述のうち，最も不適切なものはどれか。

① 無圧水路に接続する取水口から水路に至る断面形状は，損失落差をできるだけ小さくするよう，急激な断面変化は避けなければならない。

② 導水路断面を決定する際は，通水量を一定とした場合，水路の動水勾配を大きくとると断面積が小さくなり，電力損失が減少する。

③ 水路式の場合，土砂が水路内に沈殿して流積を狭めたり，水圧鉄管や水車を摩耗させる原因となるので，取水口に近い位置に沈砂池を設け，土砂を沈殿させ排除する。

④ 導水路トンネルは，流水の摩擦によるエネルギー損失の低下，外側からの土圧及び内側からの水圧に耐える強度保持，漏水量の抑

制などを目的として，一般的にコンクリートによる巻立を行う。

⑤　サージタンクは，水圧管路に発生する水撃圧が圧力トンネルへ波及することを防ぐとともに，負荷の急変に即応した水量の調整や負荷に見合った流量へ平衡させる機能を持つ。

Ⅲ-28 火力発電所放水口における温排水の放水方式に関する次の記述のうち，最も不適切なものはどれか。

① 水中放水方式による温排水の拡散面積は，表層放水方式によるものと比べて小さい。

② 水中放水方式は，比較的高流速で放水する方式であり，放水流動に伴う周囲水の連行と温排水の浮力による周囲水との混合により希釈される。

③ 表層放水方式では，放水された温排水の大部分は密度流となって表層部を流れ，水平拡散によって希釈される。

④ 表層放水方式では，温排水の拡散面積は放水流量と反比例する傾向がある。

⑤ 表層放水方式は，放水口の開口幅を広くすることにより放水口出口の流速を低減することが可能であり，船舶の航行が多い地点で一般的に採用される。

Ⅲ-29 道路の計画・設計に関する次の記述のうち，最も適切なものはどれか。

① 道路の機能の中の空間機能とは，一義的に交通施設やライフライン（上下水道等の供給処理施設）などの収容空間のことをいう。

② 道路の中央帯の幅員の設計に当たっては，当該道路の区分に応じて定められた値以下とする。

③ 道路の機能の中の交通機能とは，一義的に自動車や歩行者・自転車それぞれについて，安全・円滑・快適に通行できる通行機能のことをいう。

④ 道路構造の基準は，全国一律に定めるべきものから，地域の状況に応じて運用すべきものまで様々であることから，道路構造令は，基本となる規定として，すべての項目で標準値を定めている。

⑤ 道路構造の決定に当たっては，必要とされる機能が確保できる道路構造について検討し，さらに，各種の制約や経済性，整備の緊急性，道路利用者等のニーズなどの地域の実状を踏まえて適切な道路構造を総合的に判断する。

Ⅲ-30 鉄道における軌道構造に関する次の記述のうち，最も不適切なものはどれか。

① 軌道の一般的な構成はレールとまくら木とで組み立てられた軌きょうと，これを支持する道床バラスト及び土路盤とからなる。

② スラブ軌道はレールを支持するプレキャストのコンクリートスラブ（軌道スラブ）をコンクリートの路盤上に填充層を介して設置した軌道構造で，保守省力化を目的として開発されたものである。

③ 車両が直線から円曲線に，又は円曲線から直線に移るときに発生する大きな水平方向の衝撃を防ぐため，直線と円曲線との間に曲率が連続的に変化する緩和曲線を挿入するが，その形状として，在来線では一般的にサイン逓減曲線が，新幹線では3次放物線が用いられる。

④ 曲線における許容通過速度は軌道の構造強度による制限に加えて，緩和曲線長，設定カント，横圧に対するレール締結装置の強度により定まるが，車両の性能とも大きな関連がある。

⑤ レールは長期にわたり車両の走行を維持する重要な役割を果たす材料であり，車両の重量を支えるとともに，車両の走行に対して

平滑な走行面を与えるという機能を持つ。

Ⅲ-31 山岳トンネルに関する次の記述のうち，最も不適切なものはどれか。

① 通常用いられている掘削工法は，全断面工法，補助ベンチ付き全断面工法，ベンチカット工法，導坑先進工法に大別される。

② 吹付けコンクリートは，トンネル掘削完了後，ただちに地山にコンクリートを面的に密着させて設置する支保部材であり，掘削断面の大きさや形状に左右されずに施工できることから，支保部材として最も一般的である。

③ ロックボルトの性能は，亀裂の発達した中硬岩や硬岩地山では，主に亀裂面に平行な方向あるいは直角な方向の相対変位を抑制すること，また軟岩や未固結地山では，主にトンネル半径方向に生じるトンネル壁面と地山内部との相対変位を抑制することにある。

④ 鋼製支保工は，トンネル壁面に沿って形鋼等をアーチ状に設置する支保部材であり，建込みと同時に一定の効果を発揮できるため，吹付けコンクリートの強度が発現するまでの早期において切羽の安定化を図ることができる。

⑤ 覆工は，掘削後，支保工により地山の変形が収束する前に施工することを標準としており，外力に抵抗する目的で打設される。

Ⅲ-32 開削工事における土留め工に関する次の記述のうち，最も不適切なものはどれか。

① 切ばり式土留め工は，現場の状況に応じて支保工の数，配置等の変更が可能であるが，機械掘削や躯体構築時等に支保工が障害となりやすい。

② 控え杭タイロッド式土留め工は，土留め壁周辺に控え杭やタイロッドを設置するための用地が必要となる。

③ 自立式土留め工は，比較的良質な地盤で浅い掘削工事に適する。

④ 補強土式土留め工は，グラウンドアンカー式に比較して施工本数は多くなるものの，アンカー長は短いため土留め周辺の用地に関する問題は比較的少ない。

⑤ グラウンドアンカー式土留め工は，偏土圧が作用する場合や掘削面積が広い場合には適さない。

Ⅲ-33 建設工事の安全管理に関する次の記述のうち，最も不適切なものはどれか。

① 事業者は，長さが3000メートル以上のずい道等の建設の仕事を開始しようとするときは，その計画を当該仕事の開始日の30日前までに，労働基準監督署長に届け出なければならない。

② 足場の組立て，解体又は変更の作業に係る業務（地上又は堅固な床上における補助作業の業務を除く。）を行う労働者は，安全衛生特別教育を受けなければならない。

③ 事業者は，明り掘削の作業を行う場合において，地山の崩壊又は土石の落下により労働者に危険を及ぼす恐れのあるときは，当該危険を防止するための措置を講じなければならない。

④ 建設工事従事者の安全及び健康の確保の推進に関する法律は，建設工事従事者の安全及び健康の確保を推進するため，公共発注・民間発注を問わず，安全衛生経費の確保や一人親方問題への対処等がなされるよう，特別に手厚い対策を国及び都道府県等に求めるものである。

⑤ 高さが2m以上の箇所であって作業床を設けることが困難なところにおいて，墜落制止用器具のうちフルハーネス型のものを用いる作業に係る業務（ロープ高所作業に係る業務を除く。）を行う労

働者は，安全衛生特別教育を受けなければならない。

Ⅲ-34 環境影響評価に関する次の記述のうち，最も不適切なものはどれか。

① 環境影響評価法では，湛水面積が1km²以上のダムなどの第一種事業は，すべて評価の対象となる。

② 環境影響評価の手続きの大略的な流れは，スコーピング→スクリーニング→環境影響評価→意見聴取である。

③ スクリーニングとは第二種事業の環境影響評価を実施するかどうかを判定する手続きで，事業計画に対して知事の意見を聴く。

④ スコーピングとは事業の特性や地域環境に応じて評価項目，調査手法などを選定する手続きで，方法書に関して知事，市町村長，住民等の意見を聴く。

⑤ 事業開始後にモニタリング，フォローアップを行い，予測の不確実性を補っていく。

Ⅲ-35 建設環境関係の各種法令などに関する次の記述のうち，最も不適切なものはどれか。

① 振動規制法に定める特定建設作業の規制に関する基準では，特定建設作業の振動が，当該特定建設作業の場所の敷地境界線において，75デシベルを超える大きさのものでないこととされている。

② 工作物の新築，改築又は除去に伴って生じたコンクリートの破片は，廃棄物の処理及び清掃に関する法律における産業廃棄物である。

③ 生コンクリート製造業の用に供するバッチャープラントは，水質汚濁防止法における特定施設である。

④ 大気汚染防止法の目的には，建築物等の解体等に伴う粉じんの排

出等を規制し，また，自動車排出ガスに係る許容限度を定めること等により，大気の汚染に関し，国民の健康を保護することが含まれる。

⑤　騒音規制法により，指定地域内で特定建設作業を伴う建設工事を施工しようとする者は，当該特定建設作業の開始の日の7日前までに，特定建設作業の種類・場所・期間などを都道府県知事に届け出なければならないとされている。

令和元年度

技術士第一次試験問題［建設部門］

次の35問題のうち25問題を選択して解答せよ。（解答欄に1つだけ
マークすること。）

Ⅲ-1　下図は，土粒子，水，空気の三相から成る土の構成を各層に分離し
て模式的に描いた図である。図中の記号を用いて土の状態量を表す
式として，最も適切なものはどれか。ただし，長さの単位をcm，質
量の単位をgとする。

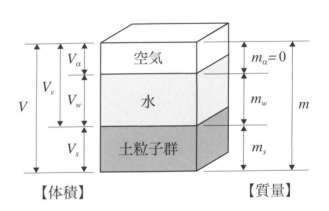

【体積】　　　　　　　　　　【質量】

① 土粒子の密度　$\rho_s = \dfrac{V_s}{m_s}$　[g/cm³]

② 間隙比　$e = \dfrac{V_V}{V}$

③ 間隙率　$n = \dfrac{V_V}{V_s} \times 100$　[%]

④ 含水比 $w = \dfrac{m_w}{m_s} \times 100$ 〔%〕

⑤ 飽和度 $S_r = \dfrac{V_w}{V} \times 100$ 〔%〕

Ⅲ-2 土の透水に関する次の記述のうち，最も不適切なものはどれか。。

① 土の透水性を定量的に表す透水係数は，土の種類，密度や飽和度などによって変化しない。

② 土の室内透水試験には，定水位透水試験と変水位透水試験がある。変水位透水試験は透水係数が$10^{-9} \sim 10^{-5}$〔m／s〕のシルトや細粒分を含む土に適用される。

③ 締固めた供試体を用いた室内透水試験の結果は，アースダムや堤防，道路，埋立地といった人工造成地盤の透水性，浸透水量を推定することに利用されることが多い。

④ 透水係数が10^{-9}〔m／s〕未満の土は，実質上不透水であると考えてもよい。

⑤ 動水勾配と土中を流れる流速との間に，水の流れが層流である限り比例関係が成り立つ。この関係をダルシーの法則という。

Ⅲ-3 斜面安定，支持力及び基礎に関する次の記述のうち，最も不適切なものはどれか。

① 簡便分割法やスウェーデン法で用いられる斜面の安全率は，土のせん断強さをすべり面に働くせん断力で除した値として定義される。

② 斜面の安全率の定義の1つは，土のせん断強さによる抵抗モーメントをある点に関する滑動モーメントで除した値として定義され，円弧すべり法はこの定義に基づいている。

③ 地盤の許容支持力は，構造物の重要性，土質定数の精度や土の鋭敏性などを考慮して，極限支持力を適当な安全率で割って求められる。

④ 杭の負の摩擦力は，杭の周囲の地盤が沈下することにより杭周面に下向きに作用する摩擦力をいう。負の摩擦力が働くと，杭材に大きな軸力が負荷されるとともに，杭先端地盤に大きな荷重が作用することとなる。

⑤ 直接基礎は，構造物からの荷重を地盤に伝達し，その抵抗により構造物を支持する基礎形式であり，通常，構造物直下の地層の支持力が不足する場合や，沈下が過大になる場合に用いられる。

Ⅲ-4　下図に示すような直線すべり面AB上の土塊ABCに対する安全率 F_s を求める式として，次のうち最も適切なものはどれか。ここですべり土塊は奥行き1m幅を想定し，平面ひずみ条件を満足するものとする。また，すべり面の勾配，長さをそれぞれ a, l, 土の粘着力，内部摩擦角をそれぞれ c, ϕ, 移動土塊ABCの重量を W とし，モール・クーロンの破壊規準に従うものとする。

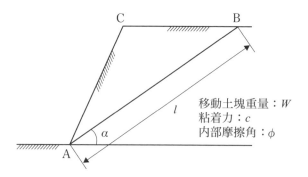

移動土塊重量：W
粘着力：c
内部摩擦角：ϕ

① $F_s = \dfrac{cl + W\sin\alpha\tan\phi}{W\cos\alpha}$

② $F_s = \dfrac{cl + W\cos\alpha\tan\phi}{W\sin\alpha}$

③ $F_s = \dfrac{cl + W\cos\alpha\sin\phi}{W\sin\alpha}$

④ $F_s = \dfrac{cl + W\sin\alpha\sin\phi}{W\cos\alpha}$

⑤ $F_s = \dfrac{cl + W\cos\alpha\cos\phi}{W\sin\alpha}$

Ⅲ-5　下図に示すような台形ABCDがある。台形の図心Oの辺BCからの距離h_0として，次のうち最も適切なものはどれか。ただし，台形ABCDの∠DAB及び∠ABCは直角とする。

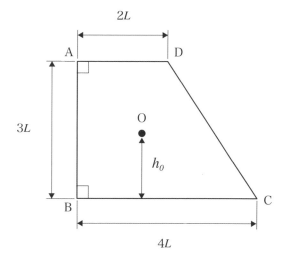

① $\dfrac{L}{2}$　　② $\dfrac{2L}{3}$　　③ L　　④ $\dfrac{4L}{3}$　　⑤ $\dfrac{3L}{2}$

長さ3L［mm］の片持ちばりの先端に集中荷重P［N］が鉛直下向きに静的かつ弾性内で作用している。はりの断面二次モーメントはI［mm^4］，ヤング率はE［N/mm^2］であり，せん断変形は無視するものとする。この片持ちばりの先端のたわみδ_0［mm］の値はどれか。

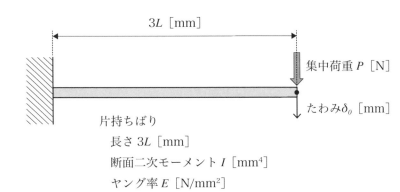

① $\dfrac{3PL^3}{EI}$ ② $\dfrac{6PL^3}{EI}$ ③ $\dfrac{9PL^3}{EI}$ ④ $\dfrac{12PL^3}{EI}$ ⑤ $\dfrac{15PL^3}{EI}$

鋼材の非破壊試験に関する次の記述のうち，最も不適切なものはどれか。

① 磁粉探傷試験は，鉄鋼材料などの強磁性体を磁化し，欠陥部に生じた磁極による磁粉の付着を利用して欠陥を検出する試験である。
② 浸透探傷試験は，内部欠陥に浸透液を浸透させた後，拡大した像の指示模様として欠陥を観察する試験である。
③ 放射線透過試験は，放射線を試験体に照射し，透過した放射線の強さの変化から欠陥の状態などを調べる試験である。
④ 超音波探傷試験は，超音波を試験体中に伝えたときに，試験体が

示す音響的性質を利用して，内部欠陥などを調べる試験である。

⑤　渦流探傷試験は，導体の試験体に渦電流を発生させ，欠陥の有無
による渦電流の変化を計測することで，欠陥を検出する試験であ
る。

Ⅲ-8　鋼構造の一般的な特徴に関する次の記述のうち，最も不適切なもの
はどれか。

①　一般に薄い板厚の鋼板を溶接によって組立てる薄肉構造となるた
め，コンクリート構造に比べて重量が軽い。

②　主な部材は工場内で製作されるため，施工現場での工期が短い。

③　鋼材は曲げ・切断などの加工が可能であり，溶接あるいはボルト
により容易にほかの部材と接合できるため，補修・補強・構造的
な改良に対応しやすい。

④　鋼材はさびやすいため，防食防錆対策が必要である。

⑤　一般に薄肉構造であるため変形が小さく，動的荷重に対して振
動・騒音を生じにくい。

Ⅲ-9　「道路橋示方書・同解説Ⅰ共通編」（平成29年11月）に規定される，
我が国の道路橋の設計で考慮する作用に関する次の記述のうち，最
も不適切なものはどれか。

①　活荷重は，着目する部材等の応答が最も有利となる方法で路面
部分に載荷しなければならない。

②　床版及び床組を設計する場合の活荷重として，車道部分には集
中荷重（T荷重）を載荷する。

③　衝撃の影響は，活荷重にその影響分に相当する係数を乗じてこ
れを考慮しなければならない。

④ 設計に用いる基準温度は＋20℃を標準とする。ただし，寒冷な地域においては＋10℃を標準とする。

⑤ 吊橋，斜張橋のようにたわみやすい橋及び特にたわみやすい部材の設計では，風による動的な影響を考慮しなければならない。

Ⅲ-10 コンクリートに関する次の記述のうち，最も不適切なものはどれか。

① 現場におけるコンクリートの品質は，骨材，セメント等の品質の変動，計量の誤差，練混ぜ作業の変動等によって，工事期間にわたり変動するのが一般である。

② 水セメント比は，コンクリートの劣化に対する抵抗性並びに物質の透過に対する抵抗性に及ぼす配合上の影響要因の中で最も重要なものである。

③ エントレインドエアは，コンクリートのワーカビリティーの改善に寄与し，所要のワーカビリティーを得るのに必要な単位水量を相当に減らすことが可能である。

④ 一般に，細骨材率が大きいほど，同じスランプのコンクリートを得るのに必要な単位水量は減少する傾向にあり，それに伴い単位セメント量の低減も図れる。

⑤ 単位水量が大きくなると，材料分離抵抗性が低下するとともに，乾燥収縮が増加する等，コンクリートの品質の低下につながるため，作業ができる範囲内でできるだけ単位水量を小さくする必要がある。

Ⅲ-11 コンクリートの材料としてのセメントに関する次の記述のうち，最も不適切なものはどれか。

① ポルトランドセメントには，普通，早強，超早強，中庸熱，低

熱及び耐硫酸塩の6種類がある。

② 我が国では，普通ポルトランドセメントと高炉セメントB種が使用される場合がほとんどである。

③ 高炉セメントB種は，アルカリシリカ反応や塩化物イオンの浸透の抑制に有効なセメントの1つである。

④ 普通エコセメントは，塩化物イオン量がセメント質量の0.1%以下で，普通ポルトランドセメントと類似の性質を持つ。

⑤ 寒中コンクリート，工期が短い工事，初期強度を要するプレストレストコンクリート工事等には，低熱ポルトランドセメントが使用される。

Ⅲ-12 コンクリート構造物の調査方法に関する次の記述のうち，最も不適切なものはどれか。

① 目視による方法及びたたきによる方法により得られる情報は，基本的には構造物の表面及び表層部での変状に関するものに限られる。

② たたきによる方法は簡便ではあるが，浮き・剥離の有無や範囲を迅速に把握することができる重要な方法である。

③ コアを採取して強度試験を行う方法は，実構造物のコンクリートの強度の測定方法として最も基本的かつ重要な試験であり，構造物にほとんど損傷を与えないことから，多用することができる。

④ コンクリート表層の反発度は，コンクリートの強度のほかに，コンクリートの含水状態，中性化等の影響を受ける。

⑤ コンクリート内部の状況をコンクリートに損傷を与えることなく把握する必要がある場合，あるいは劣化機構の推定及び劣化程度の判定を行うために詳細な情報が必要である場合等には，非破壊試験機器を用いる方法で調査を実施する。

都市計画法上の都市施設に関する次の記述のうち，最も不適切なものはどれか。

① 都市計画法における都市計画とは，都市の健全な発展と秩序ある整備を図るための土地利用，都市施設の整備及び市街地開発事業に関する計画とされている。

② 都市施設は，都市計画区域内において定めることができるとされているが，特に必要があるときは，都市計画区域外においても定めることができる。

③ 交通施設，公共空地，供給施設は，都市施設の種類に含まれている。

④ 都市施設については，都市計画に，都市施設の種類，名称，位置及び区域を定める。

⑤ 都市施設は，市街化区域及び区域区分が定められていない都市計画区域については，少なくとも道路，公園及び上水道を定めるものとする。

都市計画の思想や考え方に関する次の記述のうち，最も不適切なものはどれか。

① クラレンス・アーサー・ペリーの近隣住区単位の概念においては，住区内の生活の安全を守り，利便性と快適性を確保するために，小学校の校区を標準とする単位によって住宅地が構成される。

② エベネザー・ハワードが説いた田園都市においては，市街地部分のパターンは格子状であり，中心部には公共施設，中間地帯には住宅，教会，学校，外周地帯には工場，倉庫，鉄道が配置され，さらにその外側は農業地帯になっている。

③ グリーンベルト・タウンズは1935年からアメリカ政府が不況

対策の一環として開発した田園郊外の総称であり，ワシントン郊外のグリーンベルト，シンシナティ郊外のグリーンヒルズ，ミルウォーキー郊外のグリーンデイルの３つが実現した。

④ 20世紀末ごろから欧米諸国を中心とする国際的な地球環境問題への関心がたかまり，都市の無秩序で際限のない拡張を押しとどめ，持続可能な都市化のありかたが地球環境に必要不可欠であるというコンパクトシティの考え方が提案された。

⑤ エリアマネジメントとは，住民・事業主・地権者等により行われる文化活動，広報活動，交流活動等のソフト面の活動を継続的，計画的に実施することにより，街の活性化を図り，都市の持続的発展を推進する自主的な取組のことである。

Ⅲ-15 交通流動調査に関する次の記述のうち，最も不適切なものはどれか。

① パーソントリップ調査は，一定の調査対象地域内において，人の動きを調べる調査である。

② トリップ（目的トリップ）とは，ある１つの目的のために行われる１つの交通であり，起点から最初の目的地までの交通が１トリップとなり，その次の目的地までの交通が次のトリップとなる。

③ パーソントリップ調査では，交通の起点及び終点，交通目的について調査を行うが，交通手段については調査対象としていない。

④ トリップの起終点を空間的に集計するために，ある空間領域をゾーンとして設定する。

⑤ スクリーンライン調査は，スクリーンラインを横断する交通量を観測する調査である。

地方計画・地域計画に関する次の記述のうち，最も不適切なものはどれか。

① 第一次全国総合開発計画の拠点開発方式による工業開発地区の構想を背景として，新産業都市建設促進法及び工業整備特別地域整備促進法が制定され，新産業都市と工業整備特別地域が指定された。

② 日本経済が新しい局面を迎え，産業構造の高付加価値化，知識集約化が求められるようになったことに対応して，1983年に高度技術工業集積地域開発促進法（テクノポリス法）が制定された。

③ 1958年に策定された首都圏整備計画の第一次基本計画では，大ロンドン計画1944にならって，既成市街地の周囲にグリーンベルト（近郊地帯）を設け，その外側に衛星都市（市街地開発区域）を開発して，首都東京の過大化と過密化の防止を図ろうとした。

④ 大都市名古屋を含む中部圏については，中部圏開発整備法に基づいて中部圏開発整備計画が定められるが，その対象区域は愛知・岐阜・三重の3県である。

⑤ 北海道総合開発計画は，北海道開発法に基づき，北海道の資源・特性を活かして我が国が直面する課題の解決に貢献するとともに，地域の活力ある発展を図るため，国が策定する計画である。

Ⅲ-17

非圧縮性完全流体の定常流れでは，流線上で次式のベルヌーイの定理が成立する。

$$\frac{v^2}{2g} + z + \frac{p}{\rho g} = 一定$$

ここで，gは重力加速度，ρは水の密度，vは高さzの点における流速，Pは高さzの点における水圧である。下図に示すように，壁面に断面積 a $[\mathrm{m}^2]$ の小穴をあけて水を放流するオリフィスについて，小穴の中心から水槽水面までの高さが$z_A[\mathrm{m}]$，水槽底面から小穴の中心までの高さが$z_B[\mathrm{m}]$，基準面から小穴の中心までの高さが$z_C[\mathrm{m}]$のとき，小穴から流出した水の圧力が大気圧に等しく，流れが一様になる位置（基準面からの高さはz_Cに等しいとする）における水の流速$v[\mathrm{m}/\mathrm{s}]$を，ベルヌーイの定理を適用して算出すると最も適切なものはどれか。

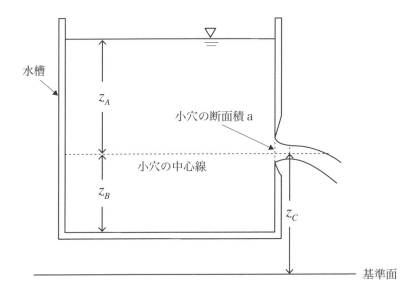

① $\sqrt{2\mathrm{g}\cdot(z_A+z_B)}$　　② $\sqrt{2\mathrm{g}\cdot(z_A+z_C)}$

③ $\sqrt{2\mathrm{g}\cdot z_A}$　　　④ $\sqrt{2\mathrm{g}\cdot z_B}$

⑤ $\sqrt{2\mathrm{g}\cdot z_C}$

Ⅲ-18 水の流れに関する次の記述のうち，最も不適切なものはどれか。

① 解析の便宜上，粘性を考えない流体を完全流体という。

② 流体の圧縮性の影響を無視できるか否かによって，圧縮性流体と非圧縮性流体とに分けられる。

③ 流れは時間的，空間的に変化するかどうかで分類され，流速・水深が時間的に変化する流れを不定流という。

④ 自由表面を持ち，水が大気に接しながら流れるものを開水路の流れという。

⑤ マニングの平均流速公式によると，開水路の平均流速は粗度係数に比例する。

Ⅲ-19 ピトー管に関する次の記述のうち，最も不適切なものはどれか。なお，ρは水の密度である。

① 総圧管と静圧管を組合せて流速を測る装置をピトー管という。

② 流速vの一様な流れの中に，先端に丸みのある物体を置くと，物体の先端に速度がゼロになるよどみ点ができる。

③ よどみ点に小さい穴をあけ，その点の圧力を圧力計に導けば，総圧を測定することができる。

④ 流速が周囲の一様な流れvに等しい管の側壁上の点に小穴をあけると，測定することができる圧力は$\dfrac{1}{2}\rho v^2$である。

⑤ ピトー管に接続されたマノメータ（水位計）の水面の差から，測定点における局所的な流速が求められる。

Ⅲ-20 水中の土砂移動に関する次の記述のうち，最も不適切なものはどれか。

① 流れが空間的に一様な分布を持つ水流中の物体に働く抗力は，作用流速の二乗に比例する。

② 河床上を砂粒子が連続的に移動するようになる限界掃流力は，土砂の粒径によらず一定の値をとる。

③ 河川における流砂は，土砂が河床と間断なく接触しながら移動する掃流砂と，掃流砂に比べれば細粒の土砂が水流中の流れと一体となって移動する浮遊砂，さらに微細粒子の輸送であるウォッシュロードに分類される。

④ 河川の摩擦速度の縦断変化は，局所的な河床高の変化を表すことができ，上流の摩擦速度に比べて下流側の摩擦速度が大きければ河床低下，反対に下流側の摩擦速度が小さければ河床上昇となることが多い。

⑤ 土砂を静水中に積み上げて斜面を造ったときに，土砂が崩れずに留まることができる最大傾斜角を土砂の水中安息角と呼ぶ。

Ⅲ-21 河川堤防に関する次の記述のうち，最も不適切なものはどれか。

① 高規格堤防を除く一般の堤防は，計画高水位以下の水位の流水の通常の作用に対して安全な構造となるよう，耐浸透性及び耐侵食性について設計する。

② 堤防の天端幅は，支川の背水区間では，合流点における本川の堤防の天端幅より狭くならないよう定める。

③ 堤体が位置する地盤が軟弱な場合は土質調査等を実施し，必要に応じてパイピングあるいは沈下，すべりに関する安定性の検討を行う。

④ 浸透に対する堤体の安全性の評価に当たっては，外力として外

水位及び降雨量を考慮する。

⑤ ドレーン工の効果が確実に期待できる堤体土質は，大部分が礫質土で構成されている場合である。

Ⅲ-22　河川計画に関する次の記述のうち，最も不適切なものはどれか。

① 河川整備基本方針においては，主要な地点における計画高水流量，計画高水位，計画横断形に係わる川幅などを定める。

② 河川整備計画における整備内容の検討では，計画期間中に実現可能な投資配分を考慮するとともに，代替案との比較を行う。

③ 洪水防御計画の策定に当たっては，この計画がその河川に起こり得る最大洪水を目標に定めるものではないことに留意し，必要に応じ計画の規模を超える洪水の生起についても配慮する。

④ 同一水系内における洪水防御計画は，上下流と本支川において，計画の規模が同一になるように策定する。

⑤ 基本高水の選定に当たっては，計画規模に対応する適正なピーク流量を設定する等の観点から，総合的に検討を進める必要がある。

Ⅲ-23　海岸工学に関する次の記述のうち，最も不適切なものはどれか。

① 海底の地盤変動によって発生した津波は，一般的にはその波長は水深に比べて非常に短く，深海波として扱うことができる。

② 潮汐（通常観測される潮位変動）は，天文潮，気象潮及び異常潮に大別される。このうち天文潮は，地球・月・太陽の位置関係の変化と地球の自転によって生じるものである。

③ 水深が異なる境界に斜めに波が入射した場合に，波向線が浅い領域でより境界に直角になるように変化する。これを屈折とい

う。

④ 平行等深線海岸に波が直角に入射すると，水深の減少に伴って波高が変化する。これを浅水変形という。

⑤ 有義波高とは，一般にはゼロアップクロス法で定義した各波の波高を大きいものから並べて，上から全体の1／3に当たる個数を抽出して平均した値である。

Ⅲ-24 海岸保全施設の設計に関する次の記述のうち，最も不適切なものはどれか。

① 堤防の波返工は，波やしぶきが堤内側に入りこむのを防ぐことを主目的として，一般的には堤防の表のり被覆工の延長として堤防の天端上に突出した構造物をいう。

② 直立壁に作用する風波の波圧の算定に用いる合田式は，重複波圧は算定することができるが，砕波圧は算定することができない。

③ 防波堤等の直立壁に作用する津波の波圧は，波状段波が発生しない場合で，かつ越流が発生していない場合には，谷本式で算定することができる。

④ ハドソン式は，傾斜堤等の斜面被覆材の安定な質量（所要質量）の算定に用いられるとともに，混成堤のマウンド被覆材，潜堤等の構造物の被覆材の所要質量の算定にも用いられている。

⑤ 改良仮想勾配法は，サヴィールの仮想勾配法を緩勾配海岸に適用できるように改良したもので，複雑な海浜断面や堤防形状を有する海岸への波の打ち上げ高の評価に広く使われている。

Ⅲ-25 港湾に関する次の記述のうち，最も不適切なものはどれか。

① 港湾計画においては，岬や島など，波に対する天然の遮蔽物として利用できるものは有効に利用する。

② 港湾計画の中には，港湾と背後地域を連絡する主要な陸上交通施設を定めることが含まれる。

③ 航路の水深は，対象船舶の動揺の程度及びトリム（積荷及び航行のために生ずる船首尾間の吃水差）などを考慮して，対象船舶の満載吃水以上の適切な深さをとるものとする。

④ 一般の往復航路の幅員は，比較的距離が長い航路で，船舶同士が頻繁に行き会う場合，対象船舶の幅の3倍とする。

⑤ 港内の静穏度を保つために，自然海浜を残したり，消波工の設置を検討したりする。

Ⅲ-26 砂防施設に関する次の記述のうち，最も不適切なものはどれか。

① 砂防ダム（砂防堰堤）の調節効果は，洪水勾配と安定勾配の間で起こる堆砂作用と粒径の淘汰作用をあわせたものである。

② 護岸工は，横侵食から河岸を防護するもので，その上下流端は岩盤又は横工に取付けるのが原則である。

③ 流路工は，下流堆積域において流路を確定して乱流防止と縦断勾配の規制による縦・横侵食を防止して，両岸を保護し，洪水の氾濫を防止する目的で設置される。

④ 水制工は，水はねにより護岸を保護するものであるが，流下阻害となるため，特別な場合を除き砂防工事では用いられない。

⑤ 床固工は，縦侵食を防止して渓床の安定と堆積物の再移動の防止，護岸などの工作物の基礎保護及び整流の目的で設置される。

Ⅲ-27 火力発電所の立地条件として次の記述のうち，最も重要度が低いものはどれか。

① 重要な建物，構築物を岩盤で支持できること。
② 燃料の受入れが容易なこと。
③ 大型・重量機材の搬出入が容易なこと。
④ 発電所の最終規模に対して必要な面積並びに地形が確保できること。
⑤ 台風，洪水，高潮，地震，津波，地すべりなどによる自然災害の少ないこと。

Ⅲ-28 水力発電の水路に関する次の記述のうち，最も不適切なものはどれか。

① 取水口から水槽（ヘッドタンク又はサージタンク）までの水路を導水路，放水庭から放水口までの水路を放水路という。
② 水路の種類を構造的に分類すれば，開きょ，暗きょ，トンネル，水路橋，逆サイフォンなどがある。また，水路を水理学的に分類すれば，無圧水路と圧力水路とに分けられる。
③ 無圧水路では，一定流量に対して勾配を急にすれば水路の断面は小さくてすみ工事費を減ずることができ，落差の損失も小さくなるため発電力が増加する。
④ 無圧トンネルの内面は通常コンクリートで巻立てるが，岩盤が良好な場合は通水部分だけ巻立てを行い，天端アーチを素掘りのままとして，工事費の節減を図ることもある。
⑤ 圧力導水路においては，取水口の計画最低水位とサージタンクの設計最低水位（取水口最低水位時における下降サージの最低水位）とを結ぶ動水勾配線以下に水路全体があるように設計すれば，その間の水路勾配に関係なく動水勾配により流下する。

159

Ⅲ-29 舗装の性能指標の設定上の留意点に関する次の記述のうち，最も不適切なものはどれか。

① 舗装の性能指標の値は施工直後の値とするが，施工直後の値だけでは性能の確認が不十分である場合には，必要に応じ，供用後一定期間を経た時点での値を設定する。

② 舗装の性能指標は，原則として車道及び側帯の舗装の新設，改築及び大規模な修繕の場合に設定する。

③ 舗装の性能指標及びその値は，道路の存する地域の地質及び気象の状況，交通の状況，沿道の土地利用状況などを勘案して，舗装が置かれている状況ごとに，監理技術者が設定する。

④ 雨水を道路の路面下に円滑に浸透させることができる構造とする場合には，舗装の性能指標として浸透水量を設定する。

⑤ 疲労破壊輪数，塑性変形輪数及び平たん性は必須の舗装の性能指標であるので，路肩全体やバス停などを除き必ず設定する。

Ⅲ-30 鉄道における軌道構造に関する次の記述のうち，最も不適切なものはどれか。

① スラブ軌道は，コンクリート道床内に木製短まくら木又はコンクリート短まくら木を埋め込んだ軌道構造である。

② カントは，車両が曲線を走行すると，遠心力が働き乗心地を損なうだけでなく転倒の危険性が増すため，曲線の外側レールを内側レールより高くし，車両に働く重力と遠心力の合力の作用方向を軌道中心に近づけるために設けられる。

③ ロングレールは，乗心地の改善，騒音振動の減少などを目的として，レール継ぎ目を溶接により除去したものである。

④ まくら木は，列車の荷重をレールから受けて道床に分布させ，レールを固定し軌間を正確に保持するものである。

⑤ レール締結装置は，レールをまくら木に固定し，軌間の保持及びレールふく進に抵抗するとともに，車両の荷重をまくら木に分布させるものである。

Ⅲ-31 山岳トンネルの支保工に関する次の記述のうち，最も不適切なものはどれか。

① 鋼製支保工は，トンネル壁面に沿って形鋼等をアーチ状に設置する支保部材であり，建込みと同時に一定の効果を発揮できるため，吹付けコンクリートの強度が発現するまでの早期において切羽の安定化を図ることができる。

② 吹付けコンクリートは，トンネル掘削完了後，ただちに地山にコンクリートを面的に密着させて設置する支保部材であり，その性能は，掘削に伴って生じる地山の変形や外力による圧縮せん断等に抵抗することにある。

③ 吹付けコンクリートの強度については，掘削後ただちに施工し地山を保持するための初期強度，施工中に切羽近傍でのトンネルの安定性を確保するための早期強度，長期にわたり地山を支持する長期強度が必要である。

④ ロックボルトは，トンネル壁面から地山内部に穿孔された孔に設置される支保部材であり，穿孔された孔のほぼ中心に定置される芯材が孔の周囲の地山と一体化することにより，地山の内部から支保効果を発揮する。

⑤ ロックボルトの性能は，軟岩や未固結地山では，主に亀裂面に平行な方向あるいは直角な方向の相対変位を抑制すること，また，亀裂の発達した中硬岩や硬岩地山では，主にトンネル半径方向に生じるトンネル壁面と地山内部との相対変位を抑制することにある。

Ⅲ-32 土留め壁に関する次の記述のうち，最も不適切なものはどれか。

① ソイルセメント地下連続壁は，ベントナイトやポリマー安定液を用いて掘削したトレンチ中に鉄筋籠を挿入し，コンクリートを打設して連続させた土留め壁であり，大深度においても遮水性がよく，断面性能も大きい。

② 簡易土留め壁は，木矢板や軽量鋼矢板などによる土留め壁であり，軽量かつ短尺で扱いやすいが，断面性能が小さく，遮水性もあまりよくない。

③ 親杭横矢板土留め壁は，I形鋼，H形鋼などの親杭を，1〜2m間隔で地中に打込み，又は穿孔して建て込み，掘削に伴って親杭間に木材の横矢板を挿入していく土留め壁であるが，遮水性がよくなく，掘削底面以下の根入れ部分の連続性が保たれない。

④ 鋼矢板土留め壁は，U形，Z形，直線形，H形などの鋼矢板を，継手部をかみ合わせながら，連続して地中に打込む土留め壁であり，遮水性がよく，掘削底面以下の根入れ部分の連続性が保たれる。

⑤ 鋼管矢板土留め壁は，形鋼，パイプなどの継手を取り付けた鋼管杭を，継手部をかみ合わせながら，連続して地中に打込む土留め壁であり，遮水性がよく，掘削底面以下の根入れ部分の連続性が保たれ，しかも断面性能が大きい。

Ⅲ-33 工程管理に関する次の記述のうち，最も不適切なものはどれか。

① CPM法は，時間と費用との関連に着目し，工事費用が最小となるようネットワーク上で工期を短縮し，最適工期，最適費用を設定していく計画手法である。

② ネットワーク式工程表では，数多い作業の中でどの作業が全体

の工程を最も強く支配し，時間的に余裕のない経路（critical path）であるかを確認することができない。

③ 横線式工程表は，横軸に日数をとるので各作業の所要日数がわかり，さらに，作業の流れが左から右へ移行しているので作業間の関連がわかるが，工期に影響する作業がどれであるかがつかみにくい欠点がある。

④ 作業可能日数は，暦日日数から定休日のほかに，降水日数，積雪日数，日照時間などを考慮して割り出した作業不能日数を差し引いて求める。

⑤ 工程と原価との関係は，工程速度を上げるとともに原価が安くなっていくが，さらに工程速度を上げると原価は上昇傾向に転じる。

Ⅲ-34 環境影響評価法に関する次の記述のうち，最も不適切なものはどれか。

① 日本で環境影響評価法（環境アセスメント法）が公布されたのは平成9年で，当時のOECD加盟国中で最も遅かった。

② すべての都道府県，政令指定都市で環境アセスメントに関する条例が制定されている。

③ スクリーニングとは発生する環境影響を予見して，第一種事業の環境影響評価を実施するかどうかを判定する手続である。

④ スコーピングとは事業の特性や地域環境に応じて評価項目，調査手法などを選定する手続である。

⑤ 法令手続の中で，地形・地質など，予測の不確実性が少ない項目について，準備書及び評価書の事後調査計画の記載を省略することができる。

建設部門

建設環境に関する次の記述のうち，最も不適切なものはどれか。

① 環境影響評価手続において作成する図書（環境影響評価方法書など）を誰にでも見られるようにする縦覧では，紙媒体に加えて，インターネットにより行うことが義務付けられている。

② 振動規制地域は振動規制法に基づき，都道府県知事が指定し，地域ごとに昼間や夜間などの時間区分ごとの規制基準が定められている。

③ 気温が下層より上層の方が高いとき，下層の大気は上層へ移動しやすい不安定な状態であり，このような大気の安定性の度合いは大気汚染と関係している。

④ 生息・生育に必要な特定の環境条件の変化をよく反映する生物を指標生物といい，例えば，水質汚濁ではカゲロウなどの水生生物がよく知られている。

⑤ 3RはReduce，Reuse，Recycleの頭文字をとったもので，循環型社会を構築していくにはReduce，Reuse，Recycleの順で取組むことが重要である。

平成30年度

技術士第一次試験問題［建設部門］

次の35問題のうち25問題を選択して解答せよ。（解答欄に１つだけ
マークすること。）

Ⅲ-1 土の基本的性質に関する次の記述のうち，最も不適切なものはどれ
か。

① 間隙比eと間隙率nの関係は，$n = \dfrac{e}{1+e} \times 100$（％）である。

② 飽和度S_rは，含水比w，土粒子密度ρ_s，水の密度ρ_w，間隙比e
を用いて，$S_r = \dfrac{e\rho_w}{w\rho_s} \times 100$（％）と求める。

③ 粗粒土では，その粒度分布が透水性や力学的性質に影響するが，
細粒土の力学的性質は，含水比wの多少によって大きく変化す
る。

④ 土粒子の密度ρ_sは，土粒子の構成物の単位体積当たりの平均質
量である。

⑤ 間隙比eは，土粒子密度ρ_sと乾燥密度ρ_dを用いて，$e = \dfrac{\rho_s}{\rho_d} - 1$
と求める。

Ⅲ-2 土中の浸透と地下水に関する次の記述のうち，最も不適切なものは
どれか。

① 不透水層に囲まれた場所の地下水は高い圧力を受けていること
が多く，ここに井戸を掘ると水位が上がって水が噴き出す自噴

井となる。このような地下水を被圧地下水という。

② 地下水の流れに対しては，位置水頭は無視することができ，全水頭は，圧力水頭と速度水頭のみを考えれば十分である。

③ 土の透水係数を求める方法には室内透水試験と現場透水試験がある。室内透水試験には，定水位透水試験と変水位透水試験がある。

④ 空気を含む土の間隙内では間隙水の表面張力によって水圧が空気圧よりも低下し，その分だけ地下水面から水が吸い上げられてくる。水圧と空気圧の差をサクションという。間隙のサイズが小さいほどサクションは大きくなる。

⑤ 透水の流速や方向が位置によって異なる2次元透水現象は非一様問題である。これを解く方法の1つとして，等ポテンシャル線と流線による図形的解法（正方形流線網）がある。

Ⅲ-3 土のせん断に関する次の記述のうち，最も不適切なものはどれか。

① 鋭敏比とは，粘性土の乱さない試料と，これを同じ含水比のまま十分に練り返した練返し試料のそれぞれの非排水せん断強度の比である。

② 圧密非排水試験とは，ある圧力で圧密したのち，供試体の排水あるいは吸水を許さずにせん断する試験である。

③ 一軸圧縮試験は，セメンテーションあるいは見かけの粘着力を有し，透水性の低い地盤材料を対象とする簡単な非圧密非排水試験である。

④ 粘土の非排水せん断強度は，一軸圧縮強度の2倍程度になる。

⑤ 応力経路とは，主としてせん断過程における地盤材料の応力状態の変化を，2つの応力成分を両軸にとった応力平面上の点の軌跡として表したものである。

Ⅲ-4 土圧に関する次の記述のうち，最も不適切なものはどれか。

① 主働土圧とは，土が水平方向に緩む方向で変形していくとき，水平土圧が次第に減少し，最終的に一定値に落ち着いた状態で発揮される土圧である。

② クーロンの土圧論とは，土くさびに働く力の釣り合いから壁面に働く土圧の合力を求めるための理論をいう。

③ 受働土圧とは，土を水平方向に圧縮していくとき，水平土圧が次第に増大し，最終的に一定値に落ち着いた状態で発揮される土圧である。

④ 土被り圧とは，地盤中のある点において，その上に存在する土あるいは岩の全重量によって生じる応力であり，通常は水平応力を意味する。

⑤ 静止土圧とは，地盤の水平変位が生じない状態における水平方向の土圧である。

Ⅲ-5 下図に示す長方形断面の各種断面諸量に関する次の記述のうち，最も不適切なものはどれか。

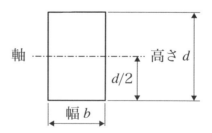

① 高さdを2倍，幅bを2倍にすると，断面積は4倍になる。

② 幅bを2倍にすると，図示の軸まわりの断面二次モーメントは2倍になる。

③ 高さdを2倍，幅bを2倍にすると，図示の軸まわりの断面二次モーメントは16倍になる。

④ 高さdを2倍にすると，図示の軸に関する断面係数は4倍になる。

⑤ 幅bを2倍にすると，図示の軸に関する断面二次半径は2倍になる。

Ⅲ-6 鋼材の腐食及び防食に関する次の記述のうち，最も不適切なものはどれか。

① 塗装は，鋼構造物を腐食から護るために広く用いられている防食法であり，鋼材表面に形成された塗膜が腐食因子である酸素と水や腐食促進物質である塩化物イオンなどの侵入を抑制して鋼材を保護する。

② 厚膜被覆は，ゴムやプラスチックなどの有機材料を1mm以上の厚膜に被覆した長期間の耐食性を有する防食法であり，主として港湾・海洋鋼構造物の飛沫・干満部の防食に用いられる。

③ 溶融めっきは，溶融した金属浴に鋼材を浸漬させ，鋼材表面にめっき皮膜を形成させる防食法であり，めっき材に用いる金属として亜鉛，アルミニウム，亜鉛・アルミニウム合金などがある。

④ 金属溶射は，鋼材表面に溶融した金属材料を溶射して形成した溶射皮膜が腐食因子や腐食促進物質の鋼材への到達を抑制して鋼材を保護する防食法である。溶射直後の皮膜には多くの気孔が存在し，この気孔に水分などの腐食因子が侵入し不具合が生じることを防ぐため，金属溶射後に封孔処理が必要となる。

⑤ 耐候性鋼材は，リン，銅，ニッケル，クロムなどを少量添加した低合金鋼材であり，適度な乾湿の繰返しを受け，塩化物イオンのほとんどない環境で鋼材表面に形成される緻密な保護性錆

により腐食の進展を抑制する。このため，耐候性鋼材は非常に腐食性の高い環境に適用される。

Ⅲ-7 鋼構造物の溶接継手の設計上の留意点に関する次の記述のうち，最も不適切なものはどれか。

① 溶接継手の組立方法，溶接順序を十分考慮し，できるだけ上向き溶接が可能な構造とする。

② 連結部の構造はなるべく単純にし，応力の伝達を明確にする。溶接の集中，交差は避け，必要に応じてスカラップ（切欠き）を設ける。

③ 構成する各材片においてなるべく偏心がないようにし，できるだけ板厚差の少ない組合せを考える。

④ 有害な応力集中を生じさせない。また，必要な溶接サイズを確保した上で，できるだけ溶接量は少なくする。

⑤ 衝撃や繰返し応力を受ける継手はできるだけ全断面溶込みグルーブ（開先）溶接にする。

Ⅲ-8 はりの断面力図に関する次の記述のうち，最も不適切なものはどれか。

① 曲げモーメント図の勾配（接線の傾き）は，その点のせん断力に等しい。

② 集中荷重の作用点では，せん断力図は階段状に変化し，曲げモーメント図は折れ曲がる。

③ 集中モーメント荷重の作用点では，せん断力図は変化せず，曲げモーメント図は階段状に変化する。

④ 等分布荷重の区間では，せん断力図は直線，曲げモーメント図は

2次曲線となる。

⑤ 三角形分布荷重の区間では，せん断力図，曲げモーメント図の両方とも3次曲線となる。

Ⅲ-9

「道路橋示方書・同解説Ⅰ共通編（平成29年11月）」に規定される，我が国の道路橋の設計で考慮する作用に関する次の記述のうち，最も不適切なものはどれか。

① 高速自動車国道，一般国道，都道府県道及びこれらの道路と基幹的な道路網を形成する市町村道の橋の設計に当たってはB活荷重を適用しなければならない。

② 吊橋の主ケーブル及び補剛桁を設計する際には衝撃の影響は考慮しない。

③ 不静定構造物において，地盤の圧密沈下等のために長期にわたり生じる支点の移動及び回転の影響が想定される場合には，この影響を適切に考慮しなければならない。

④ 床版及び床組を設計する場合の活荷重は，車道部分に集中荷重（L荷重）を載荷し，歩道等には群集荷重として等分布荷重を載荷する。

⑤ コンクリート構造全体の温度変化を考慮する場合の温度昇降は，一般に，基準温度から地域別の平均気温を考慮して定める。

Ⅲ-10

コンクリートに関する次の記述のうち，最も不適切なものはどれか。

① コンクリートの強度は，一般には材齢28日における標準養生供試体の試験値で表す。

② コンクリートの圧縮強度の試験値が設計基準強度を下回る確率は，土木構造物では一般には5%以下という値が用いられる。

③ 水セメント比は，65%以下で，かつ，コンクリートに要求される強度，コンクリートの劣化に対する抵抗性並びに物質の透過に対する抵抗性等を考慮して，これらから定まる水セメント比のうちで最小の値を設定する。

④ コンクリートの空気量は，粗骨材の最大寸法，その他に応じ，練上がり時においてコンクリート容積の4～7%を標準とする。

⑤ コンクリートを練り混ぜてから打ち終わるまでの時間は，外気温が25℃以下のときで2時間以内，25℃を超えるときで3時間以内を標準とする。

Ⅲ-11 コンクリート構造物の劣化現象に関する次の記述のうち，最も不適切なものはどれか。

① 凍害とは，コンクリート中の水分が凍結と融解を繰返すことによって，コンクリート表面からスケーリング，微細ひび割れ及びポップアウト等の形で劣化する現象をいう。

② 中性化とは，二酸化炭素がセメント水和物と炭酸化反応を起こし，細孔溶液中のpHを上昇させることで，鋼材の腐食が促進され，コンクリートのひび割れや剥離，鋼材の断面減少を引き起こす劣化現象をいう。

③ アルカリシリカ反応とは，骨材中に含まれる反応性を有するシリカ鉱物等がコンクリート中のアルカリ性水溶液と反応して，コンクリートに異常膨張やひび割れを発生させる劣化現象をいう。

④ 床版の疲労とは，主として道路橋の鉄筋コンクリート床版が輪荷重の繰返し作用によりひび割れや陥没を生じる現象をいう。

⑤ すりへりとは，流水や車輪等の摩耗作用によってコンクリートの断面が時間とともに徐々に失われていく現象をいう。

Ⅲ-12 プレストレストコンクリートに関する次の記述のうち，最も適切なものはどれか。

① プレストレストコンクリートは，コンクリート部材におけるひび割れ性能の改善，部材断面の縮小等に不利な構造である。

② コンクリート標準示方書（土木学会）におけるPRC構造は，鉄筋コンクリートと同様に異形鉄筋のひび割れ分散作用によりひび割れ間隔を制御し，プレストレスにより鉄筋応力度の増加量を拡大させる構造である。

③ コンクリート標準示方書（土木学会）におけるPC構造は，使用性に関する照査においてひび割れの発生を許さないことを前提とし，プレストレスの導入により，コンクリートの縁応力度を制御する構造である。

④ プレテンション方式においては，緊張材を1本又は複数のグループに分割し，それぞれを順次緊張する。そのため，緊張材を緊張するたびにコンクリートが弾性変形し，先に緊張した緊張材の引張力はその影響を受けて順次減少する。

⑤ ポストテンション方式の施工においては，一般に，所定の張力を導入した複数の緊張材を同時に解放してプレストレスを導入する。そのため，コンクリートの弾性変形による緊張材の引張力の増加を必ず考慮する。

Ⅲ-13 地域地区に関する次の記述のうち，最も不適切なものはどれか。

① 都市計画法では，市街化区域の全域に対して用途地域を指定することになっている。用途地域は平成29年の「都市緑地法等の一部を改正する法律案」の閣議決定により田園住居地域が加えられ，計13種類となった。

② 特別用途地区は，地域の特性にふさわしい土地利用や，環境の

保護等の特別の目的の実現を目指すため，用途地域の指定を補完するために指定される地区である。

③ 特別用途制限地域とは，用途地域が定められていない市街化調整区域以外の地域や，準都市計画区域の中で，無秩序な開発を防止するための建築規制を実施することができる地域である。

④ 高度利用地区とは，用途地域内において市街地の環境や景観を維持し，又は土地利用の増進を図るため，建築物の高さの最高限度又は最低限度を定める地区である。

⑤ 防火地域と準防火地域は，市街地における防火や防災のため，耐火性能の高い構造の建築物を建築するように定められた地域である。

Ⅲ-14 土地区画整理に関する次の記述のうち，最も不適切なものはどれか。

① 土地区画整理事業において，整理後の宅地の面積に対する減歩面積の比率を減歩率という。

② 土地区画整理事業では，公共用地を土地の減歩によって生み出すので，整理後の宅地の面積は整理前に比べて減少する。

③ 1919年の都市計画法において，耕地整理の手法が土地区画整理として組み入れられた。

④ 関東大震災後において，土地区画整理に関する特別都市計画法が制定され，震災復興が急速に進められた。

⑤ 第二次世界大戦後において，戦災を受けた市街地の復興と公共施設整備のために，土地区画整理が大規模に実行に移され，戦災都市の市街地形成の基礎を作った。

Ⅲ-15 公共交通に関する次の記述のうち，最も適切なものはどれか。

① コミュニティバスは，交通空白地域・不便地域の解消等を図るため，民間交通事業者が主体的に計画し，運行するものである。

② デマンド交通は，利用者のニーズに応じて移動ができるように，登録を行った会員間で特定の自動車を共同使用するものである。

③ LRTは，低床式車両の活用や軌道・電停の改良による乗降の容易性，定時性，速達性，快適性などの面で優れた特徴を有する次世代の軌道系交通システムである。

④ BRTは，連節バス，公共車両優先システム，自家用車混用の一般車線を組合せることで，速達性・定時性の確保や輸送能力の増大が可能となる高次の機能を備えたバスシステムである。

⑤ トランジットモールは，中心市街地やメインストリートなどの商店街を，歩行空間として整備するとともに，人にやさしい低公害車だけを通行させるものである。

Ⅲ-16 国土形成計画に関する次の記述のうち，最も不適切なものはどれか。

① 国土づくりの転換を迫る新たな潮流を踏まえ，国土総合開発法を抜本的に見直し，国土形成計画法とする法律改正が2005年に行われた。

② 国土形成計画とは国土の利用，整備及び保全を推進するための総合的かつ基本的な計画であり，全国計画と広域地方計画からなる。

③ 全国計画は，国土交通大臣が自治体からの意見聴取等の手続を経て案を作成し，閣議で決定する。

④ 広域地方計画は，国と地方の協議により策定するために設置された広域地方計画協議会での協議を経て，国土交通大臣が決定する。

⑤ 広域地方計画は，9つのブロック（北海道，東北圏，首都圏，北

陸圏, 中部圏, 近畿圏, 中国圏, 四国圏, 九州・沖縄圏）につ
いてそれぞれ策定される。

Ⅲ-17 単一管路の定常流れに関する次の記述のうち, 最も不適切なものは
どれか。

① 流れ方向に管路の断面積が大きくなると, その前後で速度水頭
  は減少する。
② 流れ方向に管路の断面積が小さくなっても, その前後で流量は
  変化しない。
③ 管路の途中で圧力水頭がゼロになると, 流れは中断する。
④ ピエゾ水頭は, 位置水頭と圧力水頭の和である。
⑤ ピエゾ水頭や全水頭の高さは, 管路の傾きとは無関係である。

Ⅲ-18 一様勾配・一様断面の開水路の水理解析に関する次の記述のうち,
最も不適切なものはどれか。

① マニングの平均流速公式によると, 開水路の平均流速は粗度係
  数に比例する。
② 開水路の流れは, フルード数が1より小さい常流と, フルード
  数が1を超える射流, フルード数が1の限界流に分けられる。
③ 限界勾配より緩い勾配の水路においては, 等流水深は限界水深
  よりも大きい。
④ 限界勾配より急な勾配の水路においては, 射流の水面形は下流
  側で等流水深に漸近する。
⑤ 等流水深は水路勾配が大きいほど減少するが, 限界水深は水路
  勾配によらない。

非圧縮性完全流体の定常流れでは，流線上で次式のベルヌーイの定理が成立する。

$$\frac{v^2}{2g} + z + \frac{p}{\rho \cdot g} = \text{一定}$$

ここで，gは重力加速度，ρは水の密度，vは高さzの点における流速，pは高さzの点における水圧である。

　下図のように，水面の水位変化が無視できる十分広い水槽から，水槽に鉛直に取り付けられた断面積一定の細い管路で排水する場合，管路中心線上の点Bにおける水の圧力p_Bを，ベルヌーイの定理を適用して算出すると最も適切なものはどれか。

① $\rho \cdot g \cdot z_A$
② $\rho \cdot g \cdot z_B$
③ $\rho \cdot g \cdot (z_A - z_B)$
④ $\rho \cdot g \cdot (z_C - z_A)$
⑤ $\rho \cdot g \cdot (z_C - z_B)$

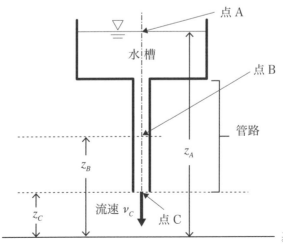

Ⅲ-20 水理模型実験における相似則に関する次の記述のうち，最も不適切なものはどれか。

① 実物と模型とが，縦，横などの長さの比が同一な幾何学的相似であれば，連続式と境界条件は自動的に満たされる。

② 実物と模型のレイノルズ数とフルード数の両方を一致させることは，実際上不可能である。

③ 開水路の流れでは，実物と模型のレイノルズ数を一致させる必要がある。

④ 慣性力と重力とが卓越する流れの現象では，実物と模型のフルード数を一致させる必要がある。

⑤ フルード数の相似によると，実物の流速と模型流速の比は，実物と模型の長さの比の平方根に比例する。

Ⅲ-21 河川堤防に関する次の記述のうち，最も不適切なものはどれか。

① 高規格堤防を除く一般の堤防は，堤防高以下の水位の流水の通常の作用に対して安全な構造となるよう，耐浸透性及び耐侵食性について設計する。

② 浸透に対する堤防の安全性の照査は，のり面のすべり破壊と基礎地盤のパイピングについて行う。

③ 堤体に粒径の小さい材料を用いる場合は，浸透はしにくいが，浸透した場合には強度の低下等が生じやすく，粒径の大きい材料を用いる場合は，浸透はしやすいが，浸透による強度の低下等は生じにくい。

④ 堤防のり面の侵食に対して考慮すべき外力は，流水の作用によるせん断力，抗力，揚力等の流体力，土砂や流木等による直接的な衝撃などがある。

⑤ 土堤の確保すべき耐震性は，地震により壊れない堤防とするの

ではなく，壊れても浸水による二次災害を起こさないことを原
則として評価する。

Ⅲ-22 河川護岸に関する次の記述のうち，最も不適切なものはどれか。

① 護岸は，洪水時の侵食作用に対して堤防及び低水河岸を保護す
ることを主たる目的として設置される。
② 高水敷の河岸に設置される護岸の天端工は，高水護岸が流水に
より裏側から侵食されることを防止するために設ける。
③ 護岸ののり覆工は，護岸の構造の主たる部分を占めるものであ
り，流水・流木の作用，土圧等に対して安全な構造となるよう
設計する。
④ 護岸の基礎工は，洪水による洗掘等を考慮して，のり覆工を支
持できる構造とする。
⑤ 護岸の根固工は，河床の変動等を考慮して，基礎工が安全とな
る構造とする。

Ⅲ-23 海岸工学に関する次の記述のうち，最も不適切なものはどれか。

① 波が浅い水域に入ってくると，次第に変形を受け，波高，波長，
波速が変化する。これを浅水変形と呼ぶ。
② 不規則波の代表波として，最もよく用いられるものは有義波（1
／3最大波）である。
③ 離岸流は，波によって岸向きに運ばれた海水を沖に戻す流れで
ある。
④ 海浜断面は，沿岸砂州がある正常海浜と沿岸砂州がない暴風海
浜に分類される。
⑤ 海岸構造物の許容しうる越波量を許容越波量といい，背後地の

利用などを判断し決める。

Ⅲ-24 海の波に関する次の記述のうち，最も不適切なものはどれか。

① 深海波の波速は，周期（あるいは波長）のみにより定まる。
② 沖波波高に対する浅海域での波高の比を浅水係数という。
③ 屈折による波高変化は，屈折係数と浅水係数の積で表される。
④ 波の反射率は，重複波の最大波高に対する重複波の最小波高の比で求める。
⑤ 砕波の形態は，深海波の波形勾配及び海底勾配によって分類される。

Ⅲ-25 港湾に関する次の記述のうち，最も不適切なものはどれか。

① 港湾計画では，防波堤，航路，ふ頭等の主要な港湾施設，工業用地，都市機能用地等の配置を定める必要がある。
② 航路の方向は，港内の静穏度を確保する必要上，卓越風波の方向に対してほぼ直角になるよう定める。
③ 港口部から停泊する泊地までの航路の長さは，船舶の停止可能距離を考慮して適切に定める。
④ 泊地の深さは，最低水面から対象船舶の満載喫水に，おおむねこの満載喫水の10%を加えた値を標準とする。
⑤ 防波堤は，航路，泊地に対して，防波堤による反射波，沿波，波の集中による影響が少なくなるように配置する。

Ⅲ-26 砂防計画に関する次の記述のうち，最も不適切なものはどれか。

① 土砂生産抑制計画は，山崩れ，地すべり，河床河岸の侵食等の土砂生産源に抑制対策を施して生産源地域の荒廃を復旧し，さらに新規荒廃の発生を防止する計画である。

② 砂防施設計画では，砂防基本計画で決定された各地点の流出土砂量を実現するために必要な砂防施設について，妥当な施設の種類，位置，その施設の分担する土砂量を決定する。

③ 計画流出土砂量は，計画生産土砂量のうち，土石流あるいは掃流砂として計画基準点に流出する土砂量であり，既往の土砂流出，流域の地形，植生の状況，河道の調節能力などを考慮して算定する。

④ 計画許容流砂量は，計画基準点から下流の土砂害を防除する対象に対して無害な量であるばかりでなく，同時に下流で必要な土砂として流送されなければならない土砂量である。

⑤ 計画超過土砂量は，計画基準点において，計画流出土砂量を上回る土砂量であり，超過外力であることから，砂防基本計画においては処理の対象としない土砂量である。

Ⅲ-27 水力発電に関する次の記述のうち，最も不適切なものはどれか。

① 河川流量の調査結果を発電計画に適用する際に用いる渇水量とは，1年のうち355日はこの流量よりも減少することのない水量をいう。

② 有効落差とは，取水口から水車入口まで及び水車出口から放水口までの間を流れが流下する際に失う損失水頭を総落差より差引いた残りの落差（水頭）をいう。

③ 水路の粗度係数の値は，流水中に含まれる砂礫などのためにコンクリート面が次第に摩耗するなどして，日時の経過とともに

減少する傾向にある。

④ 導水路とヘッドタンクとの取付部がわん曲し，あるいは著しく非対称であると，流心が一方にかたよって渦流を生じ，空気が水圧管に吸い込まれるなどヘッドタンクの機能が低下する。

⑤ 差動サージタンクは，水槽内に断面積の小さい円筒形の立て坑（ライザー）を立てて水路と直結させ，水槽と水路とは小孔（ポート）で連絡する構造を有している。

Ⅲ-28 火力発電所の構内配置計画に関する次の記述のうち，最も不適切なものはどれか。

① 取放水口の配置に当たっては，放水流が再循環するように留意するとともに，波浪，漂砂の影響も考慮する。

② 開閉所，変電所は，送電線の引出し及び塩害防止に十分留意した位置とする。

③ 発電所本館とボイラーとはできるだけ近接させ，各種配管類の延長を減ずるよう留意する。

④ 取放水路の形状は，管路に比べて開水路の方が一般に建設費が安くなる。しかし，開水路の場合は，敷地の有効面積を減少させ，敷地を二分することになって，橋梁の必要性もでてくる。

⑤ 燃料受入れ設備は，構内との接続に便利なことはもちろんであるが，船舶の操船に便利なように，その地点の気象，海象の諸条件と合わせて検討する必要がある。

Ⅲ-29 道路の構造及び設計に関する次の記述のうち，最も適切なものはどれか。

① 計画交通量は，計画，設計を行う路線を将来通行するであろう

自動車の日交通量のことで，計画目標年における30番目日交通量とするのが一般的である。

② 車線の幅員は，走行時の快適性に大きな影響を与えるため，路線の設計速度にかかわらず設計交通量に応じて定めるのが一般的である。

③ 建築限界内には，橋脚，橋台，照明施設，防護柵，信号機，道路標識，並木，電柱などの諸施設を設けることはできない。

④ 道路の線形設計は，必ずしも自動車の速度が関係して定まるものではないため，設計速度は道路の構造を決定する重要な要素とはならない。

⑤ 車線数は，当該道路の実際の構造，交通条件から定まる交通容量を求め，設計時間交通量との割合に応じて定めるのが一般的である。

Ⅲ-30 **鉄道の軌道に関する次の記述のうち，最も不適切なものはどれか。**

① 鉄道線路は，それぞれの区間における列車重量・列車速度・輸送量などにより，列車の輸送状態に適した構造・強度に合わせて設計される。

② まくらぎの役目は，左右のレールが正しい軌間を保つように保持するとともに，列車荷重を広く道床に分布させることである。

③ レールの継ぎ目が減ると乗心地が良くなり，線路保守作業が容易になることから，現場溶接でレール同士をつなぐことがある。これをレール締結と呼び，その装置をレール締結装置と呼ぶ。

④ 我が国におけるレールの標準長さは25mであるが，現場溶接によって長尺化した200m以上のレールも使用されている。これをロングレールと呼ぶ。

⑤ 鉄道車両では一般に，曲線を通過するときには，車輪のフランジが内軌側，外軌側ともにレールの内側に接触する。その対策

として軌間を少し拡大して，車輪がレール上を通過しやすいようにしている。この拡大量をスラックと呼ぶ。

Ⅲ-31 シールドトンネルに関する次の記述のうち，最も不適切なものはどれか。

① シールド工法は，一般的には，非常に軟弱な沖積層から，洪積層や，新第三紀の軟岩までの地盤に適用されるが，硬岩に対する事例もある。

② シールド工法は，トンネル工法の中では周辺に及ぼす影響が比較的多いことから，市街地で民地に接近して，昼夜連続で施工される場合が少ない。

③ シールドトンネルの断面形状としては円形断面を用いるのが一般的であり，その理由の1つに，セグメントがローリングしても断面利用上支障が少ないことが挙げられる。

④ シールドトンネルと立坑は，坑口において異なる構造が地中で接合することから，接合部における止水性の確保と，地震時には相互に影響を及ぼすことから必要に応じて耐震性の検討が求められる。

⑤ 一次覆工はシールド掘進に当たってその反力部材になるとともに，裏込め注入圧等の施工時荷重に対抗することになる。また，シールドテールが離れた後は，ただちにトンネルの覆工体としての役割も果たす。

Ⅲ-32 建設工事の安全管理に関する次の記述のうち，最も不適切なものはどれか。

① 架設通路において，墜落の危険のある箇所に設ける手すりの高

さは85cm以上としなければならない。

② 酸素欠乏の状態とは，空気中の酸素の濃度が18%未満である状態をいう。

③ 高さが2m以上の箇所で作業を行う場合において，墜落により労働者に危険を及ぼすおそれのあるときは，作業床を設けなければならない。作業床を設けることが困難なときは，墜落による労働者の危険を防止するための措置を講じなければならない。

④ 手掘りにより砂からなる地山の掘削の作業を行うときは，掘削面の勾配を35度以下とし，又は掘削面の高さを5m未満としなければならない。

⑤ パワー・ショベルは掘削用の車両系建設機械であり，いかなる場合にも荷の吊り上げの作業に使用してはならない。

Ⅲ-33 施工計画に関する次の記述のうち，最も不適切なものはどれか。

① 仮設構造物の事故は重大な事故になりやすいので，安全管理に関するリスクマネジメントも必要となる。

② 盛土のり面のすべりに対する安全率は，のり面の高さが高いほど，のり面の勾配が急であるほど小さくなる。

③ 河川内の仮締切り工は，渇水期間中に実施されることが多く，工程的制約がある。

④ 機械使用計画立案時は，組合せる機械ごとの作業を主作業と従属作業に分類し，主作業の作業能力は，通常の場合，従属作業の能率を落とさないために従属作業の能力よりも多めに計画する。

⑤ 型枠支保工を取り外す順序は，同じ構造物でも比較的荷重を受けない部分をまず取り外し，その後，残りの重要な部分を取り外す。

建設環境に関する次の記述のうち，最も不適切なものはどれか。

① レッドデータブックとは，日本の絶滅のおそれのある野生生物種について生息状況や減少要因等を取りまとめたものである。

② COD（化学的酸素要求量）とは，水中の有機汚濁物質を分解するために微生物が必要とする酸素の量のことである。

③ 富栄養化とは，湖沼や内湾において，窒素，りん等の栄養塩の濃度が高い状態に遷移することである。

④ 微小粒子状物質（PM$_{2.5}$）とは，大気中に浮遊している粒径が2.5μm以下の小さな粒子のことで，人の呼吸器系等への影響が懸念されている。

⑤ ゼロ・エミッションとは，ある産業の製造工程から出る廃棄物を別の産業の原料として利用することにより，廃棄物の排出（エミッション）をゼロにする循環型産業システムの構築を目指すものである。

総務省の公害等調整委員会が行った平成28年度の全国の公害苦情調査結果に関する次の記述のうち，最も不適切なものはどれか。

① 公害苦情受付件数は，平成19年度以降10年連続で増加している。

② 環境基本法で定められた典型7公害の公害苦情受付件数のうち，騒音，大気汚染はそれぞれ3割を超えている。

③ 典型7公害以外の公害苦情受付件数では，廃棄物投棄は約4割を占めている。

④ 公害苦情受付件数を，主な発生原因別にみると，最も多いのは焼却（野焼き）で，全体の約2割を占めている。

⑤ 公害苦情受付件数を，主な発生源別にみると，会社・事業所が約4割で，うち一番多いのが建設業である。

令和6年度
【予想問題】
技術士第一次試験問題［建設部門］

【09】 建設部門

次の35問題のうち25問題を選択して解答せよ。（解答欄に1つだけマークすること。）

Ⅲ-1 下図は、土粒子、水、空気の三相から成る土の構成を各層に分離して模式的に描いた図である。図中の記号を用いて土の状態量を表した次の式のうち、最も不適切なものはどれか。ただし、長さの単位をcm、質量の単位をgとする。

① 土粒子の密度 $G_s = \dfrac{m_s}{V_s}$ $[g/cm^3]$

② 間隙比 $e = \dfrac{V_a + V_w}{V_s}$

③ 間隙率 $n = \dfrac{V_a + V_w}{V} \times 100$ $[\%]$

④ 含水比 $w = \dfrac{m_w}{m_s + m_w} \times 100$ $[\%]$

⑤ 飽和度 $S_r = \dfrac{V_w}{V_w + V_a} \times 100$ $[\%]$

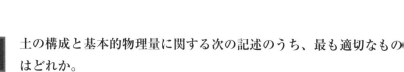

Ⅲ-2 土の構成と基本的物理量に関する次の記述のうち、最も適切なものはどれか。

① 液性限界と塑性限界との差を塑性指数と呼ぶ。
② 締固めエネルギーが異なっても、同じ土であれば最適含水比やそれに対応する最大乾燥密度は同じ値となる。

③ 粒径加積曲線が水平に幅広く描かれ、さまざまな粒径の土粒子が適度に混じり合った土は締固めやすい特色を持つ。このような土を粒度配合の悪い土と呼ぶ。

④ 日本統一分類法では、粒径が0.075mm以下の土粒子を細粒分（細粒土）と呼び、特に粒径が0.005mm以下の土をシルトという。

⑤ 粒度（粒径分布もしくは粒度分布ともいう。）とは、土を構成する土粒子を粒径によって区分けしたときの分布状態のことで、塑性図によってこれを知ることができる。

Ⅲ-3 **土の透水と地下水に関する次の記述のうち、最も適切なものはどれか。**

① フローネット（流線網）は、エネルギーの等しい点を結んだ流線と水頭が等しい点を結んだ等ポテンシャル線で作られる網目図である。

② 下向きの浸透力によって、土中の有効応力が次第に減少してゼロになるような動水勾配を、限界動水勾配という。

③ 土中の水の流れに対しては、圧力水頭は非常に小さいので無視することができ、全水頭は、速度水頭と位置水頭の和で定義される。

④ 動水勾配と土中を流れる流速との間に、水の流れが層流である限り反比例関係が成り立つ。この関係をダルシーの法則という。

⑤ 土の室内透水試験には、定水位透水試験と変水位透水試験がある。変水位透水試験は透水係数が10^{-9}〜10^{-5} [m/s] のシルトや細粒分を含む土に適用される。

Ⅲ-4 土圧、支持力、基礎及び斜面安定に関する次の記述のうち、最も適切なものはどれか。

① ランキンの土圧とは、土くさびに作用する力の釣り合いから壁面に作用する土圧合力を求めるための理論をいう。

② 主働土圧とは、土が水平方向に緩む方向で変形していくとき、水平土圧が次第に減少し、最終的に一定値に落ち着いた状態で発揮される土圧である。

③ テルツァギーの支持力公式における支持力係数は地盤のせん断抵抗角と粘着力の組合せから求まる。

④ 杭の周面抵抗力とは、杭の周面を通して地盤から受ける杭軸直角方向の抵抗力のことである。

⑤ 直接基礎は、構造物からの荷重を地盤に伝達し、その抵抗により構造物を支持する基礎形式であり、通常、構造物直下の地層の支持力が不足する場合や、沈下が過大になる場合に用いられる。

Ⅲ-5 下図に示すような長方形がある。下図の長方形の辺BCに関する断面2次モーメントI_{BC}として、正しいものは①〜⑤のうちどれか。

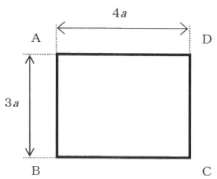

① $16a^4$ ② $27a^4$ ③ $36a^4$ ④ $48a^4$ ⑤ $64a^4$

次の単純ばり AB への荷重の作用と曲げモーメント図の組合せのうち、最も不適切なものはどれか。

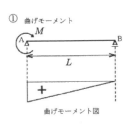

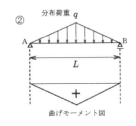

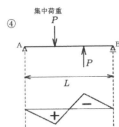

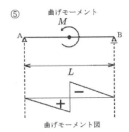

トラス構造に関する次の記述のうち、最も不適切なものはどれか。

①　トラスとは、まっすぐな棒状の部材の両端をピン結合して組み立てた構造物であり、三角形の骨組みを基本とする。

②　トラスの構成部材には、圧縮力は作用しない。

③　静定トラスの部材力を求める方法として、節点法や断面法などがある。

④　トラス橋の上弦材と下弦材が平行に配置されているものを平行弦トラス橋、そうでないものを曲弦トラス橋と呼ぶ。

⑤　静定トラスでは、力のつり合い条件式のみにより、支点反力・部材力を算定できる。

鋼構造物の非破壊検査方法に関する次の記述のうち、最も適切なものはどれか。

① 放射線透過法は、ブローホールのような容積のある欠陥よりも、疲労亀裂のような平面的な欠陥の検出に適している。
② 超音波検査法は、放射線透過法と比較して、検出精度が検査者の技量に大きく依存しない。
③ 浸透探傷法は非磁性金属にも応用でき、道具が簡易で済むが、表面に開口している欠陥しか検出できない。
④ 磁粉探傷法は、固体内部の微少な破壊あるいはそれと同様なエネルギー開放過程によって発生する弾性波動を検出する方法である。
⑤ アコースティックエミッション（AE）法は、欠陥が表面に開口していなくても磁束が表面に漏洩するので、表面下の欠陥も検出できる湯合がある。

現在の「道路橋示方書・同解説Ⅰ共通編」で規定される、我が国の道路橋の設計に用いられる活荷重に関する次の記述のうち、最も適切なものはどれか。

① 橋の重要度は、道路種別及び橋の機能・構造に応じて、重要度が標準的な橋と特に重要度が高い橋の2つに区分されている。これらのうち、特に重要度が高い橋のことを「A種の橋」という。
② 活荷重は、大型の自動車の走行頻度に応じて、A活荷重及びB活荷重に区分されている。高速自動車国道や一般国道など基幹的な道路網を構成する幹線道路には、大型車の走行頻度が比較的高い状況を想定したA活荷重を適用する。
③ T荷重は、多数の自動車からなる荷重をモデル化したもので、主

桁や主構など橋全体の設計に用いられる。多数の自動車を個々に
モデル化するのは煩雑であることから、T荷重は単位面積あたり
一様な荷重を載荷する等分布荷重として定められている。

④ 活荷重の載荷に際しては衝撃、プレストレス力、コンクリート
のクリープ及び乾燥収縮の影響、土圧、水圧、風荷重等を適切
に考慮して設計する必要がある。

⑤ 橋の限界状態は、橋を構成する部材等及び橋の安定に関わる周
辺地盤の安定等の限界状態によって代表させることはできな
い。

Ⅲ-10 コンクリートの材料としてのセメントに関する次の記述のうち、最
も適切なものはどれか。

① 低熱ポルトランドセメントは、寒中コンクリート、工期が短い
工事、初期強度を要するプレストレストコンクリート工事等に
使用される。

② 早強ポルトランドセメントは、普通ポルトランドセメントが材
齢7日で発現する強さがほぼ1日で得られる特性を持っており、
緊急工事、寒冷期の工事などに使用される。

③ ポルトランドセメントには、普通、早強、低熱、中庸熱、耐硫
酸塩、耐塩化物の6種類がある。

④ 高炉セメントは、フライアッシュ微粉末を混合したセメントで
あり、長期強度の増進が大きく、耐海水性や化学抵抗性に優れ
ている。

⑤ 中庸熱ポルトランドセメントは、普通ポルトランドセメントに
比べ、水和熱が低く、長期強度に優れ、ダムなどのマスコンク
リートに使用される。

Ⅲ-11 コンクリート構造物の劣化現象に関する次の記述のうち、最も適切なものはどれか。

① 塩害とは、コンクリート中の塩化物イオンの作用により鉄筋やPC鋼材などが腐食し、コンクリート構造物に損傷を与える現象をいう。

② 中性化とは、二酸化炭素がセメント水和物と炭酸化反応を起こし、細孔溶液中のpHを上昇させることで、鋼材の腐食が促進され、コンクリートのひび割れや剥離、鋼材の断面減少を引き起こす劣化現象をいう。

③ アルカリシリカ反応とは、骨材中に含まれるシリカ鉱物や炭酸塩岩を有する骨材がコンクリート中の酸性水溶液と反応して、コンクリートに異常な収縮やひび割れを発生させる劣化現象をいう。

④ 凍害とは、道路橋の鉄筋コンクリート床版が凍結の繰返し作用によりひび割れや陥没を生じる現象をいう。

⑤ アルカリ骨材反応は、アルカリ炭酸塩反応とアルカリシリカ反応とに大別されるが、ほとんどのアルカリ骨材反応はアルカリ炭酸塩反応である。

Ⅲ-12 コンクリートの力学的性質について述べた次の記述のうち、最も適切なものはどれか。

① 終局限界状態とは構造物または部材について、正常な使用に不都合のある状態のことである。

② コンクリートの圧縮強度とは材齢7日における試験強度である。

③ コンクリートの圧縮強度は、一般に水セメント比が大きくなるほど大きくなる。

④ コンクリートの弾性係数は、コンクリートの強度により異なる。

⑤ コンクリートのポアソン比は、弾性範囲内では、一般に0.3としてよい。

Ⅲ-13 全国総合開発計画に関する次の記述のうち、最も不適切なものはどれか。

① 一全総は、地域間格差の縮小のため工業の地方分散が目的とされ、拠点開発構想がとられた。開発拠点として、15箇所の新産業都市と6箇所の工業整備特別地域が指定された。

② 二全総は、「列島改造論」を唱える田中角栄首相のもと、過疎の解消を目的として、大規模プロジェクト構想がとられた。

③ 三全総は、地方での人口定住を目的として、定住圏構想がとられた。

④ 四全総は、多軸型国土構造形成の基礎づくりを掲げ、北東国土軸、日本海国土軸、太平洋新国土軸、西日本国土軸の4つの国土軸形成を目指し、交流ネットワーク構想がとられた。リゾート法などをはじめ、バブル経済の引き金になったとされている。

⑤ 五全総は、「21世紀の国土のグランドデザイン」と称され、地域開発の主体が国ではなくて地域でなければならないという認識が生まれた。

Ⅲ-14 市街化区域及び市街化調整区域に関する次の文章のうち、最も適切なものはどれか。

① 市街化調整区域とは既成市街地および今後の都市の発展に備えておおむね10年以内に優先的かつ計画的に市街化を図るべき区域とされている。

② 市街化区域については、用途地域を都市計画に定める必要はな

いが、少なくとも道路、公園及び下水道は定める。

③ 優先的かつ計画的に市街化を図る市街化区域には、原則として、溢水、湛水、津波、高潮等による災害の発生のおそれのある土地の区域は含めない。

④ 市街化区域内（三大都市圏の一定区域を除く）では、3000m² 未満の開発行為は、届け出る必要はない。

⑤ 都市計画区域を定めるとき、市街化区域と市街化調整区域の線引きは市町村長が行う。

Ⅲ-15 **地域地区に関する次の文章のうち、最も不適切なものはどれか。**

① 第一種低層住居専用地域とは、低層住宅に係る良好な住居の環境を保護する地域をいう。

② 高度利用地区とは、土地の高度利用と都市機能の更新を図るため、建築物の容積率の最高限度及び最低限度、建築物の建ぺい率の最高限度等を定める地区をいう。

③ 風致地区ではその地区の環境を維持するため，建築物の新築や工作物の建設などが認められない。

④ 第一種低層及び第二種低層住居専用地域における建築物の高さは10mまたは12mを越えてはならない。

⑤ 生産緑地地区に指定されると固定資産税の軽減などが受けられるが、市町村長の許可がなければ建築物等の新築・改築・増築などができなくなる。

Ⅲ-16 **大都市交通センサスに関する次の記述のうち、最も適切なものはどれか。**

① 大都市交通センサスは、全国の都市交通の特性を調べるもので、

交通手段など平日・休日の1日の人の動きを把握することができる。

② パーソントリップ調査では、交通の起点及び終点、交通目的について調査を行うが、交通手段については調査対象としていない。

③ 国勢調査では、従業地又は通学地、従業地又は通学地までの利用交通手段などが5年ごとに調査されるため、市区町村間の通勤、通学交通需要とその流動の実態が把握できる。

④ 物資流動調査は、主に物の動きとそれに関連する貨物自動車の動きを調べるもので、品目別の地域間流動量を把握することができる。

⑤ スクリーンライン調査は、スクリーンラインに並行する交通量を把握するものである。

Ⅲ-17 **管路の流れに関する次の記述のうち、最も適切なものはどれか。**

① 流れ方向に管路の断面積が大きくなると、その前後で流量は減少する。

② 管路の途中で圧力水頭がゼロになると、流れは中断する。

③ 摩擦による損失水頭は、管径に反比例して大きくなる。

④ 管路の急拡部や急狭部の前後で、ピエゾ水頭の変化はない。

⑤ 貯水位の異なる2つの貯水池を結ぶ管水路において、管水路のどの地点においても、位置水頭、圧力水頭、速度水頭を足すと常に一定値になる。

Ⅲ-18 河川の水理・水文解析に関する次の記述のうち、最も不適切なものはどれか。

① 降雨流出解析の一手法である合理式法は、流量の時間変化を算出することは出来ない。

② 流域に降った降雨のうち、河川へ流出する降雨分を有効降雨といい、有効降雨の降雨全体に占める比率を流出率と呼ぶ。

③ 縦断勾配が緩やかな河川では、洪水時の水位流量曲線は、水面勾配等の影響を受けて、1価関数とならない場合がある。

④ マニングの平均流速公式によると、水路の平均流速は、水路の粗度係数に比例する。

⑤ 対数分布則によると、河川水の流速は、河床近傍よりも水面近傍で大きくなる。

Ⅲ-19 河川堤防に関する次の記述のうち、最も適切なものはどれか。

① 堤防は、堤防高以下の水位の流水の通常の作用による侵食及び浸透並びに降雨による浸透に対して安全である機能を有するよう設計する。

② 河川堤防の浸透に対する安全性照査は、のり面のすべり破壊と基礎地盤の圧密沈下について行う。

③ 河川堤防の余裕高は、基本高水流量に応じて定められた値以上の高さとする。

④ 河川堤防への浸透に対する対策工法であるドレーン工法には、浸透水の堤体への浸入を防ぐため、透水係数の小さい材料を用いる。

⑤ 盛土による堤防ののり勾配は、堤防の高さと堤内地盤高との差が0.6メートル未満である区間を除き、50パーセント以下とするものとする。

Ⅲ-20 土石流及び地すべりに関する次の記述のうち、最も不適切なものはどれか。

① 土石流による流出土砂量は、数千～5万 m³ 程度が多い。

② 地すべりの滑動状況として、すべり面のせん断強度が低下した古い地すべりはクリープ性の変動を示すのに対し、比較的若い地すべりでは、突然大規模な変動を生じたかと思うと、長期にわたって停止するなど、複雑な変動形態を示すことが多い。

③ 斜面において、地すべりクラックの可能性のあるクラックを発見した場合、地盤伸縮計による観測を行うことで、地すべりブロック中のどこに位置するクラックであるかを推定する資料となる。クラックが引張り変動を示せば地すべり頭部、圧縮変動を示せば地すべり末端部（舌部）に位置するクラックである可能性が高くなる。

④ 土石流や地すべりには、「誘因」と「素因」がある。素因は、土砂の堆積した急勾配の谷地形・地盤中の脆弱層などの地形・地質的特徴のように、土石流や地すべりが発生しやすい要因をいう。また誘因は、降雨に伴う地下水位の上昇や地すべり土塊下部での土砂切り取りなど、土石流や地すべりが発生する直接的要因をいう。

⑤ 土石流の一般的特性としては、岩塊、大礫、流木などを後から伴うものが多く、先頭部の水を含んだ土砂が流出した場合には、緊急に避難する必要がある。

Ⅲ-21 河川・ダム内の土砂に関する次の記述のうち、最も適切なものはどれか。

① ダム貯水池の上流側の堆積層は、主にウォッシュロードにより構成される。

② 浮遊砂とは、流水の直接の作用を受けて流路床上を転動、滑動する流砂をいう。また、掃流砂とは、流水の乱れによる拡散現象により浮遊して輸送される流砂をいう。

③ 限界掃流力とは、河床にある土砂が移動を開始するときの掃流力のことをいい、土砂の粒径によらず一定の値をとる。

④ 流れの中に静止している粒子が流水から受ける抵抗は、物体の影響のない点の流速の2乗に比例する。

⑤ アーマリングとは、河床を構成している土砂の細粒分だけが下流に流下し、河床面に大粒径の土砂だけが残る現象であり、細粒分を多く含む河川下流部で起こりやすい現象である。

Ⅲ-22 海岸に関する次の記述のうち、最も不適切なものはどれか。

① 離岸堤の水理機能は、入射波のエネルギーを減勢させる、波高の減衰効果により波形勾配を小さくして侵食型の波を堆積型の波に変える、沿岸漂砂量を減少させる、トンボロを発生させて前浜の前進を図る、などがある。

② 侵食制御工法としての養浜の目的は、海浜の持つ優れた消波効果、侵食された砂浜の回復による防災機能の向上や、海洋性レクリエーションの場の確保、などがある。

③ 人工リーフは、従来よりある潜堤に比べて天端幅がかなり広く、天端水深が深いので波の反射や水位上昇が軽減されるとともに、リーフ上での波高減衰が期待される。

④ 海岸堤防は、越波やしぶきをある程度許容するため、表法はも

ちろん天端や裏法もコンクリートやアスファルトで被覆する。

⑤ 高潮時の水位上昇の主な原因の１つである吹き寄せ効果は、風速の二乗と湾の長さ及び水深に比例する傾向が認められる。

Ⅲ-23 港湾施設の設計・施工に関する次の記述のうち、最も適切なものはどれか。

① 岸壁などの係留施設の規模を計画するに当たっては、その港を利用している貨客の数量、種類、荷姿及び海陸の輸送機関の現状に対して最適な規模を考慮する。

② 有義波とは、ある波群中で波高の小さいほうから数えて、全体の波の数の1/3の数の波を選び出し、それらの波高及び周期の平均値を有する仮想的な波をいう。構造物の設計においては通常、有義波が用いられる。

③ 港湾施設の耐震設計は、震度法よりもむしろ地震応答解析によって構造物の地震時挙動を検討する方法によることが標準的である。

④ 波力を受ける傾斜構造物の表のり面を被覆すべき捨石及びコンクリートブロックの所要重量を算定する式としては、ハドソン式が標準的である。

⑤ 鋼材を用いる港湾の施設は、特に海底土層中の部分に、集中腐食と呼ぶ激しい局部腐食の発生を見ることがある。

Ⅲ-24 空港に関する次の記述のうち、最も不適切なものはどれか。

① 空港アスファルト舗装の基準舗装厚は、通常、路床の設計CBR、設計荷重の区分及び設計反復作用回数の区分に基づき決められる。

② 湿潤状態の滑走路では、航空機の高速走行時にハイドロプレーニング現象が起きやすいため、通常、滑走路面の横断方向にグルービングと呼ばれる幅の狭い排水用の溝を設ける。

③ 空港のエプロンの設計に当たっては、一般に、航空機の駐機方式、航空機間の間隔、航空機と固定障害物との間隔、転移表面等を考慮する必要がある。

④ 滑走路の長さは、航空機の離陸距離、加速停止距離及び着陸距離の3つに対して、温度、標高、滑走路の縦断勾配等を考慮した十分な長さとする。

⑤ 気温が高くなるにつれて、また標高が海面上高くなるにつれて、離陸距離は短くなり、離陸直後の上昇性能が向上する。

Ⅲ-25 電力土木設備に関する次の記述のうち、最も適切なものはどれか。

① 調整池式とは、比較的大きなダムを建設し、調整池を築き、雪解けや梅雨や台風時の水を貯え、最も多く電気が使われるピーク期や水不足の渇水期に活用して発電する方式で、貯水池式より長い年間レベルの時間の水量を制御することが可能なため、川の水を最も有効に利用できる。

② 流れ込み式（自流式）水力発電は、河川の水をそのまま発電所に引き込んで発電する方式のため、河川の水量変化に伴い発電量も変動する。

③ ダムの新築または改築に関する計画において非洪水時にダムによって一時的に貯留することとした流水の最高の水位をサーチャージ水位という。

④ 1年のうち85日はこの流量よりも減少することのない流量を、豊水流量という。

⑤ 揚水式水力発電は、発電所の上部と下部に大きな池（調整池）を設置し、電力供給に余裕のない昼間帯に水を汲み上げ、夜間

帯にその水を利用して発電する方式である。

Ⅲ-26　火力発電所の冷却水取水に深層取水方式を採用した場合の効果に関する次の記述のうち、最も不適切なものはどれか。

① 夏季に低温の深層水を取水することにより、プラントの熱効率向上が期待できる。
② 汚染度の低い良質の冷却水を取水できる。
③ 海底付近を浮遊する塵芥、漂流物の取水口への流入を阻止できる。
④ 放水口から放水される温排水の取水口への再循環を抑制できる。
⑤ 外海に面した海域では、取水路内への波浪侵入を低減でき、冷却水ポンプの安定した運転が保たれる。

Ⅲ-27　道路の設計に関する次の記述のうち、最も不適切なものはどれか。

① 道路法において、道路は高速自動車道、一般国道、都道府県道、市町村道の4つに分類される。
② 設計時間交通量は、計画目標年における30番目時間交通量とすることを標準とする。
③ 道路の特性を示す昼夜率とは、1日24時間の交通量を12時間（7:00～19:00）の交通量で割ったものである。
④ 大型車混入率とは大型トラック、大型バス及び特殊車が全体の交通量に占める割合のことをいう。
⑤ ピーク率とは最大交通量の80％以上の時間帯を24時間で割ったものである。

舗装の性能指標の設定上の留意点に関する次の記述のうち、最も不適切なものはどれか。

① 舗装の性能指標は、原則として車道及び側帯の舗装の新設、改築及び大規模な修繕の場合に設定する。

② 舗装の性能指標及びその値は、道路の存する地域の地質及び気象の状況、交通の状況、沿道の土地利用状況等を勘案して、舗装が置かれている状況ごとに、監理技術者が設定する。

③ 疲労破壊輪数、塑性変形輪数及び平たん性は必須の舗装の性能指標であるので、路肩全体やバス停などを除き必ず設定する。

④ 雨水を道路の路面下に円滑に浸透させることができる構造とする場合には、舗装の性能指標として浸透水量を設定する。

⑤ 舗装の性能指標の値は施工直後の値とするが、施工直後の値だけでは性能の確認が不十分である場合には、必要に応じ、供用後一定期間を経た時点での値を設定する。

鉄道に関する基本的な用語を説明したものとして、最も適切なものはどれか。

①「カント」とは、曲線および分岐器において車両の走行を容易にするために軌間を内方へ拡大することをいう。

②「限界脱線係数」とは車輪の形状や曲線半径から理論的に算出した、車輪がレールから浮き上がり始めるときの速度をいう。

③「ロングレール」とは、1本のレールの長さが300m以上のものをいう。

④「分岐付帯曲線」とは、分岐内曲線及び分岐器を敷設したため、その前後に生ずる曲線をいう。

⑤「軌間」とは、左右レールの頭部内面間の最短距離を指す。日本ではレール上面から10mm以内の頭部の最短距離を軌間として

いる。

山岳トンネルの支保工に関する次の記述のうち、最も適切なものは
どれか。

① 支保工は、トンネル周辺地山の変形を抑制して安定を確保する
ための手段、処置およびその成果としての構造物で、標準的な
山岳工法では、吹付けコンクリートを支保部材として用いない。

② 吹付けコンクリートの品質としては、掘削後ただちに施工し地
山を保持するための初期強度、施工中に切羽近傍でのトンネル
の安定性を確保するための早期強度を有する必要があるが、一
般的に長期強度及び耐久性は必要としない。

③ 軟岩地山、土砂地山の場合、ロックボルトに発生するせん断力
が吹付けコンクリートを介して坑壁に作用することで見かけの
内圧効果が発揮され、周辺地山の塑性化とその拡大を抑制する。

④ 吹付けコンクリートの効果は、吊下げ、縫付け、地山物性改良
などの地山補強効果、内圧効果、吹付け支持効果である。

⑤ 吹付けコンクリート、ロックボルト、鋼製支保工の組み合わせ
を基本とする現在の支保工（一次覆工）では、酸性水が湧出す
るなどの特殊条件でなければ、長期的な材料の劣化は考慮しな
くてもよい。

シールド工法に関する次の記述のうち、最も適切なものはどれか。

① シールド工法は、一般的には、非常に軟弱な沖積層から、洪積
層や、新第三紀の軟岩までの地盤に適用されるが、硬岩に対す
る事例もある。

② テールボイドとは、セグメントとシールド機との空隙のことで

ある。

③ 土圧シールド工法は、沖積の砂礫、砂、シルト、粘土などの固結度が低い軟弱地盤、洪積地盤及び硬軟入りまじっている互層地盤など、土質面から最も適用範囲の広い工法である。

④ 泥水式シールド工法は、切羽に作用する土水圧より多少低い泥水圧を切羽に作用させ、切羽の安定を保ちながら掘削する工法である。

⑤ シールド工法は、トンネル工法の中では周辺に及ぼす影響が比較的多いことから、市街地で民地に接近して、昼夜連続で施工されることは少ない。

Ⅲ-32 **施工計画に関する次の記述のうち、最も適切なものはどれか。**

① 仮設構造物は、使用期間も短く、作用荷重も限られる場合が多いため、本体構造物に比べ大きな安全率が適用される傾向にある。

② 機械使用計画立案時は、組合わせる機械ごとの作業を主作業と従属作業に分類し、従属作業の作業能力は、通常の場合、主作業の能力より少なめに計画する。

③ 土留め工は、掘削深度が小さい場合や地盤が比較的良好な場合、土留め壁の変形を無視した手法で設計しても全体の安全性を著しく低下させるほどではない。

④ 河川仮締切り工は、河川管理者より河川の占用面積や占用期間に制約条件が付されるため、出水期と呼ばれる6月から10月にかけて工事が行われる場合が多い。

⑤ 仮設構造物の事故は重大な事故になりにくいので、安全管理に関するリスクマネジメントは不要である。

Ⅲ-33 開削工事における土留め工に関する次の記述のうち、最も不適切なものはどれか。

① 自立式土留め工は、比較的良質な地盤で浅い掘削工事に適する。

② 切ばり式土留め工は、現場の状況に応じて支保工の数、配置等の変更が可能であるが、機械掘削や躯体構築時等に支保工が障害となりやすい。

③ グラウンドアンカー式土留め工は、偏土圧が作用する場合や掘削面積が広い場合には適さない。

④ 控え杭タイロッド式土留め工は、土留め壁周辺に控え杭やタイロッドを設置するための用地が必要となる。

⑤ 補強土式土留め工は、深い開削工事では合理的な設計とならないことが多く、比較的浅い掘削工事に用いられる。

Ⅲ-34 環境影響評価法に関する次の記述のうち、最も不適切なものはどれか。

① 環境アセスメントの手続きにおけるスコーピングとは、個別の環境影響評価について、関係者の意見を聞き、事業特性および地域特性を勘案しながら、適切な環境影響評価の項目および手法を選定するプロセスのことである。

② 事業者は、環境影響評価方法書に従って調査・予測・評価を行った後、その結果を記載した環境影響評価準備書（準備書）を作成し、準備書及びその要約書を公告の日から起算して一月間縦覧に供するとともに、説明会を開催しなければならない。

③ 民間の実施する事業は、国の許可が必要なものは環境影響評価法に基づき、また、都道府県及び政令市の許可が必要なものは各都道府県及び政令市が定める条例に基づき、環境影響評価を行わなければならない。

④ 第二種事業の規模に係わる数値の第一種事業の規模に係わる数値に対する比について、政令で定められている数値は0.75である。

⑤ 「環境影響評価法」による環境アセスメントでは、事業が実施される地域の住民に限らず、誰でも意見を提出できる。

Ⅲ-35 **建設環境に関する次の記述のうち、最も適切なものはどれか。**

① 水質汚濁防止法に定義される「公共用水域」には終末処理場を設置している公共下水道及び流域下水道も含む。

② 生息・生育に必要な特定の環境条件の変化をよく反映する生物を指標生物といい、例えば、水質汚濁ではカゲロウなどの水生生物がよく知られている。

③ 気温が下層より上層の方が高いとき、下層の大気は上層へ移動しやすい不安定な状態であり、このような大気の安定性の度合いは大気汚染と関係している。

④ 建設工事に係る資材の再資源化等に関する法律（建設リサイクル法）に規定する「特定建設資材」とは、建設資材のうち建設資材廃棄物となった場合におけるその再資源化が資源の有効な利用及び廃棄物の減量を図る上で特に必要であるものとして政令で定めるものをいい、その再資源化の経済性の面における制約は考慮されていない。

⑤ 土壌汚染対策法では、市町村長は、一定規模以上の土地の形質変更の届出を受けた場合、土壌汚染のおそれがあるものと認めるとき、土地所有者等に対し、指定調査機関に調査をさせ、その結果を報告することを命ずることができる。

令和5年度 技術士第一次試験問題 ［建設部門］ 解答用紙

解答欄					
1	①	②	③	④	⑤
2	①	②	③	④	⑤
3	①	②	③	④	⑤
4	①	②	③	④	⑤
5	①	②	③	④	⑤
6	①	②	③	④	⑤
7	①	②	③	④	⑤
8	①	②	③	④	⑤
9	①	②	③	④	⑤
10	①	②	③	④	⑤
11	①	②	③	④	⑤
12	①	②	③	④	⑤
13	①	②	③	④	⑤
14	①	②	③	④	⑤
15	①	②	③	④	⑤
16	①	②	③	④	⑤
17	①	②	③	④	⑤
18	①	②	③	④	⑤

解答欄					
19	①	②	③	④	⑤
20	①	②	③	④	⑤
21	①	②	③	④	⑤
22	①	②	③	④	⑤
23	①	②	③	④	⑤
24	①	②	③	④	⑤
25	①	②	③	④	⑤
26	①	②	③	④	⑤
27	①	②	③	④	⑤
28	①	②	③	④	⑤
29	①	②	③	④	⑤
30	①	②	③	④	⑤
31	①	②	③	④	⑤
32	①	②	③	④	⑤
33	①	②	③	④	⑤
34	①	②	③	④	⑤
35	①	②	③	④	⑤

令和4年度 技術士第一次試験問題［建設部門］ 解答用紙

	解答欄				
1	①	②	③	④	⑤
2	①	②	③	④	⑤
3	①	②	③	④	⑤
4	①	②	③	④	⑤
5	①	②	③	④	⑤
6	①	②	③	④	⑤
7	①	②	③	④	⑤
8	①	②	③	④	⑤
9	①	②	③	④	⑤
10	①	②	③	④	⑤
11	①	②	③	④	⑤
12	①	②	③	④	⑤
13	①	②	③	④	⑤
14	①	②	③	④	⑤
15	①	②	③	④	⑤
16	①	②	③	④	⑤
17	①	②	③	④	⑤
18	①	②	③	④	⑤

	解答欄				
19	①	②	③	④	⑤
20	①	②	③	④	⑤
21	①	②	③	④	⑤
22	①	②	③	④	⑤
23	①	②	③	④	⑤
24	①	②	③	④	⑤
25	①	②	③	④	⑤
26	①	②	③	④	⑤
27	①	②	③	④	⑤
28	①	②	③	④	⑤
29	①	②	③	④	⑤
30	①	②	③	④	⑤
31	①	②	③	④	⑤
32	①	②	③	④	⑤
33	①	②	③	④	⑤
34	①	②	③	④	⑤
35	①	②	③	④	⑤

令和 3 年度　技術士第一次試験問題［建設部門］ 解答用紙

解答欄					
1	①	②	③	④	⑤
2	①	②	③	④	⑤
3	①	②	③	④	⑤
4	①	②	③	④	⑤
5	①	②	③	④	⑤
6	①	②	③	④	⑤
7	①	②	③	④	⑤
8	①	②	③	④	⑤
9	①	②	③	④	⑤
10	①	②	③	④	⑤
11	①	②	③	④	⑤
12	①	②	③	④	⑤
13	①	②	③	④	⑤
14	①	②	③	④	⑤
15	①	②	③	④	⑤
16	①	②	③	④	⑤
17	①	②	③	④	⑤
18	①	②	③	④	⑤

解答欄					
19	①	②	③	④	⑤
20	①	②	③	④	⑤
21	①	②	③	④	⑤
22	①	②	③	④	⑤
23	①	②	③	④	⑤
24	①	②	③	④	⑤
25	①	②	③	④	⑤
26	①	②	③	④	⑤
27	①	②	③	④	⑤
28	①	②	③	④	⑤
29	①	②	③	④	⑤
30	①	②	③	④	⑤
31	①	②	③	④	⑤
32	①	②	③	④	⑤
33	①	②	③	④	⑤
34	①	②	③	④	⑤
35	①	②	③	④	⑤

令和2年度 技術士第一次試験問題［建設部門］ 解答用紙

	解答欄				
1	①	②	③	④	⑤
2	①	②	③	④	⑤
3	①	②	③	④	⑤
4	①	②	③	④	⑤
5	①	②	③	④	⑤
6	①	②	③	④	⑤
7	①	②	③	④	⑤
8	①	②	③	④	⑤
9	①	②	③	④	⑤
10	①	②	③	④	⑤
11	①	②	③	④	⑤
12	①	②	③	④	⑤
13	①	②	③	④	⑤
14	①	②	③	④	⑤
15	①	②	③	④	⑤
16	①	②	③	④	⑤
17	①	②	③	④	⑤
18	①	②	③	④	⑤

	解答欄				
19	①	②	③	④	⑤
20	①	②	③	④	⑤
21	①	②	③	④	⑤
22	①	②	③	④	⑤
23	①	②	③	④	⑤
24	①	②	③	④	⑤
25	①	②	③	④	⑤
26	①	②	③	④	⑤
27	①	②	③	④	⑤
28	①	②	③	④	⑤
29	①	②	③	④	⑤
30	①	②	③	④	⑤
31	①	②	③	④	⑤
32	①	②	③	④	⑤
33	①	②	③	④	⑤
34	①	②	③	④	⑤
35	①	②	③	④	⑤

令和元年度（再試験）技術士第一次試験問題［建設部門］解答用紙

	解答欄				
1	①	②	③	④	⑤
2	①	②	③	④	⑤
3	①	②	③	④	⑤
4	①	②	③	④	⑤
5	①	②	③	④	⑤
6	①	②	③	④	⑤
7	①	②	③	④	⑤
8	①	②	③	④	⑤
9	①	②	③	④	⑤
10	①	②	③	④	⑤
11	①	②	③	④	⑤
12	①	②	③	④	⑤
13	①	②	③	④	⑤
14	①	②	③	④	⑤
15	①	②	③	④	⑤
16	①	②	③	④	⑤
17	①	②	③	④	⑤
18	①	②	③	④	⑤

	解答欄				
19	①	②	③	④	⑤
20	①	②	③	④	⑤
21	①	②	③	④	⑤
22	①	②	③	④	⑤
23	①	②	③	④	⑤
24	①	②	③	④	⑤
25	①	②	③	④	⑤
26	①	②	③	④	⑤
27	①	②	③	④	⑤
28	①	②	③	④	⑤
29	①	②	③	④	⑤
30	①	②	③	④	⑤
31	①	②	③	④	⑤
32	①	②	③	④	⑤
33	①	②	③	④	⑤
34	①	②	③	④	⑤
35	①	②	③	④	⑤

令和元年度 技術士第一次試験問題［建設部門］解答用紙

解答欄					
1	①	②	③	④	⑤
2	①	②	③	④	⑤
3	①	②	③	④	⑤
4	①	②	③	④	⑤
5	①	②	③	④	⑤
6	①	②	③	④	⑤
7	①	②	③	④	⑤
8	①	②	③	④	⑤
9	①	②	③	④	⑤
10	①	②	③	④	⑤
11	①	②	③	④	⑤
12	①	②	③	④	⑤
13	①	②	③	④	⑤
14	①	②	③	④	⑤
15	①	②	③	④	⑤
16	①	②	③	④	⑤
17	①	②	③	④	⑤
18	①	②	③	④	⑤

解答欄					
19	①	②	③	④	⑤
20	①	②	③	④	⑤
21	①	②	③	④	⑤
22	①	②	③	④	⑤
23	①	②	③	④	⑤
24	①	②	③	④	⑤
25	①	②	③	④	⑤
26	①	②	③	④	⑤
27	①	②	③	④	⑤
28	①	②	③	④	⑤
29	①	②	③	④	⑤
30	①	②	③	④	⑤
31	①	②	③	④	⑤
32	①	②	③	④	⑤
33	①	②	③	④	⑤
34	①	②	③	④	⑤
35	①	②	③	④	⑤

平成 30 年度　技術士第一次試験問題［建設部門］解答用紙

解答欄					
1	①	②	③	④	⑤
2	①	②	③	④	⑤
3	①	②	③	④	⑤
4	①	②	③	④	⑤
5	①	②	③	④	⑤
6	①	②	③	④	⑤
7	①	②	③	④	⑤
8	①	②	③	④	⑤
9	①	②	③	④	⑤
10	①	②	③	④	⑤
11	①	②	③	④	⑤
12	①	②	③	④	⑤
13	①	②	③	④	⑤
14	①	②	③	④	⑤
15	①	②	③	④	⑤
16	①	②	③	④	⑤
17	①	②	③	④	⑤
18	①	②	③	④	⑤

解答欄					
19	①	②	③	④	⑤
20	①	②	③	④	⑤
21	①	②	③	④	⑤
22	①	②	③	④	⑤
23	①	②	③	④	⑤
24	①	②	③	④	⑤
25	①	②	③	④	⑤
26	①	②	③	④	⑤
27	①	②	③	④	⑤
28	①	②	③	④	⑤
29	①	②	③	④	⑤
30	①	②	③	④	⑤
31	①	②	③	④	⑤
32	①	②	③	④	⑤
33	①	②	③	④	⑤
34	①	②	③	④	⑤
35	①	②	③	④	⑤

	解答欄				
1	①	②	③	④	⑤
2	①	②	③	④	⑤
3	①	②	③	④	⑤
4	①	②	③	④	⑤
5	①	②	③	④	⑤
6	①	②	③	④	⑤
7	①	②	③	④	⑤
8	①	②	③	④	⑤
9	①	②	③	④	⑤
10	①	②	③	④	⑤
11	①	②	③	④	⑤
12	①	②	③	④	⑤
13	①	②	③	④	⑤
14	①	②	③	④	⑤
15	①	②	③	④	⑤
16	①	②	③	④	⑤
17	①	②	③	④	⑤
18	①	②	③	④	⑤

	解答欄				
19	①	②	③	④	⑤
20	①	②	③	④	⑤
21	①	②	③	④	⑤
22	①	②	③	④	⑤
23	①	②	③	④	⑤
24	①	②	③	④	⑤
25	①	②	③	④	⑤
26	①	②	③	④	⑤
27	①	②	③	④	⑤
28	①	②	③	④	⑤
29	①	②	③	④	⑤
30	①	②	③	④	⑤
31	①	②	③	④	⑤
32	①	②	③	④	⑤
33	①	②	③	④	⑤
34	①	②	③	④	⑤
35	①	②	③	④	⑤

●ガチンコ技術士学園紹介

　ガチンコ技術士学園は、技術士第一次試験対策、技術士第二次試験（建設部門、上下水道部門、総合技術監理部門）の筆記試験対策、口頭試験対策までを一貫して行っているインターネット上の技術士受験対策講座です。体系的に分かりやすくまとめられたテキストや良質で豊富な練習問題と模範論文例や総勢60名のハイレベルな添削講師などは他の講座の追随を許さず、年間600～800名の受講生が入塾しています。

　ガチンコとは相撲用語で「真剣勝負」という意味です。諦めや手抜きからは何も得られませんが、結果がどうであれ、「真剣勝負」から得られることは非常に大きなものがあります。ガチンコ技術士学園は小手先の試験テクニックや合格の道マニュアルに頼るのではなくて、実力そのものをあげることによって合格をつかみ取るという王道を歩むことを理念としています。平成17年度の講座開設以来、資格取得だけでなく、技術士に相応しい技術力を備えた技術士の誕生に全力を捧げてまいりました。

　本書を手に取っていただいた方で、体系的に勉強したい、論文添削も受けてみたい、法人として社内教育に興味があるといった方は、ぜひガチンコ技術士学園ＨＰ（https://gachinko-school.com/gijutusi/）をご参照ください。令和4年度講座はいつでも申込可能です。

【執　筆】

浜口　智洋（はまぐち・ともひろ）

昭和47年11月1日生。京都大学工学部土木工学科中退。
インターネット上の技術士受験塾「ガチンコ技術士学園」の代表。
（略歴）
平成8年8月に建設コンサルタント入社。
平成15年度技術士第一次試験合格。
平成16年度技術士第二次試験（建設部門：土質及び基礎）合格。
平成17年、建設コンサルタント退社。
インターネット上で受験ノートを公開したところ、大好評を博し、自らの受験体験及び受験
ノートをもとにガチンコ技術士学園を立ち上げ、技術士受験指導開始。
平成20年度技術士第二次試験（総合技術監理部門）合格。

その他、環境計量士（濃度）、公害防止管理者（水質1種）などを所有。

ガチンコ技術士学園はインターネット上で行っている技術士受験講座で、平成17年の第二
次試験建設部門対策講座の開講以来、平成30年までに延べ10,000人以上に達している。
平成18年に第一次試験対策と口頭試験対策、平成25年に総合技術監理部門対策、そして
平成27年より上下水道部門を開講している。国土交通省の政策を徹底解説した択一対策と
課題解決論文対策を兼ねたガチンコテキストと青本を徹底解説した総監択一対策のテキス
ト、そして約60名にも及ぶハイレベルな添削講師たちによる熱い添削が特徴である。

編集協力：田中菜摘

───── 本書専用サポートWebページ ─────

https://www.shuwasystem.co.jp/support/7980html/7203.html

過去問7回分＋本年度予想
技術士第一次試験
建設部門対策 '24年版

発行日　2024年 2月28日　　　　第1版第1刷

著　者　ガチンコ技術士学園 浜口　智洋

発行者　斉藤　和邦

発行所　株式会社　秀和システム
〒135-0016
東京都江東区東陽2-4-2　新宮ビル2F
Tel 03-6264-3105（販売）Fax 03-6264-3094
印刷所　三松堂印刷株式会社　　　　　　Printed in Japan

ISBN978-4-7980-7203-6 C3052

過去問７回分＋本年度予想

技術士第一次試験建設部門対策 '24年版

～正答・解説～

CONTENTS

| 1 | 土質及び基礎 | ・・・解答③ |

こうした問題は一度土の三層構造の図を書いてみると解きやすい。まずは求めるべき ρ_d を質量と体積で表現する。

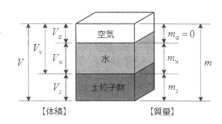

【体積】　　　　【質量】

$$\rho_d = \frac{m_s}{V} \quad \cdots 式(1)$$

次に m_s と V を w と ρ_t に置き換えていく。

$$\rho_t = \frac{m_s + m_w}{V} \Leftrightarrow m_s + m_w = \rho_t V \quad \cdots 式(2)$$

$$w(\%) = \frac{w}{100} = \frac{m_w}{m_s} \Leftrightarrow m_w = \frac{w}{100} m_s \quad \cdots 式(3)$$

式(3)を式(2)に代入する。

$$m_s + m_w = \left(1 + \frac{w}{100}\right) m_s = \rho_t V \Leftrightarrow V = \left(1 + \frac{w}{100}\right) m_s \times \frac{1}{\rho_t} \quad \cdots 式(4)$$

式(4)を式(1)に代入する。

$$\rho_d = \frac{m_s}{V} = \frac{m_s \cdot \rho_t}{\left(1 + \frac{w}{100}\right) m_s} = \frac{\rho_t}{1 + \frac{w}{100}} \qquad \Rightarrow \quad 答え③$$

| 2 | 土質及び基礎 | ・・・解答④ |

地盤dの点Aまでの鉛直有効応力は、
$16 \mathrm{kN/m}^3 \times 4\mathrm{m} + (18 - 10) \mathrm{kN/m}^3 \times 6\mathrm{m} = 112 \mathrm{kN/m}^2$
地盤aと地盤bと地盤cの点Aまでの鉛直有効応力は、
$(18 - 10) \mathrm{kN/m}^3 \times 10\mathrm{m} = 80 \mathrm{kN/m}^2$　　　である。
地盤aと同じものは、地盤bと地盤cである。　⇒　答え④

3 土質及び基礎 ・・・解答⑤

　地下水位の ｜ a：浅い ｜ 砂質地盤や砂礫地盤で掘削工事を行うと土留め壁の背面より掘削面に向かう上向きの浸透流が生じる。この浸透流による浸透圧が掘削側の土の有効荷重より大きくなると、掘削底面の砂層は ｜ b：せん断強さ ｜ を失い、｜ c：地下水 ｜ とともに噴き上がる。このような現象を ｜ d：ボイリング ｜ といい、土留め壁の近くで大量の湧水を伴って生じれば、地盤が緩んで土留め全体の崩壊を起こす危険がある。

4 土質及び基礎 ・・・解答②

　下図は、壁体の変位に伴う土圧の変化を示した模式図である。最小、最大となったときの土圧をそれぞれ ｜ a：主働土圧 ｜ 、｜ b：受働土圧 ｜ と呼ぶ。構造物に作用する土圧は、地盤の破壊状態と密接な関係にあるので、地盤の破壊状態を仮定して土圧を算定することが行われてきた。壁の背後地盤全体が破壊に達した状態を仮定して土圧を導き出すのが ｜ c：ランキン ｜ の土圧理論であり、壁の背後地盤がくさび状にすべる状態を仮定して、力の釣合い状態から土圧を導き出すのが ｜ d：クーロン ｜ の土圧理論である。

5 鋼構造 ・・・解答①

つり合い：$R_A + R_B = 5$ kN　・・・式(1)
モーメントのつり合い：5 kN $\times 1$ m $= R_B$ kN $\times 3$ m　・・・式(2)
式(2)より　$R_B = 5/3$ kN
式(1)より　$R_A = 5 - 5/3 = 10/3$ kN
曲げモーメントは片側の力×距離で求められる。
点Cの左側を計算する。
R_A kN $\times 1$ m $= 10/3$ kN・m　⇒　**答え①**

6 鋼構造 ・・・解答⑤

図心x軸まわりの断面二次モーメントは $I_x = \int_A y^2 dA$ である。

3

長方形の場合は、

$$I_x = \int_A y^2 dA = \int_{-h/2}^{h/2} by^2 \, dy = \frac{bh^3}{12}$$

となる。この式はこのまま暗記するべきである。

$$I = \frac{bh^3}{12} - \frac{(b-t)w^3}{12} \quad \Rightarrow \quad \textbf{答え⑤}$$

以下、公式。断面二次モーメントは頻出なので、以下の公式を必ず暗記すること。

断面積 A	A= 幅 b ×高さ d
図心からの距離 e	$e = \dfrac{d}{2}$
断面二次モーメント I	$I = \displaystyle\int_A y^2 dA = \int_{-\frac{h}{2}}^{\frac{h}{2}} by^2 \, dy = \dfrac{bd^3}{12}$
断面係数 Z	$Z = \dfrac{I}{e} = \dfrac{bd^3}{12e} = \dfrac{bd^2}{6}$
断面二次半径 i	$i = \sqrt{\dfrac{I}{A}} = \sqrt{\dfrac{bd^3}{12bd}} = \sqrt{\dfrac{d^2}{12}} = \dfrac{d}{2\sqrt{3}}$

7 鋼構造 ・・・解答③

①②④⑤適切。
③**不適切**。溶接線に直角な方向に引張力を受ける継手には、完全溶込み開先溶接を用いるのを原則とし、部分溶込み開先溶接を用いてはならない。

8 鋼構造 ・・・解答④

①～③⑤適切。
④**不適切**。浸透探傷試験は、毛細管現象を利用して、試験体の表面に存在する欠陥を肉眼で見やすい像にして検出する試験で、材料表面に開口した傷を探し

出すことができる。

検査方法	対象とする欠陥	メリット	デメリット
磁粉探傷 試験（MT）	表面・表層	簡単・確実・安価	強磁性体のみ検査可能
浸透探傷 試験（PT）	表面	簡単・確実・安価	開口キズのみ検査可能 試験前後の洗浄が必要
渦電流探傷 試験（ET）	表面	前処理・後処理が 不要	非導電体は検査できない 欠陥の種類、形状、寸法の評 価が困難
超音波探傷 試験（UT）	表面・内部	キズの有無だけで なく形状も把握	複雑な構造物は乱反射の影響 を受ける 探傷技術者の熟練が必要
放射線透過 試験（RT）	内部	精度が高い	装置が高価、X線の取り扱い が必要 費用が高い。現像時間が必要

9　鋼構造　　　　　　　　　　　　・・・解答②

①③〜⑤適切。

②**不適切**。遅れ破壊の危険性があるのは昭和40年代後半〜50年代初頭に使われ
たF11Tの高力ボルトである。F11Tの高力ボルトは、高張力鋼特有の遅れ破
壊の可能性があり、点検や取替えなどの対策が必要である。

10　コンクリート　　　　　　　　　　・・・解答④

　混ぜて固まっていない材料をフレッシュコンクリートと呼ぶ。また、整備され
たコンクリート製造設備をもつ工場から、荷卸し地点における品質を指定して
購入することができるフレッシュコンクリートのことをレディーミクストコン
クリート（JIS A 5308）と呼ぶ。一般には生コンと呼ばれる。

①**不適切**。コンシステンシーの定義は「フレッシュコンクリート、フレッシュモ
ルタル及びフレッシュペーストの変形又は流動に対する抵抗性」で単位水量
が増加すれば、フレッシュコンクリートは抵抗性を失うわけなので、コンシス
テンシーは減少する。

②**不適切**。材料分離を生ずることなく、運搬、打込み、締固め、仕上げなどの作業が容易にできる程度を表すフレッシュコンクリートの性質はワーカビリティー。フィニッシャビリティーとは、フレッシュコンクリートの性質を示す用語の一つ。 コンクリートの打ち上がり面を、希望通りの平らさ・滑らかさに仕上げる際の作業難易度について、セメント量や細骨材の粒度を勘案して客観的に表す。

③**不適切**。ブリーディングは、JIS A 0203によると「フレッシュコンクリート及びフレッシュモルタルにおいて、固体材料の沈降又は分離によって、練混ぜ水の一部が遊離して上昇する現象」とされている。ブリーディングが多いと、コンクリートの水密性や鉄筋との付着性の低下、上部のコンクリートの品質（強度など）の低下など、構造物の性能にいろいろと影響が出る。

④適切。

⑤**不適切**。スランプフロー試験は高さ30cmのスランプコーンにコンクリートを充填したあと、スランプコーンを引き上げ、コンクリートの広がりを計測する。選択肢の文章はスランプ試験のことである。

11 コンクリート ・・・解答③

①②④⑤適切。

③**不適切**。鉄筋コンクリート造の建物では、コンクリートが圧縮力を負担して、鉄筋が引張力を負担するため、鉄筋の継手は、荷重がかかった時に引張応力が大きい場所を避けて、応力負担が小さい箇所に設けることが基本である。

　　例えば、はりの場合ははり下端部ははりのスパン中央部に引っ張り応力がかかるため、中央部は避ける。一方はり上端部は、スパン中央部は圧縮がかかる場所であり、スパン中央部に継手位置を設ける。

12 コンクリート ・・・解答②

劣化機構	劣化機構による変状の外観上の主な特徴
① 化学的侵食	変色、コンクリート剥離
② 凍害	②**不適切**。凍害の変状は、ポップアウト→微細ひび割れ→スケーリング→崩壊と進行する。 格子状ひび割れ、角落ちの劣化機構は疲労である。

③ アルカリシリカ反応	膨張ひび割れ（拘束方向、亀甲状）、ゲル、変色
④ 疲労（道路橋床版）	格子状ひび割れ、角落ち、エフロレッセンス
⑤ 塩害	鋼材軸方向のひび割れ、さび汁、 コンクリートや鋼材の断面欠損
中性化	鋼材軸方向のひび割れ、コンクリート剥離

13　都市計画　　　・・・解答③

①②④⑤適切。

③不適切。

　ル・コルビジェの理想都市は「我々の従うべき基本的原則は、1) 都市の中心部の混雑を除去すること、2) 都市の密度を高めること、3) 移動のための手段を増やすこと、4) 公園やオープンスペースを増やすことである」とのことで、厳格な幾何学パターンのもとに、広大なオープンスペースに囲まれた壮大な超高層建築物群が立ち並び、その足元には高速自動車道や幹線道路、鉄道などの交通システムが貫くものであった。ハワードの田園都市とは全く違うものである。インドのチャンディガール市はル・コルビジェによる都市計画により整備された都市である。

　エベネザー・ハワード（1850〜1928）は、近代都市計画の祖とよばれるイギリスの社会改良家。田園都市論において自然との共生、都市の自律性を提示し、その後の近代都市計画に多くの影響を与えることとなった。田園都市論では、都市と田園に対して、職住近接型の田園都市を郊外に建設し、これらの3つの磁石がそれぞれ人々をひきつけると考えた。

14　都市計画　　　・・・解答①

②〜⑤適切。

①不適切。都市計画法ではなくて都市再生特別措置法。2014年に都市再生特別措置法が改正され、行政と住民や民間事業者が一体となったコンパクトなまちづくりを促進するため、立地適正化計画制度が創設された。

①～③⑤適切。都市計画区域とは、都市計画の対象となる地域のこと。原則として人口が1万人以上で、商工業など都市的な仕事に従事している人が全就労者の50%以上、中心市街地に住んでいる人が3,000人以上などの条件がある。

④**不適切**。市街化区域は、その利用目的に応じて、建築可能な建物が制限される。まず、少なくとも用途地域を定め、土地利用の内容を規制する。また補助的地域地区を定めて地域の特色に合わせた制限を掛ける。これらの規制によって、良好な都市環境の市街地の形成を目指すとされている。市街化調整区域は、市街化を抑制する区域で開発行為は抑制され、必ずしも用途地域を定めるとは決められていない。

①**不適切**。自動車専用道路は、比較的長いトリップの交通を処理するため、設計速度を早く設定し、一定区間における路外よりの車両の出入制限を行い、自動車専用とする道路。交通量は大きい。

②**不適切**。主要幹線道路は、都市間交通や通過交通等の比較的長いトリップの交通を大量に処理するため、高水準の規格を備え、高い交通容量を有する道路。選択肢②の文章は自動車専用道路のこと。

③適切。

④⑤**不適切**。補助幹線道路と区画道路の説明が④と⑤で逆である。

自動車専用道路	比較的長いトリップの交通を処理するため、設計速度を早く設定し、一定区間における路外よりの車両の出入制限を行い、自動車専用とする道路。
主要幹線道路	都市間交通や通過交通等の比較的長いトリップの交通を大量に処理するため、高水準の規格を備え、高い交通容量を有する道路。
幹線道路	主要幹線道路及び主要交通発生源等を有機的に結び、都市全体に網状に配置され、都市の骨格及び近隣住区を形成し、比較的高水準の規格を備えた道路。
補助幹線道路	近隣住区と幹線道路を結ぶ道路であり、近隣住区内での幹線としての機能を有する道路。
区画道路	近隣住区等において沿道宅地へのサービスを目的として配置される道路。
特殊道路	もっぱら、歩行者、自転車、都市モノレール等、自動車以外の交通の用に供するための道路。

17 河川 ・・・解答②

ベルヌーイの定理より、水面と小穴の水頭は一定である。

$$\frac{0}{2g}+z_A+\frac{0}{\rho\cdot g}=\frac{v^2}{2g}+z_C+\frac{0}{\rho\cdot g}$$

$$v=\sqrt{2g(z_A-z_C)} \quad \Rightarrow \quad \textbf{答え②}$$

18 河川 ・・・解答⑤

①～④適切。

⑤**不適切**。タンクモデルや貯留関数モデルは集中型モデルである。近年、国土数値情報（流域のメッシュデータ）や解像度が高い気象レーダー、予測精度の高い気象予測（降水短時間予報）が整備されるとともに、集中型モデルから分布型モデルへの転換が進んでいる。

集中型モデル	計算に必要な降雨データ数も少なく比較的簡単に計算でき、システム化も容易であるが、再現精度・予測精度に課題がある。
分布型モデル	計算に必要なデータは多くなり、システム化も複雑になるが、流域の標高や地質データ等より流域特性を考慮できること、表層モデルと地下水モデルへの分離、河川部については河道モデルとすることにより水の流れを忠実に再現できること、また、レーダー降雨データをメッシュにそのまま与えられることなどから、再現性向上が期待できる。

19 河川 ・・・解答③

①②④⑤適切。

③**不適切**。管径に反比例する。

摩擦損失は、管の長さと平均流速の2乗に比例し、管の内径に反比例する。

流体力学において、摩擦損失を求めるダルシー・ワイスバッハの式は覚えておいた方がよい。

$$h_f=f\cdot\frac{L}{D}\cdot\frac{V^2}{2g}$$

h_f：摩擦による損失水頭（m）	D：管の内径（m）
f：摩擦損失係数	V：断面平均流速（g/s）
L：管の長さ（m）	g：重力加速度（m/s²）

①③～⑤適切。

②**不適切**。水深を浅くしていき、常流から射流になる水深のことを限界水深という。等流水深は水路勾配が大きいほど減少するが、限界水深は水路勾配によらない。

流量Qが流れている幅Bの長方形断面開水路の場合、限界水深h_cは、

$$h_C = \sqrt[3]{\frac{Q^2}{gB^2}}$$ となる。

②～⑤適切。

①**不適切**。河床と間断なく接触しながら移動し、底面付近の限られた範囲を滑動・転動あるいは小跳躍しながら移動する土砂を「掃流砂」と呼ぶ。

掃流力がさらに大きくなると、土砂粒子は河床近くから離れて水面近くまで運動範囲を広げる。このような運動形態を「浮遊」と呼び、この浮遊形態で移動する土砂のことを「浮遊砂」と呼ぶ。河床に堆積した土砂が水流の作用で移動する、掃流砂や浮遊砂のことを「ベッドマテリアルロード」と呼ぶ。

①～④適切。

⑤**不適切**。堤防は計画高水位以下の水位の流水の通常の作用に対して安全な構造を持つものとして整備される。一方で堤防高は計画高水位＋余裕高なので、堤防高以下という記述は誤り。

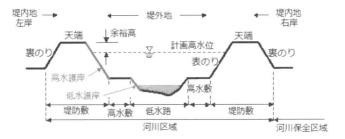

23 海岸　　　　　　　　　　　　　　・・・解答③

①**不適切**。長波（極浅海波）は、水深が波長のおおむね1/20以下の波である。1/20～1/2の波が浅海波で、逆に1/2以上の波を沖波（深海波）と呼ぶ。
②**不適切**。波速が水深で決まり、周期と無関係なのは長波（極浅海波）である。深海波（沖波）の波速は、波の周期のみの関数で表される。
③**適切**。
④**不適切**。個々の波の伝わる速さは位相速度、波が全体として伝わる速さは群速度と呼ばれ、深海波では群速度は位相速度の1/2になる。長波では群速度は位相速度に等しい。
⑤**不適切**。うねりの伝播時間の計算では波速ではなくて群速度の方を用いる。

うねり : 海の波は主に風によって発生し発達するが、発達した波は風がない海域に入っても次第に減衰しながら遠くまで伝播する。このとき、波長の短い波ほど早く減衰するので、波長の長い波だけが残ることになる。このような波をうねりという。

24 海岸　　　　　　　　　　　　　　・・・解答①

①**適切**。
②**不適切**。越波流量は直立堤の方が小さい。
③**不適切**。天端高の設計は、最大規模の津波（L2津波）ではなく、設計津波（L1津波）を用いて設計する。
④**不適切**。設計高潮位と設計津波を用いて安全性の照査を行う。
⑤**不適切**。ハドソン式では設計計算で用いる波高が2倍になると、離岸堤のブロックの所要質量はその3乗の8倍になる。

$$M = \frac{\rho_r H^3}{K_d (S_r - 1)^3 \cot\alpha} \quad \cdots ハドソン式$$

ここに、Mは被覆材の所要質量、ρ_rは被覆材の密度、S_rは被覆材の海水に対する比重（ρ_r / ρ_w）、ρ_wは海水の密度、Hは設計波高、K_d値は被覆材の種類及び被害率により定まる定数、αはのり面と水平面のなす角度である。

①**不適切**。防波堤は外郭施設である。

港湾施設の種類

水域施設	航路・泊地など。航路の水深は、満載喫水＋余裕を見込んでそれ以上とする必要がある。
外郭施設	港内の静穏度の確保、水深の維持、海岸の決壊防止、港湾施設あるいは背後地を波浪・高潮・津波から保護する機能を持つもので、防波堤、防潮堤、防砂堤、導流堤、堤防、護岸、突堤、離岸堤、胸壁、水門、閘門などがある。
係留施設	岸壁や桟橋。係留施設の規模を計画するに当たっては、その港を利用している貨客の将来の貨物量の増大、船型の大型化など輸送体系の変化を十分に考慮して最適な規模を計画する。
臨港交通施設	臨港交通施設とは臨港鉄道及び道路、駐車場を指すが、このうち臨港道路を計画するに当たっては、特別の場合を除いて道路構造令を準用する。

②**不適切**。防波堤ケーソンなどは最大の波力に対しても安全なように設計・施工するのが原則であるから、波力の算出にあたっては最大波高 Hmax を用いなければならない。

③**不適切**。傾斜堤は、石やコンクリートブロックを台形状に捨てこんだもので、反射波は少ないが越波、透過波は少ないとはいえない。

④**不適切**。波による洗堀に対して順応性があり、軟弱地盤にも適用できるのは傾斜堤である。直立堤は、堤体の幅が狭くすむため経済的であるが、反射波が大きく、波による洗掘の恐れがあるため軟弱地盤には不適である。

⑤適切。

①③～⑤適切。

②**不適切**。土砂の状況が粒径に応じて層状となり、表面に細粒分が集中するのは緩やかな流れの中で出来る現象である。一方の土石流は、豪雨あるいは地震時などに渓流や山腹斜面等の堆積物が不安定化し、濁流として流れ下る現象であり、流下過程で更に堆積物、基盤岩の一部、渓岸の樹木などを根こそぎ巻き込み、大きな礫や流木など粒径の大きい物質が先端に集まった高速の流れとなる。このため粒径に応じて層状にはなりようがない。

27　電力土木　　　　　　　　　　　　　　　　　・・・解答①

①適切。

②**不適切**。太陽光発電は非常用電源として有効であるが、太陽光を電力に変える
わけなので、当然夜間には向かない。

③**不適切**。地熱発電は出力が安定しており、昼夜を問わず24時間稼働が可能で
ある。大規模開発が可能であるが、適地が温泉観光地であり、地元との調整が
難しい。

④**不適切**。風力発電では風向きや風速によって発電量が変わるため、発電量が安
定しにくいというデメリットがある。風が弱いとブレードが回転せずに発電
が充分に行われなくなる一方で、逆に暴風時には故障するリスクがあるため、
発電を止めなければいけない。

　　電気は、需給のバランスがくずれてしまうと、周波数に乱れが生じ、発電所
の発電機や工場の機器に悪い影響を与え、最悪の場合は大規模停電につなが
ってしまう恐れがある。このため、常に需要と供給の量がバランスするようコ
ントロールすることが求められる。発電量が天候によって左右されてしまう
太陽光や風力などの再エネ由来の電気は、そのコントロールがとても難しく、
電力系統への受入れを高めるための送電線の整備・増強の対策が必要となる。

⑤**不適切**。バイオマス発電は、バイオマスを燃焼させることによってタービンを
回し、電力を発生させるが、その熱のほとんどは無駄になっている。発生させ
た熱エネルギーのうち、およそ20〜30％が電力に変換されるだけで、残りのエ
ネルギーはそのまま失われてしまっている。

28　電力土木　　　　　　　　　　　　　　　　　・・・解答③

①②④⑤適切。

③**不適切**。沈砂池は、流水中の土砂などを沈殿させて流れから除くための池であ
る。取水口になるべく近い位置に設けることが一般的である。このため、流速
を落とし、池内での流れが偏流や逆流や射流にならないようにする。

➢　　強固な鉄筋コンクリート造とする。

➢　　堆砂のための長方形の池が主要な構造である。

➢　　流入部と流出部が池の両端にあり、池内での流れが偏流や逆流を避け、層流
となるように、幅が徐々に広がり、そして徐々に狭くなる。

➢　　上澄みだけを流出させるよう、内部の水面下に堰が設けられる。

➤ 清掃や点検、補修に備えて、複数の池を備えるものがある。
➤ 寒冷地で凍結が予想される場合には、屋根が設けられることがある。

29　道路　・・・解答⑤

①**不適切**。地域の地質、気象、交通の状況および沿道の土地利用ならびにその他の状況を勘案して、舗装の備えるべき性能指標およびその値を**道路管理者**（発注者）が設定する。
②**不適切**。舗装の性能指標の値は施工直後の値とするが、施工直後の値だけでは性能の確認が不十分である場合には、必要に応じ、供用後一定期間を経た時点での値を設定する。
③**不適切**。疲労破壊輪数、塑性変形輪数及び平たん性は必須の舗装の性能指標であるので、路肩全体やバス停などを除き必ず設定する。
④**不適切**。舗装の性能指標は、原則として車道及び側帯の舗装の新設、改築及び大規模な修繕の場合に設定する。
⑤適切。

30　鉄道　・・・解答④

①〜③⑤適切。
④**不適切**。現場溶接でレール同士をつないだものはロングレールと呼ぶ。ロングレール化のためのレール溶接方法として、フラッシュ溶接法、ガス圧接法、エンクローズアーク溶接法、テルミット溶接法の4工法が適用されている。レール締結装置は、車両の走行によって起こるあらゆる方向の荷重や振動に抵抗して、左右2本のレールをマクラギに締着し、軌間を保持する役割を担う。

31　トンネル　・・・解答④

①〜③⑤適切。
④**不適切**。覆工コンクリートではなくて吹付コンクリート。鋼製支保工は、トンネル壁面に沿って形鋼等をアーチ状に設置する支保部材であり、建込みと同時にその機能を発揮できるため、吹付けコンクリートの強度が発現するまで

の早期において切羽の安定化を図ることができる。

32 施工計画 ・・・解答⑤

①～④適切。
⑤**不適切**。高圧噴射撹拌工法は、地盤中に流体（固化材）を高圧状態の強力なエネルギーで噴射することにより、地盤を切削しながら混合・撹拌する方法である。地中構造物をかわした改良や狭い場所での改良が可能である。
メリットとしては以下の点が挙げられる。
➤ コンパクトな施工機械で、狭い場所や高さ制限のある場所でも施工できる。
➤ 地表面の削孔径は小さいが、地中の任意の深さで大口径の地盤改良を施工できる。
➤ 土留壁や地中構造物と密着した地盤改良が施工できる。

33 施工計画 ・・・解答②

①③～⑤適切。
②**不適切**。「工事価格」とは工事費として発注者へ請求される費用であり、工事現場でかかるすべての費用「工事原価」と、広告費や事務所の維持費など、工事とは直接関係なく経営維持のためにかかる「一般管理費」の2つから構成されている。このうち、「工事原価」は、「直接工事費」と「共通仮設費」、「現場管理費」により構成されている。

34 建設環境 ・・・解答④

①～③⑤適切。
④**不適切**。循環型社会形成推進基本法の個別法としては、改正廃棄物処理法、資源有効利用促進法、食品リサイクル法、建設リサイクル法、容器包装リサイクル法、家電リサイクル法やグリーン購入法が制定されている。選択肢④の文章はグリーン購入法のことである。ちなみに「公共工事の品質確保の促進に関する法律」は循環型社会の形成ではなくて、
1) 受注者としての適格性を有しない建設業者の排除など入札・契約の適正化

2) 民間事業者の能力の活用
3) 請負契約の当事者の対等な立場での合意による公正な契約の締結、その誠実な履行
4) 公共工事に関する調査・設計の品質確保に配慮

などを目的としている。

35 建設環境　　　　　　　　　　　　　　　　　　　・・・解答①

②〜⑤適切。

①**不適切**。選択肢の文章は、「侵略的外来種」ではなく外来生物法の「特定外来生物」の説明となっている。

外来生物	本来の生息地でない場所から、人の活動によって移入されてきた生物のことを指す。海外の動植物に限らず、北海道の動物が本州に移ってしまうことも外来種という。一方で渡り鳥などは外来生物には含まない。
侵略的外来生物	外来生物の中でも、人間の健康や生活、そして農林水産業などに大きな影響を及ぼす生物のことを「侵略的外来生物」と呼んでいる。日本では「オオクチバス（ブラックバス）」や「マングース」が有名である。
特定外来生物	侵略的外来生物の中でも特に影響が大きいため「外来生物法」によって規制されている生物のことを「特定外来生物」という。この外来生物法によって規制されている生物たちは、「飼育」「栽培」「保管」「運搬」が規制されている。

令和4年度問題　正答・解説

1　土質及び基礎　　　　　　　　　　　　・・・解答④

右の土の三層構造をイメージする。

$$\rho_s = \frac{m_s}{V_s} \Leftrightarrow m_s = \rho_s V_s$$

$$e = \frac{V_v}{V_s} \Leftrightarrow V_v = eV_s$$

$$\rho_d = \frac{m_s}{V} = \frac{m_s}{V_s + V_v} = \frac{\rho_s V_s}{V_s + eV_s} = \frac{\rho_s}{1+e}$$

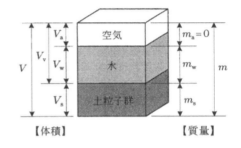

⇒　答え④

2　土質及び基礎　　　　　　　　　　　　・・・解答④

土の圧密についてはテルツァーギの一次元圧密方程式を覚えておくことは必須。

●沈下量（C_c法）

$$S(m) = H \cdot \frac{C_c}{1+e_0} \cdot \log_{10} \frac{P_0 + \Delta P}{P_0}$$	S：圧密沈下量（m）　　　　H：粘土層の層厚（m） C_c：圧縮指数　　　　　　P_0：初期の有効応力（kN/m²） e_0：初期間隙比　　　　　ΔP：増加荷重（kN/m²）

●沈下時間

$$t = \frac{H^2 Tv}{Cv}$$	t：圧密度 Uz に達する経過時間（day）　　　H：排水距離（cm） Tv：圧密度 Uz に対する時間係数（無次元）　　Cv：圧密係数（cm²/day）

　ここで、圧密係数Cvは、透水係数kの倍数である。つまり、沈下時間は、透水係数に反比例し、排水距離の2乗に比例する。

　地盤bは両面排水なので、排水距離は0.5Hと考えられるため、地盤bと地盤cが圧密に要する時間は同じとなる。ちなみに、地盤bと地盤c（排水距離0.5H、透水係数k）の圧密時間を1とすると、地盤a（排水距離H、透水係数2k）の圧密時間は0.5、地盤d（排水距離0.25H、透水係数k）の圧密時間は0.25となる。　　　⇒　答え④

3　土質及び基礎　　　　　　　　　　　　　　・・・解答③

①②④⑤適切。

③**不適切**。テルツァーギの支持力公式の支持力係数は、地盤の内部摩擦角 ϕ から求まる。

粘着力は無関係である。

$$q_d = c \cdot N_c + \gamma_1 \cdot B \cdot N_\gamma + \gamma_2 \cdot D_f \cdot N_q$$

ここで、q_d：地盤の極限支持力度（kN/m^2）、c：粘着力（kN/m^2）、

B：基礎幅（m）、D_f：基礎の有効根入れ深さ（m）

γ_1：基礎底面より下部の有効単位体積重量（kN/m^3）

γ_2：基礎底面より上部の有効単位体積重量（kN/m^3）

N_c、N_γ、N_q：内部摩擦角 ϕ から求まる支持力係数。

4　土質及び基礎　　　　　　　　　　　　　　・・・解答⑤

安全率は、土の摩擦抵抗力を土の重力による滑ろうとする力で割った値である。

つまり、F_s ＝ 土の摩擦抵抗力 ÷ 土の重力による滑ろうとする力

土の摩擦抵抗力は粘着力×長さと摩擦面にかかる鉛直方向の重量×内部摩擦角で求められる。

土の摩擦抵抗力 ＝ $cl + W\cos\alpha\tan\phi$

一方、土の重力による滑ろうとする力は、すべり面に水平な力となるので、

土の重力による滑ろうとする力 ＝ $W\sin\alpha$

$$F_s = \frac{cl + W\cos\alpha\tan\phi}{W\sin\alpha} \qquad \Rightarrow \quad \textbf{答え⑤}$$

5　鋼構造　　　　　　　　　　　　　　　　　・・・解答⑤

等分布荷重では、集中荷重を m とすると、せん断力 Q ＝ mx を積分した曲げモーメント M は、

$$M = \frac{mx^2}{2}$$

と、求められ、M図は二次関数になる。直線で表されている⑤はその時点でおかしい。集中荷重と等分布荷重のM図のイメージは覚えておく必要がある。 ⇒ **答え⑤**

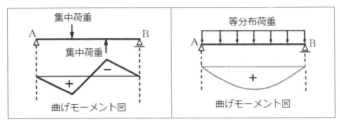

曲げモーメント図	曲げモーメント図

6 鋼構造 ・・・解答④

①〜③⑤適切。

④**不適切**。断面係数Zは高さdの2乗に比例するので、高さdを2倍にすると、断面係数は4倍になる。
　以下、公式。断面二次モーメントは頻出なので、以下の公式を必ず暗記すること。

断面積 A	A= 幅 b ×高さ d
図心からの距離 e	$e = \dfrac{d}{2}$
断面二次モーメント I	$I = \displaystyle\int_A y^2 dA = \int_{-\frac{h}{2}}^{\frac{h}{2}} by^2\, dy = \dfrac{bd^3}{12}$
断面係数 Z	$Z = \dfrac{I}{e} = \dfrac{bd^3}{12e} = \dfrac{bd^2}{6}$
断面二次半径 i	$i = \sqrt{\dfrac{I}{A}} = \sqrt{\dfrac{bd^3}{12bd}} = \sqrt{\dfrac{d^2}{12}} = \dfrac{d}{2\sqrt{3}}$

7 鋼構造 ・・・解答①

②〜⑤適切。

①**不適切**。活荷重はT荷重とL荷重が規定されているが、T荷重が大型トラック単体を想定しているのに対し、L荷重は多数の自動車からなる荷重をモデル化したもので、主桁や主構など橋全体の設計に用いられる。L荷重は、集中荷重ではなくて等分布荷重である。**L荷重は頻出である**。

8　鋼構造　　　　　　　　　　　　　　　　・・・解答③

①②④⑤適切。
③**不適切**。薄肉とは、1.6～3.2mm程度の鋼材の板厚のことで、薄いため当然変形も大きく、動的荷重に対して振動・騒音も生じやすい。

9　鋼構造　　　　　　　　　　　　　　　　・・・解答②

①③～⑤適切。
②**不適切**。橋の限界状態は、橋を構成する部材及び橋の安定に関わる周辺地盤の安定等の限界状態によって代表させることができる。

> ◎橋の限界状態（道路橋示方書・同解説　Ⅰ共通編より）
> （1）橋が所要の耐荷性能を満足するために求める状態に留まることを照査するにあたっては、橋の状態を区分するための橋の限界状態を適切に設定する。
> （2）橋の限界状態として、橋としての荷重を支持する能力に関する観点及び橋の構造安全性の観点から橋の限界状態1から3を設定する。
> （3）橋の限界状態は、橋を構成する部材及び橋の安定に関わる周辺地盤の安定等の限界状態によって代表させることができる。
> （4）橋の限界状態を上部構造、下部構造及び上下部接続部の限界状態によって代表させる場合、適切にその限界状態を設定する。

10　コンクリート　　　　　　　　　　　　・・・解答⑤

①～④適切。
⑤**不適切**。練り混ぜ水は、JIS A 5308で規定されており、上水道、河川水、湖沼水、井戸水、地下水を使う。上水道以外の品質は、塩化物イオン量は200mg/L

以下、コンクリートの塩化物含有量は塩化物イオン量として0.30kg/m³以下と規定されている。ちなみに、海水の塩化物イオン量は19,000mg/Lなので、絶望的に基準オーバー。

11　コンクリート　　　　　　　　　　　　　　　　・・・解答②

①③〜⑤適切。
②**不適切**。コンクリートは圧縮力にはかなり耐えられるが、引っ張りには弱いという性質があり、引張強度は圧縮強度の1/10〜1/13程度である。また、硬化したコンクリートの強度には、圧縮強度、引張強度の他に曲げ強度がある。曲げ強度は圧縮強度の1/5〜1/8程度である。
　　つまり、圧縮強度 ＞＞ 曲げ強度 ＞ 引張強度　である。

12　コンクリート　　　　　　　　　　　　　　　　・・・解答③

①②④⑤適切。
③**不適切**。アルカリシリカ反応による劣化とは、骨材中のある種の成分とコンクリート中のアルカリが反応して生成物が生じ、これが吸水膨張してコンクリートにひび割れが生じる現象である。アルカリ骨材反応（AAR）は、コンクリート中のアルカリと反応する鉱物の種類により、アルカリシリカ反応（ASR）とアルカリ炭酸塩反応（ACR）に大別される。世界的に見ると、その殆どはアルカリシリカ反応であり、我が国においてはアルカリシリカ反応について照査することとなっている。

　　問題文では、×：コンクリート中の酸性水溶液　→　○：コンクリート中のアルカリ
　　　　　　　　×：異常な収縮　→　○：異常な膨張
　　と、2個所も間違っている。

13　都市計画　　　　　　　　　　　　　　　　　　・・・解答⑤

①**不適切**。デマンドは「要求、要請」の意味。利用者が電話などで乗車を予約し、乗り場や行き先はエリア内なら希望できる。利用者がいなければ走る必要が

なく、小型車で済むことから、経費削減やバスが走れない狭い道でも運行ができる。タクシーのような希望時間の乗車が必ずしも可能ではなく、乗り合いとなるため、すぐに目的地までいけないこともある。

②**不適切**。BRT（bus rapid transit）とは、高速輸送バスシステムのことで、バスの定時性、速達性の確保のため、輸送力を向上させた高度なバスサービスのことである。

③**不適切**。コミュニティバスとは、地域住民の多様なニーズにきめ細かに対応する地域密着型バスのことである。

④**不適切**。トランジットモールとは、中心市街地のメインストリートなどで一般車両を制限し、道路を歩行者・自転車とバスや路面電車などの公共交通機関に開放することで街の賑わいを創出することをいう。

⑤適切。

14 都市計画 ・・・解答①

②～⑤適切。

①**不適切**。全国総合開発計画は、日本国土の利用、開発及び保全に関する総合的かつ基本的な計画であり、住宅、都市、道路その他の交通基盤の社会資本の整備のあり方などを長期的に方向付けるもので、国土総合開発法に基づき、内閣総理大臣が関係行政機関の長の意見を聞いて、国土審議会の調査審議を経て策定される。全国総合開発計画はこれまで5度策定されていて1998年に策定された「21世紀の国土のグランドデザイン」は第五次に当たる計画である。

名称	目標年次	基本目標
全国総合開発計画（一全総）	閣議決定：1962年 目標年次：1970年	＜地域間の均衡ある発展＞都市の過大化による生産面・生活面の諸問題、地域による生産性の格差について、国民経済的視点からの総合的解決を図る。
新全国総合開発計画（二全総）	閣議決定：1969年 目標年次：1985年	＜豊かな環境の創造＞基本的課題を調和しつつ、高福祉社会を目ざして、人間のための豊かな環境を創造する。
第三次全国総合開発計画（三全総）	閣議決定：1977年 目標年次：1987年	＜人間居住の総合的環境の整備＞限られた国土資源を前提として、地域特性を生かしつつ、歴史的、伝統的文化に根ざし、

第四次全国総合開発計画（四全総）	閣議決定：1987年 目標年次：2000年	＜多極分散型国土の構築＞安全でうるおいのある国土の上に、特色ある機能を有する多くの極が成立し、特定の地域への人口や経済機能、行政機能等諸機能の過度の集中がなく地域間、国際間で相互に補完、触発しあいながら交流している国土を形成する。
21世紀の国土のグランドデザイン	閣議決定：1998年 目標年次：2010～2015年	＜多軸型国土構造形成の基礎づくり＞多軸型国土構造の形成を目指す「21世紀の国土のグランドデザイン」実現の基礎を築く。地域の選択と責任に基づく地域づくりの重視。

前ページ表の続きで、「人間と自然との調和のとれた安定感のある健康で文化的な人間居住の総合的環境を計画的に整備する。」が表の最上部に含まれる。

15　都市計画　　　　　　　　　　　　　　　　　・・・解答③

①②④⑤適切。

③**不適切**。おおむね十年以内に優先的かつ計画的に市街化を図るべき区域として市街化区域に定める土地の区域は、原則として、次に掲げる土地の区域を含まないものとすること。(都市計画施行令より)

イ）当該都市計画区域における市街化の動向並びに鉄道、道路、河川及び用排水施設の整備の見通し等を勘案して市街化することが不適当な土地の区域

ロ）溢水、湛水、津波、高潮等による災害の発生のおそれのある土地の区域

ハ）優良な集団農地その他長期にわたり農用地として保存すべき土地の区域

ニ）優れた自然の風景を維持し、都市の環境を保持し、水源を涵養し、土砂の流出を防備する等のため保全すべき土地の区域

　さらに、令和2年度に都市計画法施行令が改正され、市街化区域だけでなく、市街化調整区域でも制限されることになった。市街化を抑制すべき区域である市街化調整区域では開発行為が厳しく制限されているが、市街化区域に隣接、近接する集落地区等の区域のうち、地方公共団体の条例で指定された区域（条例区域）では一定の開発行為が可能となっている。令和2年11月に都市計画法施行令が改正され、条例区域に、原則として災害レッドゾーン及び浸水ハザードエリア

24

等の区域を含めてはならないことが明記された。

　浸水ハザードエリア等とは、次の区域となっている。
・水防法に基づく浸水想定区域のうち、洪水等が発生した場合に、建築物の損壊や浸水により、住民の生命や身体に危害が生ずるおそれがあると認められる土地の区域（浸水ハザードエリア）
・土砂災害防止法に基づく土砂災害警戒区域（土砂イエローゾーン）
・この他、溢水、湛水、津波、高潮等による災害の発生のおそれのある土地の区域

16　都市計画　　　　　　　　　　　　　　　　・・・解答②

①③〜⑤適切。
②**不適切**。地価の比較的高い既成市街地において再開発を行う際には総合的整備方式（区画整理方式）が用いられる。

　まちづくりには代表的な二つの手法がある。道路・公園などの公共施設をつくるために、必要な用地を買収して事業を行う個別整備方式（用地買収方式）と、公共の設備と同時に、個々の宅地までを含めて整備する総合的整備方式（区画整理方式）である。
　用地買収方式では、計画された幹線道路や公園などの公共施設をつくるために、必要な用地を買収して、個別に線・点的な整備をする。原則として、生活道路や宅地の整備はできず、新たに道路に面する宅地は便利になるが、その他の宅地はそのままとなる。
　一方、区画整理方式では、土地所有者や市町村などがまちづくりの面的な計画を行う。その計画に沿って、一定の区域を定め、道路・公園等の公共用地や事業費を生み出すための土地を、宅地の利用増進に応じて公平に出し合い（減歩）、道路・公園・河川及び宅地を総合的に整備改善する。事業が区域内で完結するので、地区外へ移転することはない。事業区内すべての宅地が整形され、道路に面するため便利になる。また、上下水道・電気・ガスなどの総合的な整備が行なわれる。

●用地買収方式の特徴
➢道路、公園部分しか買収しないので不正形な残地が残ってしまう場合がある。
➢用地買収により生活に必要な規模の土地がなくなり他の地区に移転する事が

（右欄）令和4年度　建設部門

25

ある。
➤ 新たに道路に面する宅地は便利になるが、他の宅地はそのまま残る。
● 区画整理方式の特徴
➤ 道路、公園などの公共施設が総合的に整備される。
➤ 施行後も地区内に残ることになるので、地域のコミュニティが保たれる。
➤ 全ての土地が整形になり、道路に面し土地利用が便利になる。

17 河川 ・・・解答②

水面から深さX地点での壁に働く水圧は、ρgX。
右図の面積Pと面積Qが等しくなるXを求める。

$$面積 P = \rho gX \times X \times \frac{1}{2} = \frac{\rho gX^2}{2}$$

$$面積 Q = \rho gh \times h \times \frac{1}{2} - \frac{\rho gX^2}{2} = \frac{\rho gh^2}{2} - \frac{\rho gX^2}{2}$$

$$面積 P = 面積 Q \Leftrightarrow \frac{\rho gX^2}{2} = \frac{\rho gh^2}{2} - \frac{\rho gX^2}{2} \Leftrightarrow 2X^2 = h^2$$

$$X = \sqrt{\frac{1}{2}}\, h \qquad \Rightarrow \quad \textbf{答え②}$$

18 河川 ・・・解答⑤

①~④適切。
⑤**不適切**。実際の管路は、直線であることはまれであり、管路の曲がり、急拡、急縮、さらには、管路の入り口や出口などが存在している。それらの場所では、渦の発生に起因する局所的なエネルギー損失が発生する。これらを総称して、局所損失（または、形状損失）と呼ぶ。これらは、速度水頭の減少分（損失）として次式のように表現される。

$$h = \varepsilon \frac{v^2}{2g}$$

h：局所的に損失する水頭（cm）
ε：形状損失係数（無次元）
v：速度（cm/sec）
g：重力加速度（cm/sec²）

19 河川　　　　　　　　　　　　　　　　　・・・解答⑤

①～④適切。
⑤**不適切。**
　等流水深は緩勾配では大きく、急勾配では小さい。一方限界水深は、水路勾配によらない。
　等流水深＝限界水深　となる勾配を限界勾配と呼ぶ。**(よく出題されるので覚えておく)**

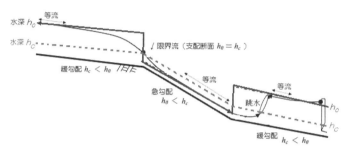

20 河川　　　　　　　　　　　　　　　　　・・・解答③

①②④⑤適切。
③**不適切。**河床に堆積した砂粒子に働く流体力（掃流力）をF、抵抗力（個体摩擦力）をRとすると、F＞Rとなった時に砂粒子は移動を開始する。F＝RとなるFのことを限界掃流力と呼ぶ。流れの中に静止している粒子が流水から受ける抵抗、要するに流体力Fは、以下の式に示したように物体の影響のない点の流速の2乗に比例する。一方、個体摩擦力Rは、当然、土砂の粒径が大きくなると大きくなる。つまり、限界掃流力もまた、土砂の粒径が大きくなると大きくなる。

$F = \dfrac{1}{2}\rho \cdot C_D \cdot A_d \cdot u^2$	A_d：砂粒子の断面積 u：砂粒子に作用する流速	ρ：砂粒子の密度 C_D：係数

21 河川　　　　　　　　　　　　　　　　　・・・解答⑤

①～④適切。

⑤**不適切**。河川堤防への浸透対策の基本は、以下の４つであるが、ドレーン工はこのうち、b）およびc）を主眼とした強化工法であり、堤体内への河川水の浸透を防ぐ効果はない。

 a）降雨あるいは河川水を堤防に浸透させないこと

 b）浸透水は速やかに排水すること

 c）堤防、特に裏のり尻部の強度を増加させること

 d）堤防断面を拡幅し、浸透経路長を長くすること

主な浸透対策工法と対策の事例（国土交通省HPより）

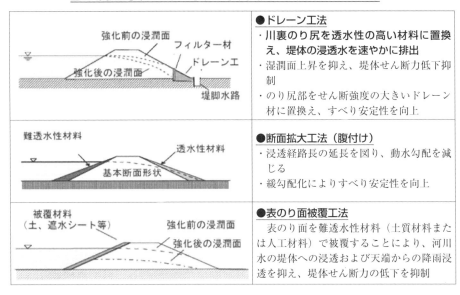

	●ドレーン工法 ・川裏のり尻を透水性の高い材料に置換え、堤体の浸透水を速やかに排出 ・湿潤面上昇を抑え、堤体せん断力低下抑制 ・のり尻部をせん断強度の大きいドレーン材に置換え、すべり安定性を向上
	●断面拡大工法（腹付け） ・浸透経路長の延長を図り、動水勾配を減じる ・緩勾配化によりすべり安定性を向上
	●表のり面被覆工法 表のり面を難透水性材料（土質材料または人工材料）で被覆することにより、河川水の堤体への浸透および天端からの降雨浸透を抑え、堤体せん断力の低下を抑制

---

22 河川   ・・・解答③

①②④⑤適切。

③**不適切**。洪水防御計画の策定に当たっては、この計画がその河川に起こりうる最大洪水を目標に定めるものではないことに留意し、必要に応じ計画の規模を超える洪水の生起についても配慮する。

最大洪水を目標に定めるとお金がいくらあっても足りない。

23 海岸 ・・・解答⑤

①**不適切**。津波の高さは、水深の4乗根に反比例する。そもそも一般常識として津波の高さは海岸に近づくにつれて、高くなる。湾口と湾内では、湾口の方が水深は深い。湾口と湾内の水深に比例するのであれば、湾内の方が津波が低いということになる。

②**不適切**。換算沖波は、波の屈折、回折などの平面的な地形変化の効果を補正した沖波のことで、有義波で表す。設計対象地点に対する換算沖波波高は、換算沖波波高＝沖波×屈折係数（Kr）×回折係数（Kd）として算定する。深海波は海底の影響をほとんど受けないため、浅水変形を考えない。浅水係数は1と考える。

③**不適切**。不規則波は、振幅、周期、初期位相が異なる正弦波の重ね合わせにより形成される。入射波と反射波の位相差が90°と270°となる地点での最大波高と最小波高の比となる。

④**不適切**。波にともなう水粒子の運動軌道は楕円であり、深海波の変動振幅は水深方向に指数関数的に減少する。ちなみに、長波の変動振幅は水深方向に変化しない。鉛直方向成分は底面からの高さに比例する。

⑤**適切**。

24 海岸 ・・・解答④

①〜③⑤**適切**。

④**不適切**。合田の波力式は、重複波圧、砕波圧を連続させたもの。

構造物の形式や構造	波力式
直立壁（直立堤、混成堤のケーソン、岸壁など）	合田の波力式
円柱構造物（円柱などで構成された構造物の部材）	モリソン波力式
捨石構造物（捨石やコンクリートブロックなど）	ハドソン公式

25 港湾 ・・・解答③

①**不適切**。外郭施設の機能には臨港交通の確保は含まれていない。

港湾施設の種類

水域施設	航路・泊地など。航路の水深は、満載喫水＋余裕を見込んでそれ以上とする必要がある。
外郭施設	港内の静穏度の確保、水深の維持、海岸の決壊防止、港湾施設あるいは背後地を波浪・高潮・津波から保護する機能を持つもので、防波堤、防潮堤、防砂堤、導流堤、堤防、護岸、突堤、離岸堤、胸壁、水門、閘門などがある。
係留施設	岸壁や桟橋。係留施設の規模を計画するに当たっては、その港を利用している貨客の将来の貨物量の増大、船型の大型化など輸送体系の変化を十分に考慮して最適な規模を計画する。
臨港交通施設	臨港交通施設とは臨港鉄道及び道路、駐車場を指すが、このうち臨港道路を計画するに当たっては、特別の場合を除いて道路構造令を準用する。

②**不適切**。静穏度は、波の状況を通常、有義波によって表す。

> 有義波とは波浪観測において連続的な100波以上の波高の大きいものから数えて全波数の1/3の波を選びその波高と周期を平均化したもので、海岸保全施設の設計に使用される。また天気予報等で通常用いられるのも有義波である。

③**適切**。強い風を真横から受けると転覆の可能性が高まる。

④**不適切**。トリムは航走時の船体沈下ではなくて、積荷及び航行のために生ずる船首尾間の喫水差のこと。

> （港湾の施設の技術上の基準）
> 第30条 航路の性能規定は、次の各号に定めるものとする。
> 1）航路の幅員は、対象船舶の長さ及び幅、船舶航行量、地象、波浪、水の流れ及び風の状況並びに周辺の水域の利用状況に照らし、船舶が行き会う可能性のある航路にあっては対象船舶の長さ以上の、船舶が行き会う可能性のない航路にあっては対象船舶の長さの二分の一以上の適切な幅を有すること。ただし、航行の形態が特殊な場合にあっては、船舶の安全な航行に支障を及ぼさない幅までその幅員を縮小することができる。
> 2）航路の水深は、波浪、水の流れ、風等による対象船舶の動揺の程度及びトリムを考慮して、対象船舶の喫水以上の適切な深さを有すること。
> 3）航路の方向は、地象、波浪、水の流れ及び風の状況並びに周辺の水域の利用状況に照らし、船舶の安全な航行に支障を及ぼさないものとすること。

⑤**不適切**。取扱貨物の性格による埠頭の分類は雑貨埠頭、専門埠頭がある。このうち、専門埠頭に入るものとしては、コンテナ埠頭、フェリー埠頭、シーバース、危険物埠頭、バラ荷埠頭、穀物埠頭、旅客埠頭などがある。バルク（バラ）

貨物埠頭は専門埠頭である。

26　砂防　　　　　　　　　　　　　　　・・・解答①

②～⑤適切。
①**不適切**。流路工は、流水や流送土砂の流速を減少させて縦浸食の防止を図ることが目的であり、急勾配とならない方向で設定する。

　流路工は、川を横断して設置する「床固」と呼ばれる低い帯状の構造物と、堤防を守る「護岸」、洪水の主流を川の中心に向けて堤防や護岸の安全性を高める「水制工」を組み合わせたものである。これによって、川底が著しく削られることを防ぎ、川底の傾斜をゆるやかに安定させる。川底が安定することによって、護岸も守られ、下流に土砂が溜まることも少なくなるので、洪水が氾濫するのを防ぐ効果もある。

床固工	縦侵食を防止して河床の安定を図り、河床堆積物の流出を防止し、山脚を固定するとともに、護岸等の構造物の基礎を保護する機能がある。
護岸	渓床勾配が急な渓流において、水衝部の渓岸に施設を配置し、渓岸の浸食や崩壊を防止したり、床固工の袖部を保護する働きがあり、流水による河岸の決壊や崩壊を防止するためのものと、流水の方向を規制してなめらかな流向にすることを目的としたものがある。
水制工	流水や流送土砂をはねて渓岸構造物の保護や渓岸侵食の防止を図ることと、流水や流送土砂の流速を減少させて縦侵食の防止を図ることを目的としている。

27　電力土木　　　　　　　　　　　　　・・・解答④

①～③⑤適切。
④**不適切**。せっかく取水した水をスクリーン室に戻したのでは元も子もない。ポンプ室からは復水器に送られる。

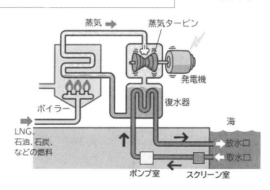

28　電力土木　　　　　　　　　　　　　　　　　　　　・・・解答④

①〜③⑤適切。
④**不適切**。渇水流量は1年間のうち355日はこれを下らない流量のことである。

常時使用水量	常時使用水量とは、流れ込み式では、通常は渇水量から、かんがい、漁業等の水利事業あるいは河川維持流量として放流すべき水量を差し引いた水量であり、貯水池式では、貯水池で調整した最小の水量である。
豊水流量	1年間のうち95日はこれを下らない流量
平水流量	1年間のうち185日はこれを下らない流量
低水流量	1年間のうち275日はこれを下らない流量
渇水流量	1年間のうち355日はこれを下らない流量

29　道路　　　　　　　　　　　　　　　　　　　　　　・・・解答②

①**不適切**。中央帯は、道路構造令第二条十項に定める「車線を往復の方向別に分離し、及び側方余裕を確保するために設けられる帯状の道路の部分をいう。」のことであり、道路規格に応じて基準となる最低幅員が決まっている。つまり、定められた値以上とする必要がある。
②適切。
③**不適切**。道路構造令は、道路の安全性・円滑性を確保する観点から、最低限確保すべき一般的技術的基準を定めた法令である。標準値ではない。多くの柔軟規定が盛り込まれ、道路管理者の裁量と責任において、地域の実情に応じた幅広い運用が可能な「規範性」と「柔軟性」をあわせ持った制度となっている。
④**不適切**。道路には大きく分けて「交通機能」、「土地利用誘導機能」、「空間機能」の3つがある。このうち、交通機能とは自動車・自転車・歩行者などへの通行サービスのことで、具体的には人や物の移動や沿道への出入りなどを示す。交通機能は更にトラフィック機能（人、車の通行サービス）とアクセス機能（沿道の土地建物、施設への出入りサービス）に分けられる。両者はトレードオフの関係にあり、規格の高い道路ではトラフィック機能（走行速度、走行快適性）が重視され、逆に居住地内の道路等では速度よりアクセス機能が重視される。
⑤**不適切**。空間機能とは 収容空間、防災空間、生活環境空間のことで、具体的には電気・ガス・水道・下水道・電話線、光ファイバーなどのライフラインの

収容、地下鉄、地下駐車場、共同溝、災害時の避難路、火災時の延焼防止、緑化、通風などを示す。

30 鉄道 ・・・解答②

①③〜⑤適切。
②**不適切**。選択肢の文章は懸垂式の特徴。ただ、懸垂式の方が景観に対する阻害率が大きいという特徴はないと思う。

31 トンネル ・・・解答①

②〜⑤適切。
①**不適切**。トンネル計画の上で最も重要である。選定にあたっては、施工上はもちろん、完成後の利用上からも直線が望ましく、施工性、経済性等を考慮して曲線半径はできるだけ大きくとる必要がある。道路であっても鉄道であっても、トンネル内で小さな曲線半径は、事故のもとである。

　全般的には、両坑口および経過地点が地質良好なところとなるよう選定する。直線部と円曲線部との間に緩和曲線を挿入する場合もある。線形設計の細目は、鉄道では建設規定、道路では構造令によって定められている。縦断方向の線形を縦断線形といって区別することがある。

32 施工計画 ・・・解答①

②〜⑤適切。
①**不適切**。簡易土留め壁は、木矢板や軽量鋼矢板などによる土留め壁であり、軽量かつ短尺で扱いやすいが、断面性能が小さく、遮水性もあまりよくない。

33 施工計画 ・・・解答①

②〜⑤適切。
①**不適切**。「工事原価」とは、建設物を作る過程でかかった原価のことで、「材料

費」「労務費」「経費」「外注費」の4要素から構成されている。一般管理費や利益は加えない。

34　建設環境　　　　　　　　　　　　　　　　・・・解答③

①②④⑤適切。
③**不適切**。選択肢の文章はスクリーニングのこと。スクリーニングとスコーピングは第一次試験ではよく出題されるので、しっかり理解しておくこと。

スコーピング	日本語では検討範囲の絞りこみという意味で、事業の特性や地域環境に応じて評価項目、調査手法などを選定する手続きのことである。事業計画、評価の対象、評価の枠組みなどを定めた【方法書】を確定する手続きのことである。
スクリーニング	第2種事業を環境影響評価法の対象とするかどうかを判定する手続きのこと。

35　建設環境　　　　　　　　　　　　　　　　・・・解答②

①③〜⑤適切。
②**不適切**。騒音規制法は、工場及び事業場における事業活動並びに建設工事に伴って発生する相当範囲にわたる騒音について必要な規制を行うとともに、自動車騒音に係る許容限度を定めること等により、生活環境を保全し、国民の健康の保護に資することを目的としている。

　具体的には、**都道府県知事**が騒音について規制する地域を指定するとともに、時間及び区域の区分ごとの規制基準を定め、**市町村長**が規制対象となる特定施設等に関し、必要に応じて改善勧告等を行う。
　建設工事においては、くい打機など、建設工事として行われる作業のうち、著しい騒音を発生する作業であって政令で定める作業を規制対象としている（大型ダンプトラックによる運搬作業は特定作業に含まれない）。都道府県知事が定めた特定地域で特定建設作業を施工しようとする場合は、作業開始の7日前までに**市町村長**への届け出が必要であり、規制基準には、敷地境界の騒音の大きさのほかに、区域の区分に応じた作業時間の制限等が定められている。

1　土質及び基礎　　　　　　　　　　　　・・・解答③

①②④⑤適切。

③**不適切**。土の三相構造の図をイメージして丁寧に落ち着いて考える。

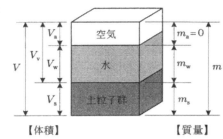

飽和度 $S_r = \dfrac{V_w}{V_w + V_a} \times 100$ ［％］、

含水比 $w = \dfrac{m_w}{m_s}$、間隙比 $e = \dfrac{V_a + V_w}{V_s}$、

$\rho_s = \dfrac{m_s}{V_s}$、$\rho_w = \dfrac{m_w}{V_w}$

問題文の数式に当てはめてみる。

$$S_r = \frac{e\rho_w}{w\rho_s} \times 100 = \frac{\dfrac{V_a + V_w}{V_s} \times \dfrac{m_w}{V_w}}{\dfrac{m_w}{m_s} \times \dfrac{m_s}{V_s}} \times 100 = \frac{V_a + V_w}{V_w} \times 100$$

飽和度 $S_r = \dfrac{V_w}{V_w + V_a} \times 100$ なので、③が不適切。

2　土質及び基礎　　　　　　　　　　　　・・・解答③

　土の圧密を考えるときに、土粒子及び a：間隙水 は事実上圧縮しないものと考えてよい。したがって、土の圧密による体積減少は土の間隙の減少によるものであり、飽和土の場合、体積減少に等しい分だけの a：間隙水 が排出される。粗い砂や礫のように透水性の b：高い 土の場合、圧密は短時間で終了する。一方、粘土のような透水性の c：低い 土では、 a：間隙水 の排出に長時間を要する。したがって、このような土の圧密現象を扱う場合、圧密荷重と圧密量の関係に加えて、圧密の d：時間的推移 が問題となる。

3　土質及び基礎　　　　　　　　　　　　・・・解答④

体積：初期高さ H_0 × 初期断面積 A_0 ＝ $10 × 10$ ＝ $100cm^3$
破壊時の高さ H は、H ＝ 10.0cm － 10mm ＝ 9.0cm
破壊時の断面積 A は、A ＝ 100 ÷ 9.0 ＝ $11.1cm^2$
一軸圧縮強さ σ ＝ 20 ÷ 11.1 ＝ $1.8N/cm^2$ ＝ $18.0kN/m^2$　　　⇒　**答え④**

4　土質及び基礎　　　　　　　　　　　　・・・解答①

②～⑤適切。
①**不適切**。問題文は土石流のこと。土砂災害は、大きく「土石流」「地すべり」「が
け崩れ」の３つに分類することができる。地すべりは以下の表のとおり。

土石流	大雨などが原因で山や谷の土・石・砂などが崩れ、水と混じってどろどろになり、一気に流れ出てくる現象である。破壊力が大きく、速度も速いので、大きな被害をもたらす。
地すべり	比較的ゆるい傾きの斜面が、雨や雪解け水がしみこんだ地下水によって、広い範囲にわたってすべり落ちていく現象である。家や畑などもいっしょに、地面が大きなかたまりのまま動く。地すべりが動く速さは、ふつうは目に見えないほどゆっくりであるが、一気に動くこともある。また、１つの場所で何十年にもわたって少しずつ動く地すべりもあれば、地震などがきっかけで突然起きる地すべりもある。
がけ崩れ	急な斜面が突然崩れ落ちる現象である。雨水がけにたくさんしみこんだことが原因で起きたり、地震のゆれによって起きたりする。一気に大量の土砂がくずれ落ちてくるため、がけの下にいる人は逃げ遅れることが多い。

5　鋼構造　　　　　　　　　　　　　　　・・・解答②

①③～⑤適切。
②**不適切**。三角形分布荷重では、荷重は距離に比
　例する直線であらわされるため、せん断力図は
　２次曲線、曲げモーメント図は３次曲線となる。

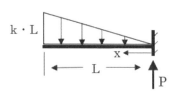

上図で右端からの距離xの地点でのせん断力$Q(x)$及び曲げモーメント$M(x)$は、下式で表わされる。

$$Q(x) = P - \int kx\,dx = P - \frac{k}{2}x^2$$

$$M(x) = \int Q(x)\,dx = \int \left(P - \frac{k}{2}x^2\right)dx = Px - \frac{k}{6}x^3$$

6 鋼構造　　　　　　　　　　　　　　　　　　・・・解答③

図心とは糸を垂らして傾かない点のことで、重さが均等ならば図心＝重心である。

　　図心距離＝（断面積×図心位置までの距離）の合計÷全断面積
で、求めることができる。

　T型の上部と下部に分けて考える。

上部の断面積：$4a \times 2a = 8a^2$　　　線ABから図心までの距離：$5a$

下部の断面積：$a \times 4a = 4a^2$　　　線ABから図心までの距離：$2a$

　　$h = (8a^2 \times 5a + 4a^2 \times 2a) \div (8a^2 + 4a^2) = 48a^3 \div 12a^2 = 4a$　　⇒　**答え③**

7 鋼構造　　　　　　　　　　　　　　　　　　・・・解答④

　右図は応力$(\sigma_x, \sigma_y, \tau_{xy})$が作用している状態。座標系を回転させて、$(\sigma_1, \sigma_2, 0)$となる状態が主応力$(\sigma_1, \sigma_2)$である。

　最大主応力がσ_1で最小主応力がσ_2とすると、それぞれ、次式で計算できる。

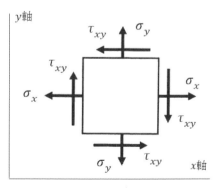

$$\sigma_1 = \frac{1}{2}(\sigma_x + \sigma_y) + \frac{1}{2}\sqrt{(\sigma_x - \sigma_y)^2 + 4\tau_{xy}^2}$$

$$\sigma_2 = \frac{1}{2}(\sigma_x + \sigma_y) - \frac{1}{2}\sqrt{(\sigma_x - \sigma_y)^2 + 4\tau_{xy}^2}$$

上式に応力$(10、-6、6)$を当てはめる。

最大主応力：$\sigma_1 = \dfrac{1}{2}(10-6) + \dfrac{1}{2}\sqrt{(10+6)^2 + 4 \cdot 6^2} = 12$ （N/mm^2）　⇒　**答え④**

最小主応力：$\sigma_2 = \dfrac{1}{2}(10-6) - \dfrac{1}{2}\sqrt{(10+6)^2 + 4 \cdot 6^2} = -8$ （N/mm^2）

8 鋼構造 ・・・**解答⑤**

①〜④適切。
⑤**不適切**。疲労とは構造物や材料が繰返し荷重を受けて強度が減少する現象のことで、繰返し荷重の変動応力の平均値が大きければ当然早く疲労する。

9 鋼構造 ・・・**解答①**

②〜⑤適切。
①**不適切**。耐候性鋼は、適量のCu、Cr、Niなどの合金元素を含有し、大気中での適度な乾湿の繰り返しにより表面に緻密なさびを形成する鋼材のことである。緻密なさびが鋼材表面を保護し、さびの進展が時間の経過とともに次第に抑制されていく。耐候性鋼は、溶接構造用鋼材としての優れた特性を有するとともに、適切な計画設計、施工、維持管理により無塗装で優れた防食性能を発揮するため、橋梁のライフサイクルコスト（LCC）の観点から魅力的な素材である。腐食性の高い環境には適用されないが、主にニッケルを多く添加し、従来のJIS耐候性鋼に対し耐塩分特性を高めた新しい鋼材も開発されている。

10 コンクリート ・・・**解答④**

①〜③⑤適切。
④**不適切**。水セメント比とは、コンクリート中のセメントに対する水の質量比又は百分率W/Cのことである。一般に水セメント比が小さいほど、コンクリート強度が高く、密実になる。コンクリートの劣化に対する抵抗性並びに物質の透過に対する抵抗性等が要求されるコンクリートはより小さな水セメント比が要求され、その値は65％以下であるとされている。

| 11 | コンクリート | ・・・解答② |

①③〜⑤適切。

②**不適切**。低熱ポルトランドセメントとは、ゆっくり硬化するセメントの1つで、似たセメントに中庸熱ポルトランドセメントがある。両者を比較すると、低熱ポルトランドセメントの方が「ゆっくり硬化する」ため強度発現まで7日もかかる。水和熱が小さく、乾燥収縮を抑えられる。初期強度の発現に時間がかかり強度も低いが、91日後には普通ポルトランドセメントと同等の強度が確保できる。低熱ポルトランドセメントの用途としては、マスコンクリート（大断面のコンクリート）、高流動コンクリート、高強度コンクリート、夏期工事があげられる。

低熱及び中庸熱ポルトランドセメントに関する過去の選択肢の文章	正誤
低熱ポルトランドセメントは、材齢初期の圧縮強さは低いが、長期において強さを発現する特性を持っており、高流動コンクリート、高強度コンクリートに使用される。（H21-11）	正しい
低熱ポルトランドセメントは、材齢初期の圧縮強さは低いが、長期において強さを発現する特性を持っている。（H25-12）	正しい
低熱ポルトランドセメントは、寒中コンクリート、工期が短い工事、初期強度を要するプレストレストコンクリート工事等に使用される。(R3-11)	誤り
中庸熱ポルトランドセメントは、普通ポルトランドセメントに比べ、水和熱が低く、長期強度に優れ、ダムなどのマスコンクリートに使用される。(H21-11)	正しい

| 12 | コンクリート | ・・・解答④ |

①〜③⑤適切。

④**不適切**。中性化とは、CO_2によって生じる、鉄筋コンクリートの劣化の一つである。コンクリートは主成分がセメントであるため内部がpH12〜13の強アルカリであるが、外部からの炭酸ガスの侵入によって、pHが失われ中性化する。中性になると鋼材の不動態被膜が失われ、耐腐食性が低下する。

13 都市計画 ・・・解答②

①③〜⑤適切。
②**不適切**。都市計画区域を指定するためには一定の要件を満たすことが必要であるが、その要件を満たしていない区域であっても、将来的に市街化が見込まれる場合には、土地利用をあらかじめ規制しておくことが望ましい。その必要に応えるために、平成12年に創設されたのが「準都市計画区域」の制度である。準都市計画区域は、都道府県が、あらかじめ関係市町村および都道府県都市計画審議会の意見を聴いたうえで指定する。指定するのは都道府県であり、問題文の市町村は誤り。

技術士一次試験において、国が、都道府県が、市町村が、といった【誰が】指定するのか？という部分を変更した選択肢は頻出である。しっかり理解しておくことが望ましい。

14 都市計画 ・・・解答①

②〜⑤適切。
①**不適切**。市街地再開発事業には第1種と第2種の2種類があり、収支の方式や施行者が異なる。第1種の施行者には、個人施行者や市街地再開発組合も含まれるが、第2種事業は公共性・緊急性が著しく高い区域であり、個人施行者や市街地再開発組合は含まれない。

第1種事業「権利変換方式」	第2種事業「管理処分方式（用地買収方式）」
土地の高度利用によって生み出される新たな床（保留床）の処分（新しい居住者や営業者への売却等）などにより、事業費をまかないます。従前建物・土地所有者等は、従前資産の評価に見合う再開発ビルの床（権利床）を受け取ります。	いったん施行地区内の建物・土地等を施行者が買収又は収用し、買収又は収用された者が希望すれば、その対償に代えて再開発ビルの床が与えられます。保留床処分により事業費をまかなう点は第一種事業と同様です。

15 都市計画 ・・・解答④

①〜③⑤適切。

④**不適切**。国勢調査は我が国の人口を明らかにするための調査で、1920（大正9年）以来、10年ごとの大規模調査と5年ごとの簡易調査が行われてきた。西暦年の末尾が「0」の年は大規模調査として、また西暦年の末尾が「5」の年には簡易調査として行われる。従業地又は通学地までの利用交通手段は大規模調査の年だけで、簡易調査の年では項目には入っていない。

国勢調査に関する過去の選択肢の文章	正誤
国勢調査は、日本に住んでいるすべての人及び世帯を対象として、国内の人口や世帯の実態を明らかにするもので、従業地又は通学地等を把握することができる。（H28-14）	正しい
国勢調査は、人口に関する最も基本的な調査であり、5年ごとにすべての人と世帯を対象とする統計調査として実施されている。（H27-15）	正しい
国勢調査は、人口に関する最も基本的な調査であり、10年ごとの大規模調査では通勤通学手段等も調査に含まれている。（H19-13）	正しい
国勢調査では、従業地又は通学地、従業地又は通学地までの利用交通手段などが5年ごとに調査されるため、市区町村間の通勤、通学交通需要とその流動の実態が把握できる。(R3-15)	誤り

16　都市計画　　　　　　　　　　　　　　　・・・解答③

①②④⑤適切。

③**不適切**。平成17年（2005年）に、これまでわが国の国土政策の根幹を定めてきた『国土総合開発法』が『国土形成計画法』へと抜本的に改正された。これまでの開発基調・量的拡大を志向する全国総合開発計画（全総）が時代にあわなくなってきたことが背景にある。

　国土形成計画では、長期的な国土づくりの指針（概ね10年間）を示す**全国計画**と、国と地方の協働によるブロック単位（首都圏、近畿圏、中部圏、東北圏、北陸圏、中国圏、四国圏、九州圏）ごとの**広域地方計画**の2層だてとなっている。北海道は北海道開発法、沖縄は沖縄振興特別措置法がすでに存在している。

17　河川　　　　　　　　　　　　　　　　・・・解答②

何も考えずにただの方程式として考える。

点Aと点Bは水平のため、$z_A - z_B = 0$　とする。

$$\frac{v_A{}^2}{2g} + \frac{p_A}{\rho g} = \frac{v_B{}^2}{2g} + \frac{p_B}{\rho g}$$

ここで、$v_B = 3v_A$ を代入する。
$$\rho v_A{}^2 + 2p_A = 9\rho v_A{}^2 + 2p_B \Leftrightarrow p_B = p_A - 4\rho v_A{}^2 \quad \Rightarrow \quad \textbf{答え②}$$

18 河川　　　　　　　　　　　　　　　　　　　　　　・・・解答①

②～⑤適切。
①**不適切**。断面積Aが小さくなっても、流量Qは一定である。
　　$Q = v \cdot A = $ 一定　　（Q：流量、v：流速、A：断面積）

単一管路系の流れの断面積変化に関する過去の選択肢の文章	正誤
流れ方向に管路の断面積が小さくなっても、その前後で流量は変化しない。(H21-12)	正しい
流れ方向に管路の断面積が大きくなると、流量は減少する。(R3-18)	誤り
流れ方向に管路の断面積が変化しない区間では、速度水頭は一定である。(H23-11)	正しい
流れ方向に管路の断面積が変化しない区間では、速度水頭は減少する。(H22-11)	誤り
流れ方向に管路の断面が一様なときは、エネルギー線と動水勾配線は平行となる。(R3-18)	正しい
管路の断面積が不連続的に拡大する急拡部ではエネルギー損失が生じるが、不連続的に縮小する急縮部ではエネルギー損失は生じない。(H23-11)	誤り

19 河川　　　　　　　　　　　　　　　　　　　　　　・・・解答⑤

①～④適切。
⑤**不適切**。マニング式はよく出題されるので、しっかり覚えておく必要がある。
　　マニング式において、平均流速は、動水勾配の平方根に比例し、粗度係数に反
　　比例する。

マニング式	$V = \dfrac{1}{n} R^{\frac{2}{3}} I^{\frac{1}{2}}$	V：平均流速（m/s）	R：径深（m）
		n：マニングの粗度係数	I：動水勾配

20　河川 ・・・解答④

①～③⑤適切。

④**不適切**。湾曲部では、遠心力が作用し、二次流が発生する。二次流は河川表面では内岸側から外岸側に流れ、河床付近では外岸側から内岸側に流れる。このため、小さな砂礫が内岸方向へ輸送され、内岸付近では、細砂の堆積、外岸付近では粗粒化する状態となる。

21　河川 ・・・解答①

②～⑤適切。

①**不適切**。想定最大規模水位以下ではなくて、計画高水位（洪水時に想定される水位）以下。

護岸は、水制等の構造物や高水敷と一体となって、計画高水位以下の水位の流水の通常の作用に対して堤防を保護する、あるいは掘込河道にあっては堤内地を安全に防護できる構造とするものとする。また水際部に設置する護岸は、水際部が生物の多様な生息環境であることから、十分に自然環境を考慮した構造とすることを基本として、施工性、経済性等を考慮して設計するものとする。

22　河川 ・・・解答④

①～③⑤適切。

④**不適切**。平面二次元河床変動解析は計算負荷が非常に大きい。このため、広範囲かつ長期にわたる解析には向いていない。

・・・解答⑤

①～④適切。
⑤**不適切**。海底地盤の変動によって発生した津波は、その波長は水深に比べて非常に長い長波である。このため、一旦、陸上へ遡上した津波は浸水し続ける状態となり、河川を数 km にわたり遡上することもある。また、津波は、海が深いほど速く伝わる性質があり、沖合いではジェット機に匹敵する速さで伝わる。逆に、水深が浅くなるほど速度が遅くなるため、津波が陸地に近づくにつれ後から来る波が前の津波に追いつき、波高が高くなる。

津波の速度をvとすると、$v = \sqrt{gd}$　g：重力加速度、d：水深　で表される。

| 24 | 海岸 | ・・・解答② |

①**不適切**。設計高潮位と設計津波を用いて安全性の照査を行う。
②適切。
③**不適切**。天端高の設計は、最大規模の津波（L2津波）ではなく、設計津波（L1津波）を用いて設計する。
④**不適切**。越波流量は直立堤の方が小さい。
⑤**不適切**。ハドソン式では設計計算で用いる波高が2倍になると、離岸堤のブロックの所要質量はその3乗の8倍になる。

$$M = \frac{\rho_r H^3}{K_d \left(S_r - 1 \right)^3 \cot\alpha} \quad \cdots ハドソン式$$

ここに、Mは被覆材の所要質量、ρ_rは被覆材の密度、S_rは被覆材の海水に対する比重（ρ_r / ρ_w）、ρ_wは海水の密度、Hは設計波高、K_d値は被覆材の種類及び被害率により定まる定数、aはのり面と水平面のなす角度である。

| 25 | 港湾 | ・・・解答④ |

①～③⑤適切。
④**不適切**。傾斜堤は、捨石堤ともいわれ、石や消波ブロック等を積み上げて建設

する。歴史的に最も古いタイプの防波堤である。

1）軟弱な海底地盤にも適用しやすい。
2）施工が容易である。
3）維持補修が容易である。
4）反射波の発生が少ない。

傾斜堤は、底面の幅が広くなるため、必然的に港内の利用できる水域が狭くなる。水深が深い場合、大量の構造材が必要なため、安い材料の入手など経済的な配慮も大切となる。また、定期的な維持補修も必要になる。捨石部の被覆材の所要質量は、一般化されたハドソン式によって算定する。

過去に出題された傾斜堤関連の出題を整理すると以下のようになる。

傾斜堤に関する過去の選択肢の文章	正誤
傾斜堤は、軟弱地盤にも適用でき海底地盤の凹凸に関係なく施工できる。（H25-21）	正しい
傾斜堤は、反射波が少なく、波による洗堀に対して順応性があるが、軟弱地盤には適用できない。（R3-25）	誤り
傾斜堤は、直立堤に比べ反射波が少なく付近の海面を乱さないが、越波により港内側の斜面が破壊されやすい。（H18-21）	正しい
傾斜堤は透過波の影響により、天端高を直立堤と同じにしても港内波高が大きくなることがある。（H25-22）	正しい
傾斜堤は、石やコンクリートブロックを台形状に捨てこんだもので、透過波があるので、天端高を直立堤と同じにしても港内波高が大きくなることがある。（H22-17）	正しい
傾斜構造物の表のり面を被覆する捨石及びコンクリートブロックの所要質量の算定は、安定数によるハドソン式を用いることができる。（H23-17）	正しい
傾斜堤の表のり面を被覆する捨石及びコンクリートブロックの所要質量の算定は、ヒーリーの方法を用いることができる。（H24-22）	誤り

26 砂防 ・・・解答②

①③〜⑤適切。
②**不適切**。土砂災害防止法では、**都道府県知事**が土砂災害警戒区域を指定し、市町村の長が市町村地域防災計画に警戒避難体制に関する事項を定めることとしている。また、都道府県知事が避難のための立ち退きの勧告又は指示の判断に資するための情報として、土砂災害警戒情報を市町村の長に通知することとしている。

また、土砂災害警戒情報は、土砂災
害防止法第27条に基づき、降雨によ
る土砂災害の危険が高まったときに
市町村長が避難勧告等を発令する際
の判断を支援するため、都道府県と
気象庁が共同で発表している情報。
要配慮者の避難に必要な時間を考慮
し、統計的に、土砂災害警戒情報発表
基準の概ね1時間程度前に出現する
土壌雨量指数の値を、大雨警報の土壌雨量
指数基準に設定し、その基準を超える2〜6時間前に発表する。

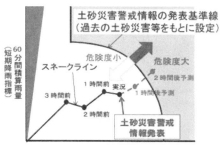

国土交通省ＨＰより

27　電力土木　　　　　　　　　　　・・・解答③

① **不適切**。太陽光発電は非常用電源として有効であるが、太陽光を電力に変える
　わけなので、当然夜間には向かない。
② **不適切**。風力発電は大規模に開発した場合、1kWhあたりの発電コストが21.6
　円（陸上）と試算されており、事故対応費用を含めた原子力の発電コストの
　10.1円/kWhと比較すると遜色ないとは言えない。
③ **適切**。
④ **不適切**。バイオマス発電は、バイオマスを燃焼させることによってタービンを
　回し、電力を発生させるが、その熱のほとんどは無駄になっている。発生させ
　た熱エネルギーのうち、およそ20〜30％が電力に変換されるだけで、残りのエ
　ネルギーはそのまま失われてしまっている。
⑤ **不適切**。地熱発電は出力が安定しており、昼夜を問わず24時間稼働が可能で
　ある。大規模開発が可能であるが、適地が温泉観光地であり、地元との調整が
　難しい。

28　電力土木　　　　　　　　　　　・・・解答⑤

①〜④ **適切**。
⑤ **不適切**。流動変動が少ないではなくて、「落差変動の少ない」が正しい。

中小水力発電に関する過去の選択肢の文章	正誤
露出形式の水圧管路の屈曲部では、管をコンクリート製アンカーブロックで固定する。（R3-28）	正しい
露出形式の水圧管路の屈曲部では、管をコンクリート支台で固定する。（H23-19）	誤り
ペルトン水車は、流量が変化しても落差変動が少ない場合には効率の低下が比較的小さいので、高落差で流動変動の少ない流れ込み式発電所に適した水車である。（R3-28）	誤り
ペルトン水車は、高落差で落差変動の少ない流れ込み式発電所に適した水車である。（H23-19）	正しい

29　道路　　　　　　　　　　　　　　　　　・・・解答①

②〜⑤適切。

①**不適切**。常識的に考えて、性能指標は、道路管理者、つまり発注者が設定するものである。

以下、舗装に関する技術基準より。

●舗装の性能指標の設定

1）舗装の設計前に、道路の存する地域の地質及び気象の状況、道路の交通状況、沿道の土地利用の状況等を勘案して、当該舗装の性能指標及びその値を定めるものとする。

2）舗装の性能指標の値は、原則として施工直後の値とする。

3）舗装の性能指標の値は、施工直後の値だけでは性能の確認が不十分である場合においては、必要に応じ、供用後一定期間を経た時点の値を定めることができるものとする。

30　鉄道　　　　　　　　　　　　　　　　　・・・解答⑤

①〜④適切。

⑤**不適切**。在来線と新幹線が逆。

3次放物線 (直線てい減)	曲率が緩和曲線始端における接線方向上のある横軸の点に対して直線的に比例する曲線。取扱いが容易なので、日本の鉄道の多くが用いている。
サイン半波長 (曲線てい減)	曲率とカントの変化が連続的な曲線。新幹線および一部の在来線高速線区で用いられている。
クロソイド曲線 (直線てい減)	曲率が曲線上の距離に対して直線的に比例する曲線。急曲線でかつ緩和曲線長が短い一部の地下鉄で用いられている。

31 トンネル ・・・解答②

①③〜⑤適切。
②**不適切**。「軟岩や未固結地山」と「亀裂の発達した中硬岩や硬岩地山」が逆。

ロックボルトに関する過去の選択肢の文章	正誤
ロックボルトは、トンネル壁面から地山内部に穿孔された孔に設置される支保部材であり、穿孔された孔のほぼ中心に定着される芯材が孔の周囲の地山と一体化することにより、地山の内部から支保効果を発揮する。(R3-31、R1-31)	正しい
ロックボルトの性能は、軟岩や未固結地山では、主に亀裂面に平行な方向あるいは直角な方向の相対変位を抑制すること、また、亀裂の発達した中硬岩や硬岩地山では、主にトンネル半径方向に生ずるトンネル壁面と地山内部との相対変位を抑制することにある。(R3-31)	誤り
ロックボルトの効果の1つに、地山にロックボルトを挿入することで、地山自身の有するせん断抵抗力が増大し、地山が降伏した場合でも残留強度が増すことがある。(H18-30)	正しい
ロックボルトは、トンネル壁面から地山内部に穿孔された孔のほぼ中心に定置された鋼棒等の芯材、芯材を孔の周囲の地山と一体化するための定着材、及び頭部で芯材と吹付けコンクリート等を一体化するためのプレートとナットから構成される複合部材である。(H22-32)	正しい

32 施工計画 ・・・解答①

①**不適切**。盛土式仮締切工法は、仮締切工法の中では、施工が簡単で早く、地盤の起伏の多い場所にも適するなどの利点がある。また安定性にも優れている。

一方、堤体幅が大きくなるため、比較的広い敷地を要する、深い水深には不適などの短所がある。

②適切。ワイヤーソー工法は、建設作業に伴う騒音・振動・粉じんなど、コンクリート構造物解体による工事公害への規制が厳しくなっている中、強靭なダイヤモンド砥粒を埋め込んだビーズを一定間隔に装着した"ダイヤモンドワイヤー"を切断対象物に環状に巻きつけ、一定の張力と高速回転により切断する工法である。鉄筋コンクリートの複雑な形状物や水中構造物、狭い場所、高所など、対象物に制限がなく、無振動・低騒音で粉じんも少なく、現場条件に合わせた機械配置が可能で縦横・傾斜と自由に切断ができる。

③適切。人工的な排水路を作り、排水距離を短くすることで、圧密を早期に収束させる方法である。

④適切。RCD工法は、コンクリートダムの合理化施工法として我が国で開発されたもので、セメントの量を少なくした超硬練りのコンクリートをブルドーザーで敷均し、振動ローラーで締め固める工法である。従来工法に比べ、ブルドーザーや振動ローラーといった多くの機械を使うことができること、大量打設が可能なことなどの利点があり、工期の短縮と工費の低減、工事の安全性を図ることができる。現在、中・大規模コンクリートダムの主流の施工法となっている。

⑤適切。EPS工法は、橋台背面の荷重を軽減して橋台に起こる変位を少なくするために、発泡スチロールを用いた超軽量盛土をすることで土圧の低減を図る工法である。EPSは水に浮く特徴があるため、地下水に接触するような場所では注意が必要である。

33 施工計画　　　　　　　　　　　　　　　・・・解答⑤

①〜④適切。

⑤**不適切**。選択肢の文章は安全管理。労務管理とは、従業員の賃金や福利厚生など、労働に関することを管理すること。労働時間の管理、賃金システムの見直し・管理などが業務に含まれる。労務管理と比較される人事管理は、従業員の雇用から解雇までの管理を行い、人事考課や採用、従業員の異動・配置などの業務が含まれる。従業員が高いパフォーマンスを発揮できるようサポートをすることで、企業活動を円滑に進めるための重要な役割を担っている。

令和3年度 建設部門

①適切。水質汚濁に関わる環境基準は、人の健康の保護に関する環境基準と生活環境の保全に関する環境基準が定められている。

● 環境基本法 第十六条

政府は、大気の汚染、水質の汚濁、土壌の汚染及び騒音に係る環境上の条件について、それぞれ、【人の健康を保護】し、及び【生活環境を保全】する上で維持されることが望ましい基準を定めるものとする。

➤ 人の健康等を維持するための最低限度としてではなく、より積極的に維持されることが望ましい目標として、その確保を図っていこうとするものである。
➤ 汚染が現在進行していない地域については、少なくとも現状より悪化することとならないように環境基準を設定し、これを維持していくことが望ましいものである。
➤ 環境基準は、現に得られる限りの科学的知見を基礎として定められているものであり、常に新しい科学的知見の収集に努め、適切な科学的判断が加えられていかなければならないものである。

---

②適切。PM2.5とは、大気中に浮遊している2.5μm以下の小さな粒子のことで、従来から環境基準を定めて対策を進めてきた浮遊粒子状物質（SPM：10μm以下の粒子）よりも小さな粒子である。PM2.5は非常に小さいため（髪の毛の太さの1/30程度）、肺の奥深くまで入りやすく、呼吸器系への影響に加え、循環器系への影響が心配されている。

　PM2.5については、環境基本法第16条第1項に基づく人の健康の適切な保護を図るために維持されることが望ましい水準として以下のとおり環境基準が定められている。

　1年平均値：15μg/m³以下　かつ　1日平均値：35μg/m³以下

③適切。ゼロ・エミッションは、ある産業の副産物や不要物（廃棄物）を別の産業において有効利用し、社会全体で資源を循環させるため、関与する産業の連携が必要である。環境を汚染することのない生産工程を用いること、単に生産段階での排出を減らすだけでなく、消費や廃棄の段階での影響にも配慮して

原材料や生産工程を見直すことが重要である。

④適切。振動規制法は、工場及び事業場における事業活動並びに建設工事に伴って発生する相当範囲にわたる振動について必要な規制を行うとともに、道路交通振動に係る要請限度を定めること等により、生活環境を保全し、国民の健康の保護に資することを目的とする。振動規制法では、くい打機など、建設工事として行われる作業のうち、著しい振動を発生する作業であって政令で定める作業を規制対象としており、振動規制基準は、特定建設作業の振動が、当該特定建設作業の場所の敷地境界線において、75デシベルを超える大きさのものでないこととされている。

⑤**不適切**。持続可能な開発目標（SDGs：Sustainable Development Goals）とは、2001年に策定されたミレニアム開発目標（MDGs）の後継として、2015年9月の国連サミットで加盟国の全会一致で採択された「持続可能な開発のための2030アジェンダ」に記載された、2030年までに持続可能でよりよい世界を目指す国際目標のこと。17のゴール・169のターゲットから構成され、地球上の「誰一人取り残さない（leave no one behind）」ことを誓っている。SDGsは発展途上国のみならず、先進国自身が取り組むユニバーサル（普遍的）なものであり、日本としても積極的に取り組んでいる。

35　建設環境　　　　　　　　　　　　　　　　　・・・解答④

①～③⑤適切。

④**不適切**。日本の国土の30%を占める「人工林」に於いて、適切な管理を行い（管理森林）、木を育て（CO_2吸収）、時期が来れば伐採して建設資源等として活用し（CO_2の固定化）、また植えて育てる（新たなCO_2吸収）、この効率の良い循環を促す事が、CO_2排出の削減に貢献すると考えられている。また、この循環を計画的に行うことで、木材は無限の資源となりうる。

　木材は加工が容易なため、その過程で大きなエネルギーを必要としない。そのエネルギー使用量は合板生産の6分の1、セメントの30分の1、鋼板の60分の1程度である。また、木材はリユース（再利用）が可能な資源である。リユースしない場合でも燃料になる。この時、CO_2は大気中に戻るが、これは空気中のCO_2を吸収固定していた物であり、カーボンニュートラルと考えることが出来る。化石燃料を使用し、新たなCO_2と有害物質を排出する事とは根本的に異なる。

令和２年度問題　正答・解説

1　土質及び基礎　　　　　　　　　　・・・解答②

①③〜⑤適切。

②**不適切**。含水比は土に含まれている水の質量と、その土の乾燥質量との比を百分率で表したもの。

$$w=\frac{m_w}{m_s}\times100 \quad [\%]$$

2　土質及び基礎　　　　　　　　　　・・・解答④

①〜③⑤適切。

④**不適切**。粒度は粒径加積曲線で知ることが出来る。粒径が1〜5μmのものは粘土、5〜75μmのものはシルトと呼ばれる。0.075〜2.0mmのものは砂、2.0mm以上は礫に分類される。

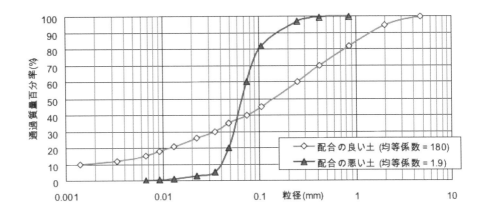

3　土質及び基礎　　　　　　　　　　　　　　　・・・解答①

ダルシー（Darcy）の法則は、以下の通りである。

$v = ki$　　v：流速（cm/s）、k：透水係数（cm/s）、i：動水勾配

ここで、流速　$v = \dfrac{Q}{A}$　、動水勾配　$i = \dfrac{h}{L}$

$v = ki \Leftrightarrow \dfrac{Q}{A} = k\dfrac{h}{L}$　　⇒　**答え①**

4　土質及び基礎　　　　　　　　　　　　　　　・・・解答④

下図は、壁体の変位に伴う土圧の変化を示した模式図である。最小、最大となったときの土圧をそれぞれ、 a：主働土圧 　、 b：受働土圧 　と呼ぶ。構造物に作用する土圧は、地盤の破壊状態と密接な関係にあるので、地盤の破壊状態を仮定して土圧を算定することが行われてきた。壁の背後地盤全体が破壊に達した状態を仮定して土圧を導き出すのが c：ランキン 　の土圧理論であり、壁の背後地盤がくさび状にすべる状態を仮定して、力の釣合い状態から土圧を導き出すのが d：クーロン 　の土圧理論である。

5　鋼構造　　　　　　　　　　　　　　　　　　・・・解答①

点Aの反力をR_A、点Bの反力をR_Bとすると、

$$R_A = R_B = \dfrac{ql}{2}$$

点Aから長さx地点での曲げモーメントMは、

$$M = R_A x - qx\dfrac{x}{2} = \dfrac{q}{2}x(l-x)$$

点Cのx＝l/2を代入する。

$$M_C = \dfrac{ql}{4}\left(l - \dfrac{l}{2}\right) = \dfrac{ql^2}{8}$$

⇒　**答え①**

図心 x 軸まわりの断面二次モーメントは $I_x = \int_A y^2 dA$ である。

長方形の場合　$I_x = \int_A y^2 dA = \int_{-h/2}^{h/2} b y^2 dy = \dfrac{bh^3}{12}$ である。

この式はこのまま暗記するべきである。

$$I = \frac{bh^3}{12} - \frac{(b-t)w^3}{12} \quad \Rightarrow \quad \textbf{答え④}$$

①②④⑤適切。

③**不適切**。溶接組立作業、補修作業、検査ができるだけ容易になるように部材および継手を配置し、溶接姿勢、溶接条件などの溶接施工条件を選定する。溶接姿勢はできるだけ下向きを採用する。

接合に関しては、『道路橋示方書 Ⅱ鋼橋編』で以下のように規定されている。

(1) 部材の連結の設計は作用力に対する終局限界状態を照査することによって行うのを原則とする。

(2) 主要部材の連結の設計は、(1) の規定によるほか、原則として母材の全強の75%以上の強度をもつようにする。ただし、せん断力については作用力を用いてよい。

(3) 部材の連結部の構造は、次の事項を満たすように設計しなければならない。

　1) 応力の伝達が明確であること。
　2) 構成する各材片において、なるべく偏心がないようにすること。
　3) 有害な応力集中を生じさせないこと。
　4) 有害な残留応力や二次応力を生じさせないこと。

8　鋼構造　　　　　　　　　　　　　　・・・解答②

①③〜⑤適切。

②**不適切**。昭和40年代後半〜50年代初頭に架設された橋梁では、高力ボルトとしてF11Tが使用されているものがある。F11Tの高力ボルトは、高張力鋼特有の遅れ破壊の可能性があり、点検や取替えなどの対策が必要である。

9　鋼構造　　　　　　　　　　　　　　・・・解答⑤

①〜④適切。

⑤**不適切**。床版及び床組を設計する場合の活荷重として、車道部分には**集中荷重**（T荷重）を載荷する。

10　コンクリート　　　　　　　　　　・・・解答②

①③〜⑤適切。

②**不適切**。コンクリートの強度は、一般には材齢28日における標準養生供試体の試験値で表す。

11　コンクリート　　　　　　　　　　・・・解答④

①〜③⑤適切。

④**不適切**。鉄筋コンクリート造の建物では、コンクリートが圧縮力を負担して、鉄筋が引張力を負担するため、鉄筋の継手は、荷重がかかった時に引っ張り応力が大きい場所を避けて、応力負担が小さい箇所に設けることが基本である。

　例えば、はりの場合ははり下端部ははり中央部に引っ張り応力がかかるため、中央部は避ける。一方はり上端部は、はり中央部は圧縮がかかる場所であり、はり中央部に継手位置を設ける。

コンクリート   ・・・解答⑤

①～④適切。
⑤**不適切**。アルカリシリカ反応による劣化とは、骨材中のある種の成分とコンクリート中のアルカリが反応して生成物が生じ、これが吸水膨張してコンクリートにひび割れが生じる現象である。アルカリ骨材反応（AAR）は、コンクリート中のアルカリと反応する鉱物の種類により、アルカリシリカ反応（ASR）とアルカリ炭酸塩反応（ACR）に大別される。世界的に見ると、その殆どはアルカリシリカ反応であり、我が国においてはアルカリシリカ反応について照査することとなっている。

問題文では、
×：コンクリート中の酸性水溶液　→　○：コンクリート中のアルカリ
×：異常な収縮　→　○：異常な膨張
と、2個所も間違っている。

13　都市計画   ・・・解答②

①③～⑤適切。
②**不適切**。選択肢の文章は【高度地区】のこと。

高度地区	用途地域内において市街地の環境を維持し、又は土地利用の増進を図るため、建築物の高さの最高限度又は最低限度を定める地区（都市計画法第9条）。
高度利用地区	用途地域内の市街地における土地の合理的かつ健全な高度利用と都市機能の更新とを図るため、建築物の容積率の最高限度及び最低限度、建築物の建ぺい率の最高限度、建築物の建築面積の最低限度並びに壁面の位置の制限を定める地区（都市計画法第9条）。

14 都市計画 ・・・解答⑤

①～④適切。

⑤**不適切**。地価の上昇が続くときには減歩によって資金が増える。

公共施設が不十分な区域において、地権者からその権利に応じて少しずつ土地を提供してもらうことを『減歩（げんぶ）』という。また、この土地を道路・公園などの公共用地が増える分に充てる他、その一部を売却し事業資金の一部に充てることもある。公共用地が増える分に充てるのが公共減歩、事業資金に充てるのが保留地減歩という。

地権者においては、土地区画整理事業後の宅地の面積は従前に比べ小さくなるものの、都市計画道路や公園等の公共施設が整備され、土地の区画が整うことにより、利用価値の高い宅地が得られる。

15 都市計画 ・・・解答①

②～⑤適切。

①**不適切**。リンク交通量や経路交通量についても算出できる。

現在一般的に用いられている配分交通量推計手法には、1）分割配分法、2）転換率法、3）分割・転換率併用配分法、4）均衡配分法がある。このうち、均衡配分法の基本的考え方、長所・短所は以下のように整理される。

●均衡配分法

均衡配分法は、利用者は所要時間の短い経路を選択すると仮定し、「等時間原則」を満足する均衡状態（どの利用者も経路を変更することによって自己の旅行時間をそれ以上短縮することはできない状態）をモデル化し、この均衡状態における交通量を数値計算によって求めるものである。均衡配分が用いられる理由は、ドライバーの最短経路選択を前提とした交通行動に基づく、より論理性のある交通モデルであり、そのモデルに厳密に従い、配分結果である交通量は1つに定まること等があげられる。

長所としては、Wardrop の第1原則（等時間原則）に厳密に従っており、解が1つに定まることから理論的に説明しやすいこと。ネットワークの小さな変化であれば、推計される交通量の変化は分割配分のように広域に影響することはないこと。設計要素によって定まる道路特性を反映したリンクパフォーマンス関数を設定することにより比較的精度の高い地域間旅行時間を推計できることなどが挙げられる。

16 都市計画　　　　　　　　　　　　　　　　　　　　・・・解答③

①②④⑤適切。

③**不適切**。全国計画の案の作成は、内閣総理大臣ではなくて、国土交通大臣である。

平成17年に、これまでわが国の国土政策の根幹を定めてきた『国土総合開発法』が『国土形成計画法』へと抜本的に改正された。国土形成計画は、長期的な国土づくりの指針（概ね10年間）を示す**全国計画**と、国と地方の協働によるブロック単位（首都圏、近畿圏、中部圏、東北圏、北陸圏、中国圏、四国圏、九州圏）ごとの**広域地方計画**の2層だてとなっている。全国計画は平成27年8月に閣議決定され、2015〜2025年の概ね10年間（2020年東京オリンピック・パラリンピック競技大会の前後にわたる「日本の命運を決める10年」）を対象としている。

17 河川　　　　　　　　　　　　　　　　　　　　　　・・・解答②

A点とC点は自由表面であり、圧力は大気圧でありゼロと考えられる。

A点は、圧力ゼロ、速度ゼロ、位置 z_A

C点は、圧力ゼロ、速度 v_C、位置 z_C

$$z_A = \frac{vc^2}{2g} + z_C \Leftrightarrow \frac{vc^2}{2g} = z_A - z_C$$

非圧縮性完全流体の断面積が一定のため、B点の流速はC点と同じである。

B点は、圧力 P_B、速度 v_C、位置 z_B

$$z_A = \frac{vc^2}{2g} + z_B + \frac{P_B}{\rho g}$$

$$\frac{P_B}{\rho g} = z_A - z_B - \frac{vc^2}{2g} = z_C - z_B$$

$$P_B = \rho g\,(z_C - z_B) \qquad\qquad 答え②$$

18 　河川　　　　　　　　　　　　　　　　　　　　・・・解答②

①③〜⑤適切。
②**不適切**。管径に反比例する。
摩擦損失は、管の長さと平均流速の2乗に比例し、管の内径に反比例する。
流体力学において、摩擦損失を求めるダルシー・ワイスバッハの式は覚えてお
　いた方がよい。

$$h_f = f \cdot \frac{L}{D} \cdot \frac{V^2}{2g}$$

h_f：摩擦による損失水頭（m）	D：管の内径（m）
f：摩擦損失係数	V：断面平均流速（g/s）
L：管の長さ（m）	g：重力加速度（m/s²）

19 　河川　　　　　　　　　　　　　　　　　　　　・・・解答⑤

　①〜④適切。
　⑤**不適切**。選択肢の文章は限界水深線ではなくて等流水深線。河川にせきやダ
ムを設けると、水がせき上げられ、水位の上昇が上流に及ぶ。これをせき上げ背
水という。せき上げ背水曲線はせきまたはダムの付近では水平に近いが、上流に
さかのぼるにつれて等流水深線（本来の河川の流れ）に漸近し、最後は川の流れ
に一致する。

20 　河川　　　　　　　　　　　　　　　　　　　　・・・解答④

①〜③⑤適切。
④**不適切**。水の乱れの影響を顕著に受け、底面付近から水面まで幅広く分布する
　のは浮遊砂である。
●土砂の移動
　掃流力が限界掃流力を超えて大きくなると、まず川底に近いところで土砂の
　移動（滑動、転動、小跳躍）が活発になる。この運動形態のことを「掃流」と呼
　び、掃流形態で移動する土砂を「掃流砂」と呼ぶ。掃流力がさらに大きくなる
　と、土砂粒子は河床近くから離れて水面近くまで運動範囲を広げる。このよう
　な運動形態を「浮遊」と呼び、この浮遊形態で移動する土砂のことは「浮遊砂」
　と呼ぶ。河床に堆積した土砂が、水流の作用で移動する掃流砂や浮遊砂のこと
　を「ベッドマテリアルロード」と呼ぶ。

一方、川の上流で移動を開始した浮遊砂が、河床に沈降しないまま流れに乗って運ばれてきた土砂のことを「ウォッシュロード」と呼ぶ。ウォッシュロードの大部分は、粒径0.1mm以下の微細な土粒子で流水と混合して河床材料と交換されずにそのまま流下する。

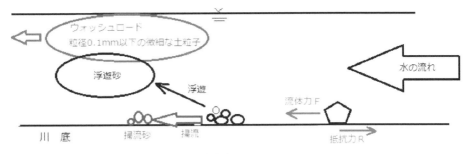

図．土砂移動のイメージ図

21　河川　　　　　　　　　　　　　　・・・解答①

①**不適切**。堤防は計画高水位以下の水位の流水の通常の作用に対して安全な構造となるように設計するものとする。堤防に求められる安全に関わる機能を、1) 耐浸透機能（浸透に耐える機能）、2) 耐侵食機能（侵食に耐える 機能）、3) 耐震機能（地震に耐える機能）とし、整備箇所に応じて所要の機能を確保するよう堤防を整備する。

●堤防に求められる安全に関わる機能

①耐浸透機能	耐浸透機能とは、洪水時の降雨および河川水の浸透により堤防（堤体および基礎地盤）が不安定化することを防止する機能であり、全堤防区間で必要とされる。
②耐侵食機能	耐侵食機能とは、洪水時の流水の侵食作用により堤防が不安定化あるいは流失することを防止する機能であり、耐浸透機能と同様に全堤防区間で必要とされる。
③耐震機能	耐震機能とは、地震により堤防が沈下し河川水が堤内地に侵入することによって、浸水等の二次災害を発生させないようにする機能であり、津波遡上区間で必要とされる。

22　河川　　　　　　　　　　　　　　　　　　・・・解答②

①③〜⑤適切。
②**不適切**。洪水防御計画は、河川の洪水による災害を防止又は軽減するため、計画基準点において計画の基本となる洪水のハイドログラフ（以下「基本高水」という。）を設定し、この基本高水に対してこの計画の目的とする洪水防御効果が確保されるよう策定するものとする。洪水防御計画の策定に当たっては、河川の持つ治水、利水、環境等の諸機能を総合的に検討するとともに、この計画がその河川に起こり得る最大洪水を目標に定めるものではないことに留意する。

23　海岸　　　　　　　　　　　　　　　　　　・・・解答③

①②④⑤適切。
③**不適切**。有義波は不規則波の代表波として最もよく用いられるものである。波浪観測において連続的な100波以上の波高の大きいものから数えて全波数の1/3の波を選びその波高と周期を平均化したもので、海岸保全施設の設計に使用される。また天気予報等で通常用いられるのも有義波である。

24　海岸　　　　　　　　　　　　　　　　　　・・・解答⑤

①〜④適切。
⑤**不適切**。従来は、砂を投入して砂浜をつくり、併せて砂が流れ出さないように突堤や人工リーフなどの構造物を設置する「静的養浜工」が一般的だった。これに対して、構造物を設けず砂の流出と維持管理を前提に砂を投入して波の力で砂浜を形成していくのが「動的養浜工」である。
動的養浜工の代表的なものがサンドバイパス工法とサンドリサイクル工法である。サンドバイパス工法は、砂浜に沿って流れてゆく砂（漂砂）が、人工構造物などに移動を遮られたためにその上手側に堆積したものを、下手側の海岸に人工的に移動させる。景観が重視される観光地では非常に有効である。サンドリサイクル工法は、流れの下手側にたまった砂を上手海岸に戻し、砂浜を復元する工法である。

・・・解答④

①〜③⑤適切。
④**不適切**。滑走路全長にわたって平行に設けられた誘導路を「平行誘導路」と呼ぶ。ターミナルなどから離陸のため滑走路端部への移動や、着陸後のターミナルへの移動を行う。離着陸回数が多い空港に設置され、地方の離着陸回数の少ない空港では設置されない。通常ピーク時間当たりの計器飛行方式による離着陸回数8回以上が設置の目安となる。

26　砂防

・・・解答⑤

①〜④適切。
⑤**不適切**。アーチダムはコンクリートの使用量が少なく済み、重力式コンクリートダムに比べて工費圧縮が可能で経済性に優れる。反面重力ダムのようにダム自体の重量と重力を応用した形で貯水池の水圧を支えることが難しい。このためダムにかかる水圧をアーチで湾曲させることで両側山腹の岩盤に圧力を分散させて水圧に耐える構造となっている。従ってアーチダムを建設するには莫大な水圧に耐えられるだけの強固な両側基礎岩盤の存在が絶対条件であり、建設可能な地点は限定される。

●アーチ式コンクリートダム	●フィルダム	●重力式コンクリートダム
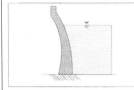	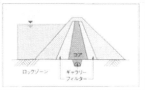	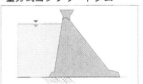
主として構造物のアーチ作用により、水圧等の力に耐えるように造られたダム。	ダムの材料として岩石、砂利、砂、土質材料を使って造るダム。この中にはゾーン型フィルダム、均一型フィルダム、表面遮水型フィルダムがある。	ダム提体の自重により水圧等の力に耐えるように造られたダム。一般的には直線形で、横断図は基本的には三角形となっている。

27　電力土木

・・・解答③

　非常に分かりやすいのが、Eの原子力。2011年の福島第一原発事故を境に安全基準が高まり、再稼働が難しくなりました。また、2000年ごろから石油の割合

が減少し、LNGや石炭が伸びていることは理解しておいてください。LNGは石油や石炭に比べるとクリーンで効率が良い点が評価されています。

電源の種類	1990年度	2000年度	2010年度	2015年度
A：水力	11.9%	9.6%	8.5%	9.6%
B：LNG	22.2%	26.4%	29.3%	44.0%
C：石炭	9.7%	18.4%	25.0%	31.6%
D：石油	26.5%	9.2%	6.4%	7.7%
E：原子力	27.3%	34.3%	28.6%	1.1%
その他	2.3%	2.1%	2.2%	6.0%

28　電力土木　　　・・・解答③

①②④⑤適切。

③**不適切**。沈砂池は、流水中の土砂などを沈殿させて流れから除くための池である。ポンプの摩耗や損傷を防ぐ目的で揚水設備の前に設けられることが一般的である。このため、流速を落とし、池内での流れが偏流や逆流や射流にならないようにする。

- 強固な鉄筋コンクリート造とする。
- 堆砂のための長方形の池が主要な構造である。
- 流入部と流出部が池の両端にあり、池内での流れが偏流や逆流を避け、層流となるように、幅が徐々に広がり／狭くなる。
- 上澄みだけを流出させるよう、内部の水面下に堰が設けられる。
- 清掃や点検、補修に備えて、複数の池を備えるものがある。
- 寒冷地で凍結が予想される場合には、屋根が設けられることがある。

29　道路　　　・・・解答①

①適切。建築限界は道路上で車両や走行者の交通の安全を確保するために、ある一定の幅、ある一定の高さの範囲内には障害となるようなものを置いてはならないとする空間確保の限界であり、車道部の建築限界は通常高さ4.5m、幅は車道と路肩を加えたものである。建築限界内には、照明施設、防護柵、信号

機、道路標識、街路樹、電柱などいっさい設けることはできない。

②**不適切**。車線数は、設計時間交通量が設計交通容量を下回るように決定される。

（設計時間交通量）

計画目標年における30時間交通量とすることを標準とする。一年間、時間にして8,760時間（24×365）の一時間ごとの交通量を多い順に並べていくと、経験的に、1番目と30番目とでは、倍半くらいの違いがある。8,760時間のうち、30時間くらいはちょっと我慢しようという考え方に基づき、上から30番目を設計時間交通量とする。

（可能交通容量）

可能交通容量は実際の道路条件下と交通状況に応じた最大交通量のことで、基本交通容量を補正して求める。車線幅員の減少、側方余裕の不足、大型車の混入、側方からの進入による障害、線形および見通しの悪さ、交差点の存在により、当然基本交通容量よりは小さくなる。

可能交通容量＝基本交通容量×$a1$×$a2$×$a3$×$a4$ で表される。

$a1$：車線幅員による補正　　　$a2$：側方余裕の不足による補正
$a3$：大型車による補正　　　　$a4$：沿道条件による補正

その他の影響要因（自転車の混入など）は、微々たるもので設計上は無視する。

（設計交通容量）

設計交通容量は可能交通容量の0.75〜0.9の値をかけて求める。

③**不適切**。車線の幅員は走行速度や快適性に最も大きな影響を与えるものであり、その必要幅員は路線の設計速度と交通量に応じて定める。

④**不適切**。設計速度は道路の構造を決定する極めて重要な要素である。

⑤**不適切**。計画交通量は、「年平均日交通量」に相当する。

30　鉄道　　　　　　　　　　　　　　　　　　　　・・・解答④

①〜③⑤適切。

④**不適切**。PCまくらぎとは、コンクリート製のまくらぎの一種である。もともとコンクリートは圧縮には強いが引張には弱いコンクリートの特性を生かして、この引っ張りの弱さを補強するためにPC鋼材を使用して、製作時に圧縮力を与えたコンクリートのまくらぎである。

●PCまくらぎの特徴

・木まくらぎや鉄まくらぎなどに比べて、我が国の鉄道でのPCまくらぎの使用率は高い。

・まくらぎ重量が木まくらぎよりかなり重いので安定性がある。したがって、座屈に対しての抵抗力が大きいので、ロングレール区間において適している。

・軌道狂いが進行しにくく保守費が節約でき、木まくらぎに比べて腐朽がないので耐用年数が長いなどの特徴がある。

・木まくらぎに比べて、電気絶縁性が悪く、レール締結装置の設計が難しい。そして、重量が重いので、取扱いが木まくらぎに比べて不便である。

31　トンネル　　　　　　　　　　　　　　・・・解答①

②〜⑤適切。

①**不適切**。シールド工法は、砂、粘土、岩盤など色々な地質でトンネルを造れる工法である。シールド機や各種機器を使用してトンネルを掘るので、周辺環境に悪影響を与えないようにトンネルを造ることが可能であり、都市部などの地上部が開発されている箇所でも、安全にトンネルを造ることが可能である。また、河川下などの地下水が豊富な箇所でも、安全にトンネルを造ることが可能である。

32　施工計画　　　　　　　　　　　　　　・・・解答⑤

①〜④適切。

⑤**不適切**。機械土工の基本的な掘削法は、切土の進め方によって、ダウンヒルカット（傾斜面掘削）工法とベンチカット（階段式掘削）工法に大別できる。選択肢の記述はダウンヒルカット工法である。

ダウンヒルカット工法（傾斜面掘削）	ベンチカット工法（階段式掘削）
傾斜面の下り勾配を利用して掘削を行う方法で、ブルドーザやスクレーパ系の掘削に適する工法。	階段状に掘削を進める方法でショベル＆トラック工法に適した工法。
	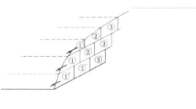

33 施工計画　　　　　　　　　　　　　　　・・・解答②

①③〜⑤適切。

②**不適切**。工事原価は、完成工事高に計上される工事の原価のことを指す。材料費、労務費、機械代、仮設費、外注費、経費などで構成されており、一般管理費や利益は含まない。

　一般管理費は営業費や本社で働く人たちの給与、原価償却費、租税公課、通信費などの本社の事務費などで、受注金額から工事原価と一般管理費を引いた値が利益になる。

34 建設環境　　　　　　　　　　　　　　　・・・解答④

①〜③⑤適切。

④**不適切**。スコーピングとは日本語では検討範囲の絞りこみという意味で、事業の特性や地域環境に応じて評価項目、調査手法などを選定する手続きのことである。事業計画、評価の対象、評価の枠組みなどを定めた【方法書】を確定する手続きのことである。

35 建設環境　　　　　　　　　　　　　　　・・・解答③

①②④⑤適切。

③**不適切**。循環型社会形成推進基本法と「公共工事の品質確保の促進に関する法律」とは特に関係がない。

循環型社会形成推進基本法の整備とともに、個別の廃棄物・リサイクル関係の法律が一体的に整備された。個別法として、廃棄物処理法、資源有効利用促進法(改正リサイクル法)、建設リサイクル法、食品リサイクル法、家電リサイクル法、容器包装リサイクル法、グリーン購入法、自動車リサイクル法、小型家電リサイクル法がある。

令和元年度再試験問題　正答・解説

1　土質及び基礎　　　・・・解答⑤

$e = V_v / V_s$ なので、V_s と V_v を、それぞれ ρ_s と ρ_d で表現する。

$$\rho_s = \frac{m_s}{V_s} \Leftrightarrow V_s = \frac{m_s}{\rho_s} \ ,$$

$$\rho_d = \frac{m_s}{V_s + V_v} \Leftrightarrow V_v = \frac{m_s}{\rho_d} - V_s = \frac{m_s}{\rho_d} - \frac{m_s}{\rho_s}$$

$$e = \frac{V_v}{V_s} = \left(\frac{m_s}{\rho_d} - \frac{m_s}{\rho_s} \right) \times \frac{\rho_s}{m_s} = \frac{\rho_s}{\rho_d} - 1$$

⇒　**答え⑤**

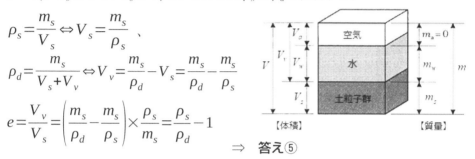

2　土質及び基礎　　　・・・解答⑤

地盤bの点Aまでの鉛直有効応力は、

$16 \mathrm{kN/m^3} \times 2\mathrm{m} + (18 - 10) \mathrm{kN/m^3} \times 3\mathrm{m} = 56 \mathrm{kN/m^2}$

地盤aと地盤cと地盤dの点Aまでの鉛直有効応力は、

$(18 - 10) \mathrm{kN/m^3} \times 5\mathrm{m} = 40 \mathrm{kN/m^2}$　　　である。　　　⇒　**答え⑤**

3　土質及び基礎　　　・・・解答②

①③④適切。一次圧密、二次圧密、圧密降伏応力、正規圧密粘土、過圧密粘土といった言葉の意味は、完全に覚える必要があります。

②**不適切**。現在受けている有効土被り圧の大きさをP_0、先行圧密圧力をP_cとすると、

$P_0 > P_c$：現在、圧密が進行中。圧密の進行とともにP_cが増加し、$P_0 = P_c$となり圧密が終了する。

$P_0 = P_c$：正規圧密粘土。

$P_0 < P_c$：過圧密粘土。過去に現在より大きな有効土被り圧を受けたことがある粘土。

⑤適切。土が圧密荷重を受けて圧縮される場合、圧密量の時間的割合はその土の圧縮性と透水性によって定まる。圧密係数は次式から求められる。単位に注意。

●沈下時間　$C_v\,[m^2/sec]=\dfrac{k}{m_v\gamma_w}\Leftrightarrow C_v\,[cm^2/day]=\dfrac{k}{m_v\gamma_w}\times 8.64\times 10^8$

ここで、C_v：圧密係数（m^2/sec）、k：透水係数（m/sec）
　　　　m_v：体積圧縮係数（m^2/N）、γ_w：水の単位体積重量（kN/m^3）

| 4 | 土質及び基礎 | ・・・解答① |

②〜⑤適切。
①**不適切**。テルツァーギの支持力公式の支持力係数は、地盤の内部摩擦角 ϕ から求まる。
粘着力は無関係である。

$$q_d = c\cdot N_c + \gamma_1\cdot B\cdot N_\gamma + \gamma_2\cdot D_f\cdot N_q$$

ここで、q_d：地盤の極限支持力度（kN/m^2）、c：粘着力（kN/m^2）、B：基礎幅（m）、D_f：基礎の有効根入れ深さ（m）
　　　　γ_1：基礎底面より下部の有効単位体積重量（kN/m^3）
　　　　γ_2：基礎底面より上部の有効単位体積重量（kN/m^3）
　　　　N_c、N_γ、N_q：内部摩擦角 ϕ から求まる支持力係数。

| 5 | 鋼構造 | ・・・解答④ |

①〜③⑤適切。
④**不適切**。トラス構造とは、複数の三角形による骨組構造のことであり、結合部である「節点」はボルトやピンなどで結合されている。トラスの節点は自由度がないため動かないが、相互に運動できるように結合されているため、部材を曲げようとする力である「曲げモーメント」が隣り合う部材

ワーレントラス

プラットトラス

で発生しない。そのため、荷重を加えたときに、部材には引張りまたは圧縮の力だけ働くことになる。

ハウトラス

ハウトラスは、上弦材、下弦材、鉛直材、斜材で構成されるトラスで、斜材は交互ではなくて八の字のように配置される。

6 鋼構造　　　　　　　　　　　　　　　・・・解答⑤

　長柱とは、断面に比べて長さの長い圧縮部材のことで、圧縮応力度が圧縮強度以下のある荷重で突然座屈を起す柱をいう。この座屈現象が生じる強度を弾性座屈強度という。
　弾性座屈強度はオイラーの長柱理論によって求められ、次式のようになる。

$$P_{BC} = \frac{n\pi^2 EI}{l^2}$$

ここに、P_{BC}：弾性座屈強度　　　n：長柱の両端の支持状態で定まる係数
　　　　　EI：部材の曲げ剛性　　　l：部材長

　末端条件が、両端固定の場合は係数n = 4、一端のみ自由端ではn=1/4、一端が回転のみ自由だとn＝約2、両端回転自由だとn=1である。

$$P_{BC} = \frac{4\pi^2 EI}{l^2} \qquad \Rightarrow \quad 答え⑤$$

7 鋼構造　　　　　　　　　　　　　　　・・・解答④

①～③⑤適切。
④**不適切**。支圧接合は、高力ボルトで接合材を締付けて得られる接合材間の摩擦抵抗と、リベットや普通ボルトのようなボルト軸部のせん断抵抗および接合材の支圧力とを同時に働かせて応力を伝達する接合法のことである。選択肢の記述は摩擦接合のことである。

8 鋼構造 ・・・解答②

曲げモーメントは、距離×力。C点の曲げモーメントをMC、A点の反力を
RA、B点の反力をRBとする。

$$R_A + R_B = q \times L \,,\; R_A = R_B \Leftrightarrow R_A = R_B = \frac{qL}{2}$$

$$M_C = R_A \frac{L}{4} - \int_0^{\frac{L}{4}} xqdx = \frac{qL}{2} \cdot \frac{L}{4} - \frac{\left(\frac{L}{4}\right)^2}{2} q = \frac{qL^2}{8} - \frac{qL^2}{32} = \frac{3}{32} qL^2$$

⇒ **答え②**

9 鋼構造 ・・・解答⑤

限界状態設計法は、大地震や様々な荷重に対して橋の限界状態（1〜3）を定
義し、複数の限界状態に対して安全性や機能を確保することで、橋に求める共通
的な性能が明確となり、多様な構造や新材料の導入が可能となる設計法である。

◎橋の限界状態

橋の限界状態1	橋としての荷重を支持する能力が損なわれていない限界の状態
橋の限界状態2	部分的に荷重を支持する能力の低下が生じているが、橋としての荷重を支持する能力に及ぼす影響は限定的であり、荷重を支持する能力があらかじめ想定する範囲にある限界の状態
橋の限界状態3	これを超えると構造安全性が失われる限界の状態

⑤**不適切**。道路橋示方書第4章4.1 橋の限界状態で「橋の耐荷性能の照査に用い
る橋の限界状態は、橋を構成する部材等及び橋の安定に関わる周辺地盤の安
定等の限界状態について代表させることができる」とある。

10 コンクリート ・・・解答②

①**適切**。常識的に考えて、水とセメントの割合で水が多くなるとコンクリートの
圧縮強度は小さくなる。
②**不適切**。コンクリートの中性化は、コンクリート中の水酸化カルシウムが、空

気中の炭酸ガス（二酸化炭素）と反応することにより、炭酸カルシウムになってしまう現象を指す。その結果、コンクリートはアルカリ性を失い、それがかぶりをこえて、鉄筋にまで及んだ場合は、鉄筋を覆う不動体皮膜が破壊され、鉄筋の錆が進行することになる。逆に言えば、無筋コンクリートでは、中性化は大きな問題にならない。水セメント比の小さな密実なコンクリートは、二酸化炭素の侵入を抑えることができるので、中性化を遅らせる効果がある。

③適切。コンクリートの引張強度試験方法には、直接引張試験と割裂引張試験の

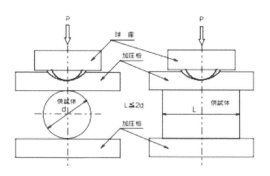

２通りの方法があるが、間接的に求める割裂引張試験の方が標準となっている。この方法は、右図に示すように円柱供試体を横にして上下から圧縮荷重を加えることにより、供試体の中心軸を含む鉛直面に一様な引張応力を加える方法である。割裂引張試験では、概ね圧縮強度の1/10〜1/13程度の結果が得られる。

割裂引張強度試験方法（JIS A 1113）

④適切。コンクリート温度が−2℃程度になると内在する水分は凍結し、水状態から体積は約9%膨張する。この膨張圧によりコンクリートの組織が破壊されるとひび割れが発生する。凍結融解を繰り返すとコンクリートの組織が緩み、コンクリートの圧縮強度や静弾性係数は低下する。劣化過程は、微細なひび割れからスケーリング、浮き、剥落へと進展する。

凍害対策の基本はできるだけ水セメント比を小さくして密実なコンクリートとし、適度の微細気泡を有するAEコンクリートにすることにある。

⑤適切。乾燥収縮量に及ぼす要因としては、次のようなものがある。

１）仮想部材厚（部材の断面積／外気に接する周長）が小さいほど大きい。
２）相対湿度が低い環境ほど大きい。
３）温度が高い環境ほど大きい。
４）水セメント比が大きいほど大きい。
５）鉄筋比が少ないほど大きい。

11　コンクリート　　　　　　　　　　　　　・・・解答③

①②④⑤適切。

③**不適切**。硬化したコンクリートまたはモルタルに生じた割れ目をひび割れという。コンクリート構造物に発生するひび割れは、鋼材の腐食による耐久性の低下、水密性や気密性などの機能の低下、過大な変形、美観が損なわれるなどの原因となる。従って、適切な方法でひび割れの発生を抑制あるいは制御することにより、その使用目的を損なわないよう注意しなければならない。

一方でコンクリートのひび割れを完全にゼロとすることは非経済的であり、土木学会コンクリート標準示方書では、許容ひび割れ幅は、構造物の使用目的、環境条件、部材の条件などを考慮して定めることを原則としている。鋼材の腐食に対する許容ひび割れ幅は、かぶり厚さ（mm）の0.0035～0.005倍としている。水密性に対する許容ひび割れ幅は、構造物の使用条件および作用荷重特性などを考慮し要求される水密性の程度と卓越する作用断面力に応じて、0.1～0.2mmとしている。

12　コンクリート　　　　　　　　　　　　　・・・解答④

劣化機構	劣化機構による変状の外観上の主な特徴
① 塩害	鋼材軸方向のひび割れ、さび汁、コンクリートや鋼材の断面欠損
② 中性化	鋼材軸方向のひび割れ、コンクリート剥離
③ アルカリシリカ反応	膨張ひび割れ（拘束方向、亀甲状）、ゲル、変色
④ 凍害	④**不適切**。凍害の変状は、ポップアウト→微細ひび割れ→スケーリング→崩壊と進行する。 格子状ひび割れ、角落ちの劣化機構は疲労である。
⑤ 化学的侵食	変色、コンクリート剥離

13　都市計画　　　　　　　　　　　　　　　・・・解答④

①～③⑤適切。

④**不適切**。特定用途制限地域は、**用途地域が定められていない**市街化調整区域以外の地域や、準都市計画域の中で、無秩序な開発を防止するための建築規制を実施することのできる地域である。

●地域地区

　都市計画区域内を市街化区域と市街化調整区域に分けた後、更にその土地を
どのような用途に利用するべきか、どの程度利用するべきかなどの目的別に
分類する。この分けられた地区のことを地域地区と呼ぶ。地域地区は「用途地
域」と「補助的地域地区」に分けられる。

　市街化区域では少なくとも用途地域を定め、市街化調整区域では原則として
用途地域を定めない。また、非線引き区域、準都市計画区域においても用途地
域を定めることができる。

1）用途地域

　都市における住居、商業、工業といった土地利用は、似たようなものが集まっ
ていると、それぞれにあった環境が守られ、効率的な活動を行うことができる。
しかし、種類の異なる土地利用が混じっていると、互いの生活環境や業務の利便
が悪くなる。そこで、都市計画では都市を住宅地、商業地、工業地など13種類の
地域に区分し、これを「用途地域」として定めている。

　用途地域が指定されている地域においては、建築物の用途の制限とあわせて、
容積率や道路の幅に見合った建物の高さなどの建築物の建て方のルールが定め
られる。これによって、土地利用に応じた環境の確保が図られるようになる。

2）補助的地域地区

用途地域内	特別用途地区	土地利用の増進、環境保護等のため用途地域の指定を補完して定める。（風俗営業店や映画館などがある商業地域に学校がある場合、教育環境の向上を目的とした地区設定をし、規制をかけるなど。）
	高層住居誘導地区	第一種・第二種住居地域、準住居地域、近隣商業地域、準工業地域のうち、今後高層住宅化を進める地域のうち、容積率制限が10分の40、10分の50と定められた地域に定める。
	高度地区	建築物の高さの最高・最低限度を定める。
	高度利用地区	容積率の最高・最低限度、建ぺい率の最高限度、建築面積の最低限度、壁面の位置の制限を定める。 建ぺい率 ＝ 建築面積÷敷地面積 容積率 ＝ 延床面積÷敷地面積

用途地域内外	特定街区	市街地の整備やその改善を図るため、建築物の容積率・高さの最高限度、壁面の位置の制限を定める街区（都市計画で、容積率・高さ等が緩和規定され、建築基準法は適用されない）
	景観地区	良好な景観の形成を図るための地区。建築物の建築等には、市町村長の認定が必要となる。
	風致地区	市街地における自然環境を保全するための地区。建築物の建築等、木竹の伐採は、地方公共団体の条例で規制することができる。
用途地域外	特定用途制限地域	非線引き区域や、準都市計画区域において、制限すべき特定の建築物等の用途概要を、条例で定める。

14 都市計画　　　　　　　　　　　　　・・・解答①

②～⑤適切。

①**不適切**。地価の比較的高い既成市街地において再開発を行う際には総合的整備方式（区画整理方式）が用いられる。

　まちづくりには代表的な二つの手法がある。道路・公園などの公共施設をつくるために、必要な用地を買収して事業を行う個別整備方法（用地買収方式）と、公共の設備と同時に、個々の宅地までを含めて整備する総合的整備方式（区画整理方式）である。

　用地買収方式では、計画された幹線道路や公園などの公共施設をつくるために、必要な用地を買収して、個別に線・点的な整備をする。原則として、生活道路や宅地の整備はできず、新たに道路に面する宅地は便利になるが、その他の宅地はそのままとなる。

　一方、区画整理方式では、土地所有者や市町村などがまちづくりの面的な計画を行う。その計画に沿って、一定の区域を定め、道路・公園等の公共用地や事業費を生み出すための土地を、宅地の利用増進に応じて公平に出し合い（減歩）、道路・公園・河川及び宅地を総合的に整備改善する。事業が区域内で完結するので、地区外へ移転することはない。事業区内すべての宅地が整形され、道路に面するため便利になる。また、上下水道・電気・ガスなどの総合的な整備が行われる。

●用地買収方式の特徴
- 道路、公園部分しか買収しないので不正形な残地が残ってしまう場合がある。
- 用地買収により生活に必要な規模の土地がなくなり他の地区に移転する事がある。
- 新たに道路に面する宅地は便利になるが、他の宅地はそのまま残る。

●区画整理方式の特徴
- 道路、公園などの公共施設が総合的に整備される。
- 施行後も地区内に残ることになるので、地域のコミュニティが保たれる。
- 全ての土地が整形になり、道路に面し土地利用が便利になる。

15 都市計画 ・・・解答①

知らなければ解けない。無理に選択する必要のない問題。

$$V_s = \frac{N}{\displaystyle\sum_{i=1}^{n} \frac{1}{V_i}}$$

ここで、V_s：空間速度、N：車両数、V_i：各車両の速度

$$V_s = \frac{3}{\frac{1}{60} + \frac{1}{60} + \frac{1}{30}} = 45 \text{ (km/h)} \quad \Rightarrow \quad \textbf{答え①}$$

16 都市計画 ・・・解答②

①③〜⑤適切。
②**不適切**。1977年の第三次全国総合開発計画は、環境・エネルギー問題の深刻化を背景に定住圏構想（大都市への人口集中の抑制と地方の振興）が示された。新幹線や高速道路等のネットワーク整備に関する大規模プロジェクト構想は第二次全国総合開発計画である。

17 河川

・・・解答②

水面から深さ x 地点での壁に働く水圧は、$\rho g x$。

全水圧　$P = \displaystyle\int_0^h \rho g x \, dx = \left[\dfrac{\rho g x^2}{2}\right]_0^h = \dfrac{1}{2}\rho g h^2$

作用点を h_c とする。
水面から深さ0地点でのモーメントの釣り合いを考える。

小穴：　$h_c \times \dfrac{\rho g h^2}{2} = \displaystyle\int_0^h \rho g x \cdot x \cdot dx = \left[\dfrac{\rho g x^2}{3}\right]_0^h = \dfrac{\rho g h^3}{3}$

$h_c = \dfrac{\rho g h^3}{3}\dfrac{2}{\rho g h^3} = \dfrac{2}{3}h$　　⇒　**答え②**

18 河川

・・・解答③

①②④⑤適切。
③**不適切**。局所損失は、バルブ、急拡部、急縮部、曲がりなど局所的な形の変化のあるところの乱れによってエネルギーを損失する現象で、速度の二乗に比例する。

19 河川

・・・解答④

①~③⑤適切。
④**不適切**。跳水とは、開水路流れにおいて、射流から常流に変わるときに、流れの速度が減少し、水位が急激に増大する現象である。

20 河川

・・・解答③

①②④⑤適切。
③**不適切**。河床に堆積した砂粒子に働く流体力（掃流力）を F、抵抗力（個体摩擦力）を R とすると、F ＞ R となった時に砂粒子は移動を開始する。F ＝ R となる F のことを限界掃流力と呼ぶ。流れの中に静止している粒子が流水から受ける抵抗、要するに流体力 F は、物体の影響のない点の流速の 2 乗に比例す

る。一方、個体摩擦力Rは、当然、土砂の粒径が大きくなると大きくなる。つまり、粒径の小さい土粒子から移動を始める。また、粒径0.1mm以下の微細な土粒子は、流水と混合して河床材料と交換されずにそのまま流下し、「ウォッシュロード」と呼ばれる。

21 河川 ・・・解答①

②～⑤適切。

①**不適切**。河川整備基本方針は、長期的な観点から、国土全体のバランスを考慮し、基本高水、計画高水流量配分等、抽象的な事項を科学的・客観的に定めるものである。このため専門的知識を有する学識経験者を主たる構成員とする社会資本整備審議会河川分科会の意見を聴いて、国土交通大臣が定めることとしている。河川整備基本方針は国民が等しく安全を享受できるよう国の安全についての保障水準を定めるようなものであり、個別地域の住民の意見を聴くことはしていない。

河川整備計画は、20～30年後の河川整備の目標を明確にする、個別事業を含む具体的な河川の整備の内容を明らかにすることとしている。

22 河川 ・・・解答③

①②④⑤適切。

③**不適切**。堤体の浸透対策の基本は、以下の4つである。

1）降雨あるいは河川水を堤防に浸透させないこと
2）浸透水は速やかに排水すること
3）堤防、特に裏のり尻部の強度を増加させること
4）堤防断面を拡幅し、浸透経路長を長くすること

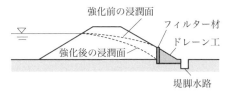

国土交通省 HP より

ドレーン工はこのうち、2）と3）を主眼とした強化工法であり、川裏のり尻部を透水性が高くせん断強度の大きい材料に置き換え、堤体の浸透水を速やかに排出するとともにすべり安定性を向上させる。1）の河川水を堤防に浸透させない効果はない。

23　海岸　　　　　　　　　　　　　　　　　　・・・解答②

①③〜⑤適切。
②**不適切**。津波は水深が深いところほど早く、浅くなるにつれてゆっくりと伝播する。
　　津波の速度をvとすると、$v = \sqrt{gd}$　g：重力加速度、d：水深　で表される。

24　海岸　　　　　　　　　　　　　　　　　　・・・解答①

②〜⑤適切。
①**不適切**。波の屈折では、スネルの法則が成立する。スネルの法則は、波動一般の屈折現象における二つの媒質中の進行波の伝播速度と入射角・屈折角の関係を表した法則のことである。また、波の回折現象を支配する方程式は、ホイヘンスの原理である。

25　港湾　　　　　　　　　　　　　　　　　　・・・解答③

①②④⑤適切。
③**不適切**。傾斜堤は軟弱な海底地盤にも適用しやすい。
　　防波堤は、機能や使う材料、施工法や構造によって、基本的には「傾斜堤」「直立堤」「混成堤」「消波ブロック被覆堤」の4つに分類できる。

	傾斜堤	直立堤
概要	傾斜堤は、捨石堤ともいわれ、石や消波ブロック等を積み上げて建設する。歴史的に最も古いタイプの防波堤である。 　1 軟弱な海底地盤にも適用しやすい。 　2 施工が容易である。 　3 維持補修が容易である。 　**4 反射波の発生が少ない。** 傾斜堤は、底面の幅が広くなるため、必然的に港内の利用できる水域が狭くなる。水深が深い場合、大量の構造材が必要なため、安い材料の入手など経済的な配慮も大切となる。また、定期的な維持補修も必要になる。**捨石部の被覆材の所要質量は、一般化されたハドソン式によって算定する。** （港外）　　　　上面コンクリート　　（港内） 異形ブロック　　　　　　　　　　異形ブロック 捨石 被覆石　　　　　　　　　被覆石	直立提は、コンクリートのブロックやケーソンなどを使い、海底から海面上までほとんど垂直につくる防波堤のことである。 　1 断面積が小さく材料費を軽減できる。 　2 港口を広くしないでも有効港口幅が確保できる。 　3 防波堤背面を係船護岸として利用できる。 **直立堤は波を堤体で反射させることを目的としており、反射式防波堤とも呼ばれている。**海底地盤が安定している場合、非常に経済的に建設可能な防波堤である。 （港外）　　　　　　　　　　（港内） 上部コンクリート 根固方塊　　　　　　　コンクリートブロック 被覆石　　　　　　　　根固方塊 　　　　　　　　　　　被覆石 基礎捨石
反射率	0.3 ～ 0.6	0.7 ～ 1.0

混成堤	消波ブロック被覆堤
混成堤は、捨石堤を基礎に、その上部に直立提を設置したもので、傾斜堤と直立堤の長所を兼ね備えた合理的な構造といわれており、現在の我が国の主流となっている。波高に比べ捨石天端深が浅いときは傾斜堤の性状に近く、深いときは直立堤の性状に近くなる。 　1 水深の大きな場所に建設できる。 　2 基礎地盤の不陸に対応しやすい。 　3 直立部があるので、傾斜堤に比べて材料が少なくて済む。 混成堤は 1960 年代以降、第一線の防波堤として全国の港湾で非常に多く建設され、その基本的な設計や施工技術は 1970 年代にはほとんど整備されている。	直立堤や混成堤の外洋側を、消波ブロックで被覆したものが消波ブロック被覆堤と呼ばれる。この構造は、直立堤や混成堤の機能に消波という機能を付加した改良型ということができる。 　1 波が防波堤を超える（越波）のを少なくできる。 　2 反射波を少なくすることができる。 　3 消波ブロックで波力を緩衝するため、堤体幅を縮小できる。 消波ブロック被覆堤は 1960 年代後半から混成堤の改良型として普及し、越波や反射波を低減する機能を有する。わが国独自の優れた構造を持つ防波堤である。これらは立地条件などによって判断され、最適な防波堤の構造形式が選択される。
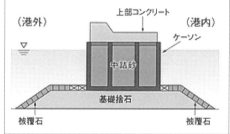	

26	砂防	・・・解答③

①②④⑤適切。

③**不適切**。流路工は、集中豪雨や長雨の影響で、水や土砂の流れる勢いが強くなると、川底や川岸が削られ、その削られた土砂が溜まって川底が浅くなり、氾濫が起こりやすくなることを防ぐために設けられる施設。出来るだけ川底の傾斜をゆるやかに安定させる方向で設定する。

「流路工」は、川を横断して設置する「床固（とこがため）」と呼ばれる低い帯

状の構造物と、堤防を守る「護岸」とを組み合わせたものである。これによって、川底や川岸が削られるのを防ぎ、安全な流れを保つことで、洪水氾濫を防ぐ。川底が著しく削られることを防ぎ、川底の傾斜をゆるやかに安定させる。

27 電力土木 ・・・解答②

①③～⑤適切。

②**不適切**。電力損失とは、電源から送られた電力が負荷とは別のところでムダに失われてしまうことをいう。水力発電では、導水路での摩擦損失が該当する。流体力学において、摩擦損失を求める方法としては、ダルシー・ワイスバッハの式が提案されている。**摩擦損失は、管の長さと平均流速の2乗に比例し、管の内径に反比例する。**

つまり、通水量が一定のため、断面積が小さくなると流速が上がり、電力損失は増加する。

$$h_f = f \cdot \frac{L}{D} \cdot \frac{V^2}{2g}$$

h_f：摩擦による損失水頭（m）	D：管の内径（m）
f：摩擦損失係数	V：断面平均流速（g/s）
L：管の長さ（m）	g：重力加速度（m/s²）

28 電力土木 ・・・解答④

①～③⑤適切。

④**不適切**。常識的に考えて、放水流量が多い方が、温排水の拡散面積は大きくなる。

- 冷却用水の取放水方式は、取水と放水が相互に影響を及ぼさないこと、および立地点の地形、海象、生物の分布、漁業の実態などを勘案し選択される。事業者には実行可能な範囲で配慮・対策をとることが求められており、設計や施工にあたっては環境保全の観点からの様々な配慮がなされている。

- 取水方式には、表層から取水する方式と、温排水の再循環防止や水温が低い海水の取水を目的に5～10m程度のやや深い水深（夏季の温度躍層以深）から取水する深層取水と呼ばれる方式とがあり、後者を採用している地点が多い。

- 放水方式には、表層放水と水中放水とがある。表層放水は従来から多くの地点で採用されている方式で、表層に 1 m/s 以下の低速で放水する。表層放水された温排水は周辺の海水を巻き込みつつ海の表層を2～4m層の厚さで拡散し、放水口から遠ざかるに従い、周辺海水との混合や大気への熱拡散により水温が低下し周辺の海水温となる。
- 一方、水中放水は水中に設置した放水口から2～5 m/s 程度の高流速で放水する方式であり、放水口近傍で周囲の海水を多量に巻き込むことにより水温を急速に低下させ、拡散範囲の縮小を図ることができる。特に原子力発電所では、近年、水中放水方式を採用する地点が多い。

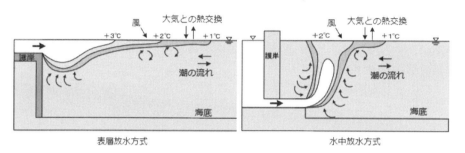

『発電所等からの温排水による環境影響に係る調査業務報告書』環境省より

29 道路 ・・・解答⑤

①**不適切**。道路には大きく分けて「交通機能」、「土地利用誘導機能」、「空間機能」の3つがある。このうち空間機能とは 収容空間、防災空間、生活環境空間のことで、具体的には電気・ガス・水道・下水道・電話線、光ファイバーなどのライフラインの収容、地下鉄、地下駐車場、共同溝、災害時の避難路、火災時の延焼防止、緑化、通風などを示す。

②**不適切**。中央帯は、道路構造令第二条十項に定める「車線を往復の方向別に分離し、及び側方余裕を確保するために設けられる帯状の道路の部分をいう。」のことであり、道路規格に応じて基準となる最低幅員が決まっている。つまり、定められた値以上とする必要がある。

③**不適切**。交通機能とは自動車・自転車・歩行者などへの通行サービスのことで、具体的には人や物の移動や沿道への出入りなどを示す。交通機能は更にトラフィック機能（人、車の通行サービス）とアクセス機能（沿道の土地建物、施設への出入りサービス）に分けられる。両者はトレードオフの関係にあり、規格の高い道路ではトラフィック機能（走行速度、走行快適性）が重視され、

逆に居住地内の道路等では速度よりアクセス機能が重視される。

④**不適切**。道路構造令は、道路の安全性・円滑性を確保する観点から、最低限確保すべき一般的技術的基準を定めた法令である。標準値ではない。多くの柔軟規定が盛り込まれ、道路管理者の裁量と責任において、地域の実情に応じた幅広い運用が可能な「規範性」と「柔軟性」をあわせ持った制度となっている。

⑤適切。

30　鉄道　　　　　　　　　　　　　　　　　　・・・解答③

①②④⑤適切。

③**不適切**。在来線の緩和曲線の線形は直線逓減の3次放物線となっているが、新幹線軌道ではサイン半波長逓減が採用されている。より高速走行する超電導磁気浮上式鉄道の山梨リニア実験線では、検討の結果、新幹線と同様にサイン半波長逓減が採用された。

31　トンネル　　　　　　　　　　　　　　　　・・・解答⑤

①～④適切。

⑤**不適切**。山岳トンネル（NATM）では、一次覆工（吹付けコンクリート、ロックボルト、鋼製支保工）で安定を確保し、二次覆工は変位が収束してから施工する。

山岳トンネル（NATM）の特徴

1) トンネルを支保するものは基本的には周囲の岩盤である。
2) 覆工は薄くてフレキシブルなものでなければならない。
3) 覆工の方法と時期は、岩盤の変位計測に基づき決定する。
4) 地山の強度特性については時間との関係を知る必要がある。
5) 地山と覆工との一体化は一次覆工の段階で果たされていなければならない。
6) 二次覆工は将来の地山条件の変化に対する安全性、止水性、一次覆工材料の耐久性への不安を補うためのものであり、二次覆工は一次覆工で安定を確保した後、変位が収束してから施工するのが原則である。

①～④適切。

⑤**不適切**。グラウンドアンカー式は、掘削面内に切ばりがないので機械掘削、躯体構築が容易である。また、偏土圧が作用する場合や掘削面積が広い場合に有効である。しかし、アンカーの定着できる良質地盤が適切な深度にあること、また、土留め壁周辺にアンカー施工が可能な用地があることが条件となる。

概念図	支保形式	特徴
●自立式	土留め壁の根入れ部の受働抵抗のみで側圧を支持する形式	比較的良質な地盤で浅い掘削工事に適する。掘削内に支保工がないので掘削が容易である。ただし、支保工を設置しないため、土留め壁の変位は大きくなる。
●切ばり式	根入れ部の受働抵抗に加えて、切ばり、腹起し等の支保工によって側圧を支持する方式	現場の状況に応じて支保工の数、配置等の変更が可能である。ただし、機械掘削、躯体構築時等に支保工が障害となりやすい。また、掘削面積が広い場合には、支保工および中間杭が増え、土留め壁の変位が大きくなる傾向がある。
●グラウンドアンカー式	根入れ部の受働抵抗に加えて、グラウンドアンカー、腹起し等の支保工によって側圧を支持する方式	掘削面内に切ばりがないので機械掘削、躯体構築が容易である。また、偏土圧が作用する場合や掘削面積が広い場合に有効である。しかし、アンカーの定着できる良質地盤が適切な深度にあること、また、土留め壁周辺にアンカー施工が可能な用地があることが条件となる。

●控え杭タイロッド式 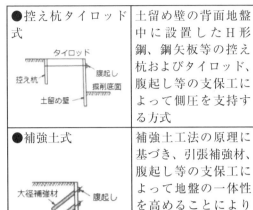	土留め壁の背面地盤中に設置したH形鋼、鋼矢板等の控え杭およびタイロッド、腹起し等の支保工によって側圧を支持する方式	比較的良質な地盤で浅い掘削に適し、自立式土留め工では変位が大きくなる場合に用いられる。掘削面内に支保工がないので機械掘削、躯体構築が容易である。しかし、土留め壁周辺に控え杭、タイロッドを設置するための用地が必要である。
●補強土式	補強土工法の原理に基づき、引張補強材、腹起し等の支保工によって地盤の一体性を高めることにより土擁壁として側圧を支持する方式	掘削面内に支保工がないので機械掘削、躯体構築が容易である。グラウンドアンカーに比較して施工本数は多くなるものの、アンカー長は短いため、土留め周辺の用地に関する問題は比較的少ない。しかし、深い開削工事では合理的な設計とならないことが多く、比較的浅い掘削工事に用いられる。

33 施工計画　　　　　　　　　　　　　　・・・解答①

　②～⑤適切。

　①**不適切**。通常の建設業務は、30日前までに労働基準監督署長に届け出なければならないが、以下の大規模工事の場合は、厚生労働大臣に届け出なければならない。

1）高さが300m以上の塔の建設の仕事
2）堤高（基礎地盤から堤頂までの高さをいう。）が150m以上のダムの建設の仕事
3）最大支間500m（つり橋にあっては、1,000m）以上の橋梁の建設の仕事
4）長さが3,000m以上のずい道等の建設の仕事
5）長さが1,000m以上3,000m未満のずい道等の建設の仕事で、深さが50m以上のたて坑（通路として使用されるものに限る。）の掘削を伴うもの
6）ゲージ圧力が0.3MPa以上の圧気工法による作業を行う仕事

①③〜⑤適切。
②**不適切**。配慮書➡スクリーニング（第二種事業の判定）➡スコーピング（方法書）➡アセスメント（調査・予測・評価）➡準備書➡評価書➡報告書　の順番である。

①〜④適切。
⑤**不適切**。騒音規制法は、工場及び事業場における事業活動並びに建設工事に伴って発生する相当範囲にわたる騒音について必要な規制を行うとともに、自動車騒音に係る許容限度を定めること等により、生活環境を保全し、国民の健康の保護に資することを目的としている。

具体的には、**都道府県知事**が騒音について規制する地域を指定するとともに、時間及び区域の区分ごとの規制基準を定め、**市町村長**が規制対象となる特定施設等に関し、必要に応じて改善勧告等を行う。
建設工事においては、くい打機など、建設工事として行われる作業のうち、著しい騒音を発生する作業であって政令で定める作業を規制対象としている（大型ダンプトラックによる運搬作業は特定作業に含まれない）。都道府県知事が定めた特定地域で特定建設作業を施工しようとする場合は、作業開始の7日前までに**市町村長**への届け出が必要であり、規制基準には、敷地境界の騒音の大きさのほかに、区域の区分に応じた作業時間の制限等が定められている。

1　土質及び基礎　　　　　　　　　　　　　　　　　　・・・解答④

①**不適切**。土粒子の密度ρ_sは、単位体積当たりの土粒子の重さ。G_sの記号が用いられることも多い。

$$\rho_s = \frac{m_s}{V_s} \quad [\mathrm{g/cm^3}]$$

②**不適切**。間隙比eは、土中の間隙の体積と土粒子の体積の比。　$e = \dfrac{V_V}{V_s}$

③**不適切**。間隙率nは、土の全体積に占める間隙の割合。$n = \dfrac{V_V}{V} \times 100 \quad [\%]$

④**適切**。含水比wは土に含まれている水の質量と、その土の乾燥質量との比を百分率で表したもの。

$$w = \frac{m_w}{m_s} \times 100 \quad [\%]$$

⑤**不適切**。飽和度S_rは、間隙中に占める液体成分の体積百分率のこと。

$$S_r = \frac{V_w}{V_V} \times 100 \quad [\%]$$

2　土質及び基礎　　　　　　　　　　　　　　　　　　・・・解答①

①**不適切**。砂・砂礫のように粒子が大きくなると透水係数が大きくなり、シルト・粘土のように粒子が小さくなると透水係数が小さくなる。

②**適切**。透水係数は室内試験で求める方法と現地で求める方法がある。室内透水試験は定水位透水試験と変水位透水試験があり、砂質土の透水係数は定水位透水試験、粘性土の透水係数は変水位透水試験で求める。

③**適切**。自然地盤の透水係数は、井戸やボーリング孔から水をくみ上げ、水位の回復する速度で透水係数を求める現場透水試験で求める。

④**適切**。粘土の透水係数は10^6m/s未満であり、こうした粘土層がある場合は、

不透水層として扱う。

⑤適切。ダルシー（Darcy）の法則は、以下の通りである。

$$v = k \cdot i \qquad v：流速（cm/s）、k：透水係数（cm/s）、i：動水勾配$$

ここで、流速 $v = \dfrac{Q}{A}$ 、動水勾配 $i = \dfrac{h}{L}$

Q：流量（cm^3/s）、A：断面積（cm^2）、h：損失水頭（cm）、L：距離（cm）

3　土質及び基礎 　　　　　　　　　　　　　　　・・・解答⑤

①～④適切。

⑤**不適切**。直接基礎は、上部構造からの荷重（鉛直力、水平力、回転モーメント）を基礎スラブの底面から地盤に直接伝える基礎のことで、構造物直下に安定的な支持層がある場合に用いられる。支持力不足や沈下が問題になるような地盤では地盤改良されるか杭基礎が用いられる。

4　土質及び基礎 　　　　　　　　　　　　　　　・・・解答②

すべり面に沿って土塊ABCが滑ろうとする力Pは、$P = W \cdot \sin \alpha$ である。
一方の抵抗する摩擦抵抗力Rは、クーロン式から、
$R = cl + W \cdot \cos \alpha \tan \phi$ と求められる。
ちなみに、クーロン式は、以下のように表わされる。
$\tau = c + \sigma \times \tan \phi$
τ：せん断強度　c：粘着力　ϕ：内部摩擦角　σ：拘束圧

安全率　$F_s = \dfrac{R}{P} = \dfrac{cl + W \cos \alpha \tan \phi}{W \sin \alpha}$ 　……**答え②**

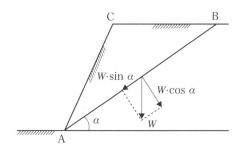

図心の計算は図形を四角形と三角形に分けると計算しやすい。
図心距離＝（面積×図心位置までの距離）の合計÷全面積

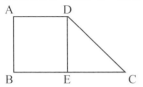

長方形ABEDの面積は$3L \times 2L = 6L^2$。長方形ABEDの辺BCからの図心距離は$3L/2$。

三角形ECDの面積は$3L \times 2L \div 2 = 3L^2$。三角形ECDの辺BCからの図心距離は$3L/3 = L$。

図形ABCDの全面積は$6L^2 + 3L^2 = 9L^2$。図形ABCDの辺BCからの図心距離h_0は、

$$h_0 = \left(6L^2 \times \frac{3L}{2} + 3L^2 \times L \right) \div \left(9L^2 \right) = \frac{4}{3}L \qquad \text{……答え④}$$

長さLの片持ちばり先端に荷重Pが作用する時の先端のたわみ量は、

$$\delta_{MAX} = \frac{PL^3}{3EI} \quad \text{である。この数字は暗記してください。}$$

上記の式に、長さ$3L$、集中荷重P、断面二次モーメントI、ヤング率がEをあてはめる。

$$\delta_0 = \frac{9PL^3}{EI} \qquad \text{……答え③}$$

①③〜⑤適切。

②**不適切**。浸透探傷試験は、毛細管現象を利用して、試験体の表面に存在する欠

陥を肉眼で見やすい像にして検出する試験で、材料表面に開口した傷を探し出すことができる。

検査方法	対象とする欠陥	メリット	デメリット
磁粉探傷試験（MT）	表面・表層	簡単・確実・安価	強磁性体のみ検査可能
浸透探傷試験（PT）	表面	簡単・確実・安価	開口キズのみ検査可能 試験前後の洗浄が必要
渦電流探傷試験（ET）	表面	前処理・後処理が不要	非導電体は検査できない 欠陥の種類、形状、寸法の評価が困難
超音波探傷試験（UT）	表面・内部	キズの有無だけでなく形状も把握	複雑な構造物は乱反射の影響を受ける 探傷技術者の熟練が必要
放射線透過試験（RT）	内部	精度が高い	装置が高価、X線の取り扱いが必要 費用が高い。現像時間が必要

8　鋼構造　　　　　　　　　　　　　　　　　　　・・・解答⑤

①～④適切。鋼材の基本的事項なので理解しておくことが必要です。

⑤**不適切**。鋼材は、引っ張り強度は高いが、曲げや圧縮の強度はそれに比べて低いので一般的に変形は大きい。また、動的荷重に対して振動・騒音は生じやすい。

●鋼構造の長所

- 木材に比べ強度が高く、鉄筋コンクリートに比べ単位重量が軽いことから長い梁に利用でき、柱のスパンが広く、柱の本数も少なくてすむ。
- 材質が均一である。
- 主な部材は工場内で製作されるため、施工現場での工期が短い。
- 重量鉄骨ラーメン構造では鉄骨は工場生産され、現地では組立作業のみとなるので、現場接合部の管理をするだけで建物の構造的品質を一定に保ちやすい。
- 建物を解体する場合、鉄が有価物であるため、解体コスト削減を期待できる。

●鋼構造の短所

- 構造材が不燃物なので火事に強いと誤解されるが、鉄骨は摂氏550℃程度で急

激に強度が失われるので、消火に手間取ると一気に建物が倒壊する危険性を持っている。
- 材料強度は高いため、コンクリートや木質材料と比較すると断面を小さく出来るが、座屈という現象が無視できなくなる。
- 水分に触れると錆びやすいため、外部や水周りに用いる場合は、防錆処理を施すのが一般的である。
- 木造に比べ約350倍断熱性が低いためヒートブリッジが起きやすい。このため外壁を厚くする外断熱工法が良いとされる。
- 構造材は強いが、地震での変形が大きくパネルやカーテンウォールの破壊や脱落を起こしやすい。

9 鋼構造 　　　　　　　　　　　　　・・・解答①

②〜⑤適切。
①**不適切**。土木の設計においては、安全側で考えるのが基本である。応答が最も不利になる方法で載荷しなければならない。

10 コンクリート 　　　　　　　　　　・・・解答④

①〜③⑤適切。
④**不適切**。細骨材率を大きくすると、流動性の低いコンクリートとなる。このため、同じスランプのコンクリートを得るためには単位水量を増やす必要がある。一方で、細骨材率を小さくしすぎると、今度は粗骨材とモルタルが分離しやすくなるため注意が必要である。

11 コンクリート 　　　　　　　　　　・・・解答⑤

①適切。ポルトランドセメントには、普通、早強、超早強、中庸熱、低熱、耐硫酸塩の6種類がある。
②適切。普通ポルトランドセメントは最も一般的な「普通のセメント」である。一般的な工事・構造物によく使用され、国内で使用されるセメントの約70%を占める。

③適切。高炉セメントは製鉄所から出る高炉スラグの微粉末を混合したセメントのことで、長期強度の増進が大きく、海水や化学物質に対する抵抗性に優れている。港湾やダムなどの大型土木工事に使用される。

④適切。規定では、製造過程で脱塩素化し、塩化物イオン量がセメント質量の0.1％以下のものと定められており、普通ポルトランドセメントに似た性質を持つ。塩化物イオンが多く含まれているため、高強度コンクリートを用いた鉄筋コンクリートには使用できないという制約がある。

⑤不適切。寒中コンクリート工事、工期が短い、初期強度を要する工事では、早強ポルトランドセメントが使用される。

12 コンクリート ・・・解答③

①②④⑤適切。

③不適切。コンクリート構造物の強度を調べる方法はいくつかあるが、コアによる強度試験はコンクリート構造物の強度を推定する方法の中で最も信頼できる方法である。ただし、鉄筋を切断してしまうと構造物の強度に影響が出るため、あらかじめ鉄筋探知機などにより鉄筋の位置を把握したうえで、鉄筋を切断しないように慎重にコア抜きを行う必要がある。

13 都市計画 ・・・解答⑤

①～④適切。

⑤不適切。「市街化区域及び区域区分が定められていない都市計画区域」では、都市施設のうち少なくとも「道路、公園、下水道」を定めなければならない（都市計画法第13条第1項第11号）。

14 都市計画 ・・・解答②

①③～⑤適切。

②不適切。エベネザー・ハワード（1850～1928）は、近代都市計画の祖とよばれるイギリスの社会改良家。田園都市論において自然との共生、都市の自律性を提示し、その後の近代都市計画に多くの影響を与えることとなった。田園都市

論では、都市と田園に対して、職住近接型の田園都市を郊外に建設し、これらの３つの磁石がそれぞれ人々をひきつけると考えた。

15　都市計画　　　　　　　　　　　　　　　　　・・・解答③

①②④⑤適切。スクリーンライン調査とは、対象地域（市域）を二分する仮想の線（スクリーンライン）を設定し、そこを横断する交通量を測定するもの。

③**不適切**。パーソントリップ調査は、「どのような人が」「どのような目的で・交通手段で」「どこからどこへ」移動したかなどを調べるものである。そこからは、鉄道や自動車、徒歩といった各交通手段の利用割合や交通量などを求めることができる。昭和30年代以降、自動車交通の増加による道路混雑、環境悪化等が深刻な社会問題となり、各交通機関の相互関係を加味した交通政策の必要性から、昭和42年に日本で初めて、広島都市圏でＰＴ調査が実施された。本調査はバスや電車、地下鉄、乗用車などのいくつもの交通機関を総合的に把握することを目的としており、都市圏（大都市圏）で行われる。一方で交通機関が乏しい地域では、調査を行う意味合いが薄い。なお、調査を行うに当たっては総務省への届出を必要とする。

16　都市計画　　　　　　　　　　　　　　　　　・・・解答④

①～③⑤適切。

④**不適切**。中部圏開発整備計画の対象は、愛知・岐阜・三重の３県に加えて、さらに、静岡・長野・富山・石川・福井・滋賀も含まれる。全部で９県が対象である。

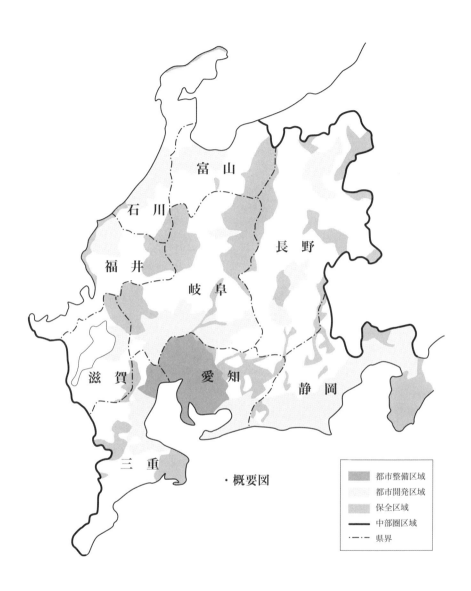

- 概要図

▨	都市整備区域
▧	都市開発区域
▩	保全区域
─	中部圏区域
─·─	県界

17	河川	· · ·解答③

水面の状態と小穴の状態を式で表す。

水面：$0+(z_C+z_A)+\dfrac{P}{\rho g}=z_C+z_A+\dfrac{P}{\rho g}$　・・・式（1）

小穴：$\dfrac{v^2}{2g}+z_C+\dfrac{P}{\rho g}$　　　　　・・・式（2）

ベルヌーイの定理より

$z_C+z_A+\dfrac{P}{\rho g}=\dfrac{v^2}{2g}+z_C+\dfrac{P}{\rho g}$ $\Leftrightarrow$ $v=\sqrt{2g \cdot z_A}$　**答え③**

18　河川　　　　　　　　　　　　　　　　・・・**解答⑤**

①～④適切。

⑤**不適切**。平均流速は、粗度係数に反比例する。マニング式は以下に示す通りである。

マニング式　$V=\dfrac{1}{n}R^{\frac{2}{3}}I^{\frac{1}{2}}$	V：平均流速（m/s）　R：径深（m） n：マニングの粗度係数　I：動水勾配

19　河川　　　　　　　　　　　　　　　　・・・**解答④**

①～③⑤適切。

④**不適切**。ピトー管は、気体・液体の流速を求める装置で、流体の粘性や圧縮性が無視できれば、1本の流線の上で以下に示すベルヌーイの定理が成り立つ。一様な流れvの管の側壁で測定できる圧力は静水圧のPsである。速度が0となるよどみ点では、計測できる静水圧Psは全圧Ptと等しくなる。

全圧力　静水圧　動水圧 $Pt=Ps+\dfrac{1}{2}\rho v^2$	Pt：全圧力（g/ms^2）　　ρ：密度（g/m^3） Ps：静圧（g/ms^2）　　v：流速（m/s）

20　河川　　　　　　　　　　　　　　　　・・・**解答②**

①③〜⑤適切。

②**不適切**。河床に堆積した砂粒子に働く流体力（掃流力）をF、抵抗力（個体摩擦力）をRとすると、F＞Rとなった時に砂粒子は移動を開始する。F=RとなるFのことを限界掃流力と呼ぶ。流れの中に静止している粒子が流水から受ける抵抗、要するに流体力Fは、以下の式に示したように物体の影響のない点の流速の2乗に比例する。一方、個体摩擦力Rは、当然、土砂の粒径が大きくなると大きくなる。つまり、限界掃流力もまた、土砂の粒径が大きくなると大きくなる。

$$F = \frac{1}{2} \cdot \rho \cdot C_D \cdot A_d \cdot u^2$$

A_d：砂粒子の断面積　　　　ρ：砂粒子の密度

u：砂粒子に作用する流速　　C_D：係数

また、流体力Fと抵抗力Rの比 τ（＝F/R）のことを無次元掃流力と呼び、砂粒子1つが水流によって移動する時の移動し易さを表している。この値が大きいほど河床構成材料は移動し易いといえる。

21 河川

・・・解答⑤

①〜④適切。

⑤**不適切**。堤体の浸透対策の基本は、以下の4つである。

1）降雨あるいは河川水を堤防に浸透させないこと

2）浸透水は速やかに排水すること

3）堤防、特に裏のり尻部の強度を増加させること

4）堤防断面を拡幅し、浸透経路長を長くすること

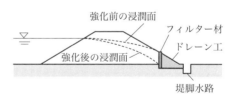

ドレーン工はこのうち、2）と3）を主眼とした強化工法である。堤体土質の大部分が透水性の低い粘性土で構成されている場合、川裏のり尻部のみを透水性が高くせん断強度の大きい材料に置き換えることで、堤体の浸透水を速やかに排出するとともにすべり安定性を向上させる。

①~③⑤適切。
④**不適切**。同一水系内における洪水防御計画の策定にあたっては、その計画の規模が上下流、本支川のそれぞれにおいて十分な整合性を保つよう配慮するものとする【河川砂防技術基準より】。常識的に考えて、人口や財産の密集度が違う上流側と下流側では、計画規模が異なって当然である。

河川の重要度	計画降雨の超過確率／年
A 級	200 以上
B 級	100 ~ 200
C 級	50 ~ 100
D 級	10 ~ 50
E 級	10 以下

②~⑤適切。
①**不適切**。深海波とは波長が水深に比べて非常に短い特徴があるが、一方の津波は周期や波長が長いという特徴がある。これは津波の波源域が広く、波長がその影響により決まるためである。

津波は、海が深いほど速く伝わる性質があり、沖合いではジェット機に匹敵する速さで伝わる。 逆に、水深が浅くなるほど速度が遅くなるため、津波が陸地に近づくにつれ後から来る波が前の津波に追いつき、波高が高くなる。

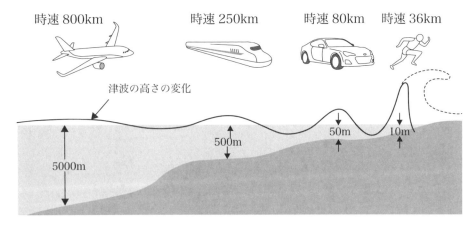

時速800km　　時速250km　　時速80km　時速36km

津波の高さの変化

5000m　500m　50m　10m

24　海岸　　　　　　　　　　　　　　　　　　　・・・解答②

①③～⑤適切。
②**不適切**。合田の波力式は、重複波圧、砕波圧、破砕後波圧を連続させたもの。

構造物の形式や構造	波力式
直立壁（直立堤、混成堤のケーソン、岸壁など）	合田の波力式
円柱構造物（円柱などで構成された構造物の部材）	モリソン波力式
捨石構造物（捨石やコンクリートブロックなど）	ハドソン公式

25　港湾　　　　　　　　　　　　　　　　　　　・・・解答④

①～③⑤適切。
④**不適切**。航路幅については、対象船舶の幅ではなくて、対象船舶の全長が基準となる。
　対象船舶の全長をLとすると、航路幅は以下のとおりです。
　(a) 船舶の行きかう可能性のある航路については、1L以上とする。ただし、
　　　1) 航路の距離が比較的長い場合　　　　　　　　　　　　　　1.5L
　　　2) 対象船舶同士が航路航行中に頻繁に行きかう場合　　1.5L
　　　3) 対象船舶同士が航路航行中に頻繁に行きかい、かつ航路の距離が長い場合　2.0L
　(b) 船舶の行きかう可能性のない航路においては、0.5L以上の適切な幅とする。

26　砂防　　　　　　　　　　　　　　　　　　　・・・解答④

①～③⑤適切。
④**不適切**（重要度が低い）。水制とは、川を流れる水の作用（浸食作用など）から河岸や堤防を守るために、水の流れる方向を変えたり、水の勢いを弱くすることを目的として設けられる施設のことで、砂防工事では一般的に用いられる。形状としては、水の流れに直角に近いものから、平行に近いものまでいろいろあり、また構造としても、水が透過するように作られたものから、水を透過させないように作られたものまでであり、求められる機能に応じていろいろな形

状・構造のものがある。

27 電力土木 ・・・解答①

②～⑤適切。

①**不適切**。原子力発電所やコンクリートダム（水力発電所）などは岩盤上に立地されるが、火力発電所は燃料の受入が容易なことや、復水器冷却用水として海水が利用できることから、沿岸部の軟弱地盤に建設されることが多くある。通常の構造物のように杭基礎や地盤改良等で支持される。

28 電力土木 ・・・解答③

①②④⑤適切。

③**不適切**。勾配を急にすると、確かに流速が増大して、トンネル断面積は小さくできるが、損失落差は大きくなる。

29 道路 ・・・解答③

①②④⑤適切。

③**不適切**。常識的に考えて、性能指標は、道路管理者、つまり発注者が設定するものである。

●舗装の性能指標について（以下、『舗装の構造に関する技術基準』より）

用語の定義

疲労破壊輪数	舗装道において、舗装路面に49kNの輪荷重を繰り返し加えた場合に、舗装にひび割れが生じるまでに要する回数で、舗装を構成する層の数並びに各層の厚さ及び材質（以下「舗装構成」という。）が同一である区間ごとに定められるものをいう。
塑性変形輪数	舗装道において、舗装の表層の温度を60℃とし、舗装路面に49kNの輪荷重を繰り返し加えた場合に、当該舗装路面が下方に1mm変位するまでに要する回数で、舗装の表層の厚さ及び材質が同一である区間ごとに定められるものをいう。

平たん性	舗装道の車道において、車道の中心線から1m離れた地点を結ぶ、中心線に平行する2本の線のいずれか一方の線上に延長1.5メートルにつき1箇所以上の割合で選定された任意の地点について、舗装路面と想定平たん舗装路面（路面を平たんとなるよう補正した場合に想定される舗装路面をいう。）との高低差を測定することにより得られる当該高低差のその平均値に対する標準偏差で、舗装の表層の厚さ及び材質が同一である区間ごとに定められるものをいう。
浸透水量	舗装道において、直径15cmの円形の舗装路面の路面下に15秒間に浸透する水の量で、舗装の表層の厚さ及び材質が同一である区間ごとに定められるものをいう。
舗装計画交通量	舗装の設計の基礎とするために、道路の計画交通量及び2以上の車線を有する道路にあっては各車線の大型の自動車の交通の分布状況を勘案して定める大型の自動車の1車線あたりの日交通量をいう。
舗装の設計期間	自動車の輪荷重を繰り返し受けることによる舗装のひび割れが生じるまでに要する期間として道路管理者が定める期間をいう。
舗装の性能指標	舗装の性能を示す指標をいう。

30 鉄道　　　　　　　　　　　　　　　・・・解答①

②〜⑤適切。

①**不適切**。スラブ軌道は、鉄道の線路あるいは軌道に使われる道床の一種。新幹線や高架線路などに多く採用されている。旧来のバラスト軌道では路盤上に砕石による道床を設け枕木・レールを敷設していたが、スラブ軌道はコンクリート路盤上に軌道スラブと呼ばれるコンクリート製の板を設置し、その上にレールを敷く構造である。つまりまくら木は用いない。コンクリートによる軌道構造であることから、軌道狂いが発生しにくい省力化軌道の一つである。一方で災害時に軌道狂いが生じると復旧に手間がかかる。

●スラブ軌道の特徴
- 道床作業が不要となり、大幅な省力化が可能
- 仕上がり精度が良いので、乗り心地が良く、安全度が高い

- 修繕費が減少する。と同時に、高速化に対する追加費用は必要としない
- 土木構造物の建設費の節減が期待できる
- ただし、高架軌道上にコンクリートで固定された軌道を据え付ける構造のため、騒音は大きくなる傾向にある。

31　トンネル　　　　　　　　　　　　　　　・・・解答⑤

①～④適切。

⑤**不適切。**ロックボルトの支保機能は、**亀裂の発達した中硬岩や硬岩地山**では、おもに亀裂面に平行な方向あるいは直角な方向の相対変位を抑制すること、また、**軟岩や未固結地山**では、おもにトンネル半径方向に生ずるトンネル壁面と地山内部との相対変位を抑制することにある。選択肢の文章は逆になっている。

32　施工計画　　　　　　　　　　　　　　　・・・解答①

②～⑤適切。

①**不適切。**選択肢の文章は地中連続壁（RC壁式）である。ソイルセメント地下連続壁はセメントスラリーと原地盤の土砂を原位置で混合・攪拌することで壁体を造成する。芯材としてH鋼を使う。

　土留め工は、地盤を掘削したとき地山が崩壊しないように設ける仮設構造物である。地下構造物の開削工法や河川工事で用いる。様々な工法があるが、代表的なものをいくつかピックアップするので、しっかり概要を理解してください。

表. 土留め工法の種類（国土交通省HPより）

工法	長所	短所	備考
簡易土留(軽量鋼矢板)　軽量鋼矢板	工費が安い。軽量かつ短尺で取扱いやすい。掘削後に後施工して、地山壁面からの肌落ち防止として用いることが可能。軽量鋼矢板は繰り返し使用が可能。	剛性、遮水性に劣る。	地下水位がない場合に用いるのが望ましい。多少の地下水に対しては、水替等により安全性及び施工性に問題がなければ対応可能である。

親杭横矢板 鋼矢板 親杭	施工が容易で工費が比較的安い。地中にある小規模な埋設物は親杭間隔を変更することによって対処可能である。親杭は繰り返し使用可能。	相互の親杭間を後施工で、木製の横矢板をはめ込むため、遮水性に劣る。	地下水位がない場合に用いるのが望ましい。多少の地下水位に対しては、水替等により安全性に問題がなければ対応可能である。
鋼矢板 鋼矢板	施工が比較的容易で、鋼管矢板、地中連続壁工法に比べ工費が安い。遮水性が高い。鋼矢板は引き抜いて繰り返し使用が可能。	長尺の打込みは、鉛直精度の確保が難しくセクションが離脱しやすい。たわみ性が大きい。	打ち込み工法では騒音・振動を発生するので、近年、騒音・振動の少ない圧入による方法がとられている。また、オーガー、ウォータージェットの併用により適用地盤も拡大してきている。
鋼管矢板 鋼管 継手	剛性が大きいので、背面荷重が大きくても切梁間隔をあけることができる。剛性や遮水性が大きく、施工深度の変化に対しても適応性が大きい。鉛直支持力を期待することができる。	工費が比較的高い。引抜きが困難である。	鋼管内を掘削し、鉄筋コンクリートにより補強すると、さらに大きい剛性を得ることができる。継手金物中への止水工を完全にしておかないと遮水性が著しく低下する。
地中連続壁 (RC壁式) ジョイント	剛性が大きいので、背面荷重が大きくても切梁間隔をあけることができる。剛性や遮水性が大きく、施工深度の変化に対しても適用性が大きい。鉛直支持力を期待することができる。騒音、振動が少ない。	安定液の処理費を含めて、工費が高い。現場施工が主体になるため施工管理がやや難しい。品質のばらつきが発生しやすい。	掘削時に泥水を使用するため、泥水廃棄処理が必要となる。
ソイルセメント地下連続壁 (H) (H) (H) 応力材	遮水性が比較的よく、剛性が高い。騒音、振動が少ない。 工費は、鋼管矢板、地中連続壁に比べ安いが、鋼矢板に比べ高い。	現場施工が主体となるため、施工管理がやや難しく、品質のばらつきが発生しやすい。原地盤の土砂を用いるため、その地盤種別により性能に差が生じる。	騒音・振動が少ないことから、市街地等で鋼矢板工法の代わりに用いられる例が多い。掘削時に泥水を使用するため、泥水廃棄処理が必要となる。

33

施工計画　　　　　　　　　　　　　　　　　　　・・・解答②

①③〜⑤適切。
②**不適切**。ネットワーク式工程表はクリティカルパスを見つけることも大きな
目的の一つである。
　ネットワーク式工程表では、工事全体を個々の独立した作業に分解し、これら
の作業を実施順序に従って矢線で表す。これは、作業間の関連を明確にし、作業
の流れをつかみうるようにしたものである。矢線(アロー)の両端を結合点(イベ
ント)と言い、作業の開始及び終了を意味する。
　ネットワークを作成した時、作業開始から終了までの多くの経路の中で一番
時間のかかる経路をクリティカルパス(最長経路)という。つまり、クリティカル
パスとは、作業開始から終了までに余裕のないパスであり、かつ後工程に進むに
は絶対に外せない重要な作業や、遅れてはならない作業を繋いだパスであると
いえる。クリティカルパスの短縮を図ることが、結果的に全工程のリードタイム
を短くすることに繋がる。逆に、クリティカルパス上にない作業で遅れが出ても
プロジェクト全体のスケジュールには影響しない。

34

建設環境　　　　　　　　　　　　　　　　　　　・・・解答③

①②④⑤適切。
③**不適切**。スクリーニングは第2種事業の環境影響評価を実施するかどうかを判
定する手続きである。

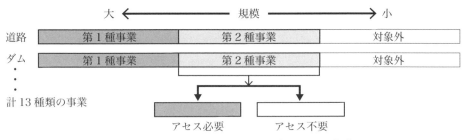

図　環境アセスメントの対象となる事業

　環境影響評価法に基づく環境アセスメントの対象となる事業は、道路、ダム、
鉄道、空港、発電所、最終処分場、埋立て・干拓、土地区画整理事業、工業団地造

成事業など13種類の事業である。なお平成24年より対象となる発電所に風力発電が加わっている。

　これら13種類の事業のうち、規模が大きく環境に大きな影響を及ぼすおそれがある事業を「第1種事業」として定め、環境アセスメントの手続を**必ず**行うこととしている。**この「第1種事業」に準ずる規模の事業を「第2種事業」として定め、手続を行うかどうかを個別に判断すること（スクリーニング）としている。**つまり、「第1種事業」のすべてと「第2種事業」のうち手続を行うべきと判断されたものとが、環境アセスメントの手続を行うことになる。

35	建設環境	・・・解答③

①②④⑤適切。
③**不適切**。大気については、気温が高い方が軽い。つまり、気温が下層よりも上層の方が高いとき、大気は安定している。

【環境アセスメント用語集より】
　大気安定度：気温が下層から上層に向かって低い状態にあるとき、下層の大気は上層へ移動しやすい。
　このような状態を「不安定」という。また、温度分布が逆の場合は、下層の大気は上層へ移動しにくい。このような状態を「安定」という。例えば、晴れた日の日中は、地表面が太陽光線で暖められ、それにより周辺大気も暖められるので下層の大気の方が上層より気温が高い状態になる。これが夜間になると、地表面は放射冷却現象により冷却され、それに伴い周辺大気も冷却されることから、下層の大気の方が上層より気温が低い状態になる。このような大気の安定性の度合いを大気安定度といい、大気が安定のときは汚染物質が拡散せず、汚染が進行する。

1　土質及び基礎 ・・・解答②

①適切。土の三相構造（固体、気体、液体）については、必ず理解しておく必要がある。

$$e = \frac{V_v}{V_s}$$

$$n = \frac{V_v}{V} \times 100 = \frac{eV_s}{V_s + eV_s} \times 100 = \frac{e}{1+e} \times 100 \qquad Sr = \frac{V_w}{V_v} \times 100 \quad （\%）$$

②**不適切**。飽和度Srは空隙に占める水の割合。

次に、V_wとV_vを、含水比w、土粒子密度ρ_s、水の密度ρ_w、間隙比eを用いて表現する。

$$V_w = \frac{m_w}{\rho_w} = \frac{wm_s}{\rho_w} = \frac{w\rho_s V_s}{\rho_w}$$

$$V_v = eV_s$$

$$Sr = \frac{V_w}{V_v} \times 100 = \frac{w\rho_s}{e\rho_w} \times 100$$

【体積】　　　　　　　　　　【質量】

③適切。細粒土の力学的性質は含水比が目安となる。
　一般に含水比が大きければ大きいほど、圧縮強度は弱く、圧密沈下量は大きくなる。

④適切。$\rho_s = \dfrac{m_s}{V_s}$ 定義どおり。

⑤適切。$\rho_d = \dfrac{m_s}{V}$

$$e = \frac{V_v}{V_s} = \frac{V - V_s}{V_s} = \frac{V}{V_s} - 1 = \frac{\rho_s}{\rho_d} - 1$$

2　　土質及び基礎　　　　　　　　　　　　・・・解答②

①③～⑤適切。
②**不適切**。土中では、水の流れが極めて遅いため、速度水頭は無視できる。全水頭は、圧力水頭と位置水頭の和で定義される。逆に不透水層の下位層などでは、非常に大きな圧力水頭を持っており、掘削時の盤ぶくれなどの様々な問題を引き起こす。

3　　土質及び基礎　　　　　　　　　　　　・・・解答④

①適切。鋭敏比は乱した試料と乱さない試料の圧縮強度の割合。液性指数が大きいほど、土の鋭敏比は増大する。
②適切。圧密非排水試験（CU）は地盤を圧密したときに期待しうる非排水せん断強さを見積もるために粘性土を対象として行われる。強度増加率が得られる。
③適切。一軸圧縮試験は透水性の低い粘性土を対象とした非圧密非配水試験である。砂分が多かったり腐植土では、試験中に圧密されてしまうため適していない。
④**不適切**。粘土の非排水せん断強度は、一軸圧縮強度の１／２倍程度となる。
⑤適切。その通り。

4　　土質及び基礎　　　　　　　　　　　　・・・解答④

①～③⑤適切。
④**不適切**。土被り圧は通常は鉛直応力を意味する。

5　　鋼構造　　　　　　　　　　　　　　　・・・解答⑤

①～④正しい。
⑤**不適切**。断面二次半径は高さに比例し、幅は無関係である。

図心x軸まわりの断面二次モーメントは $I_x = \displaystyle\int_A y^2 dA$ である。

長方形の場合 $I_x = \int_A y^2 dA = \int_{-\frac{h}{2}}^{\frac{h}{2}} by^2 dy = \dfrac{bh^3}{12}$ である。

この式はこのまま暗記するべきである。

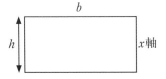

断面積を $A = bh$、図心からの距離を $e = h/2$ とすると、

断面係数 Z は、

$$Z = \frac{I}{e} = \frac{bh^3}{12e} = \frac{bh^2}{6}、\quad 断面二次半径 i は i = \sqrt{\frac{I}{A}} = \sqrt{\frac{h^2}{12}} = \frac{h}{2\sqrt{3}}$$

6 鋼構造 ・・・解答⑤

①～④適切。

⑤**不適切**。耐候性鋼は、適量の Cu、Cr、Ni などの合金元素を含有し、大気中での適度な乾湿の繰り返しにより表面に緻密なさびを形成する鋼材のことである。緻密なさびが鋼材表面を保護しさびの進展が時間の経過とともに次第に抑制されていく。耐候性鋼は、溶接構造用鋼材としての優れた特性を有するとともに、適切な計画設計、施工、維持管理により無塗装で優れた防食性能を発揮するため、橋梁のライフサイクルコスト（LCC）の観点から魅力的な素材である。主にニッケルを多く添加し、従来の JIS 耐候性鋼に対し耐塩分特性を高めた新しい鋼材も開発されている。

7 鋼構造 ・・・解答①

②～⑤適切。

①**不適切**。溶接組立作業、補修作業、検査ができるだけ容易になるように部材および継手を配置し、溶接姿勢、溶接条件などの溶接施工条件を選定する。溶接姿勢はできるだけ下向けを採用する。

接合に関しては、『道路橋示方書 Ⅱ鋼橋編 7章 連結』で以下のように規定さ

れている。
A) 部材の連結の設計は、作用力に対して行わなければならない。
B) 主要部材の連結の設計は、原則として母材の全強の75％以上の強度をもつ
ようにする。ただし、せん断力については作用力を用いてよい。
C) 部材の連結部の構造は、次の事項を満たすように設計しなければならな
い。
1) 応力の伝達が明確であること。
2) 構成する各材片において、なるべく偏心がないようにすること。
3) 有害な応力集中を生じさせないこと。
4) 有害な残留応力や二次応力を生じさせないこと。

| 8 | 鋼構造 | ・・・解答⑤ |

①適切。曲げモーメント図（M図）を微分したものがせん断力図（Q図）である。
つまり、M図の接線の傾きがQとなる。
②適切。集中荷重では、Q図は定数、M図はxの一次関数である。Q図は作用点
で階段状に変化し、M図は作用点で折れ曲がる。
③適切。集中モーメントがかかる作用点では、せん断力は変化せずに、曲げモー
メントが変化するだけなので、M図が階段状に変化し、Q図は変化しない。
④適切。等分布荷重では、Q図がxの一次関数（直線）で、M図は二次関数（2次
曲線）である。
⑤**不適切**。三角形分布荷重では、Q図がxの二次関数（2次曲線）で、M図は三次
関数（3次曲線）となる。

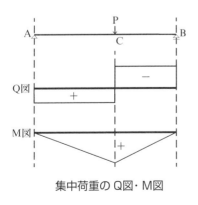

集中荷重の Q図・M図

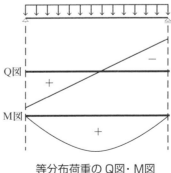

等分布荷重の Q図・M図

①〜③⑤適切。

④**不適切**。活荷重はT荷重とL荷重が規定されているが、T荷重が大型トラック単体を想定しているのに対し、L荷重は多数の自動車からなる荷重をモデル化したもので、主桁や主構など橋全体の設計に用いられる。L荷重は、集中荷重ではなくて等分布荷重である。L荷重は頻出である。

10 　コンクリート　　　　　　　　　　　　　　　　　　・・・解答⑤

①〜④適切。①〜④の選択肢の数値はしっかり覚えてください。

⑤**不適切**。コンクリート示方書においては、外気温が25℃を超えるときは、練り混ぜてから打ち終わるまでの時間の標準を1.5時間（90分）以内としている。このため、工場から現場までの運搬時間は1時間（60分）以内を目安に現場条件を考えて生産者と協議して定めておくのが適切である。

11 　コンクリート　　　　　　　　　　　　　　　　　　・・・解答②

①③〜⑤適切。

②**不適切**。中性化とは、CO_2によって生じる、鉄筋コンクリートの劣化の一つである。コンクリートは主成分がセメントであるため内部がpH12〜13の強アルカリであるが、外部からの炭酸ガスの侵入によって、pHが失われ中性化する。中性になると鋼材の不動態被膜が失われ、耐腐食性が低下する。

12 　コンクリート　　　　　　　　　　　　　　　　　　・・・解答③

①**不適切**。ひび割れ性能も改善するが、部材断面の縮小にも効果的である。

②**不適切**。プレストレスにより鉄筋応力度の増加量を縮小させる。

③適切。

④⑤**不適切**。プレテンションとポストテンションの説明が逆である。

　コンクリートには圧縮力に強く引張力に弱いという特性がある。プレストレストコンクリートでは、PC鋼材を使って、荷重が作用する前にコンクリート

部材に圧縮力がかかった状態（プレストレス）とし、荷重を受けた時にコンクリートに引張応力が発生しないようにする、もしくは引張応力を制御するものである。鉄筋コンクリートに比べ、引張応力によるひび割れを防ぐことができるが、コストも上がる。通常、プレストレストコンクリートを PC、鉄筋コンクリートを RC と呼ぶが、PC はコストが高いため、ひび割れの発生を前提とした鉄筋コンクリートに、補助的にプレストレスを与え、ひび割れの発生を許容しながらも有害でない範囲に制御する PRC と呼ばれるものもある。

    RC：ひび割れを許容するコンクリート

    PRC：ひび割れの発生を一定幅に抑制するコンクリート

    PC：ひび割れの発生を許容しないコンクリート

またプレストレスを与える方法としては、プレテンション方式とポストテンション方式の2つがある。

プレテンション方式	ポストテンション方式
ピアノ線に引張力を与えておいてコンクリートを打ち、コンクリート硬化後、ピアノ線に与えておいた引張力をピアノ線とコンクリートとの付着によりコンクリートに伝えて、プレストレスを与える方法で、工場製品などの既製品に利用する例が多い。	コンクリートの硬化後、ピアノ線(緊張材)に引張力を与えて端部をコンクリートに定着させ、プレストレスを与える方式のこと。ポストテンション方式では緊張材がコンクリート部材と一体となるように付着をもたせるボンド工法と、付着を持たせないいわゆるアンボンド工法に細分される。現場で製作する部材に利用する例が多い。

13　都市計画　　　・・・解答④

①～③⑤適切。

④**不適切**。選択肢の文章は【高度地区】のこと。

高度地区	用途地域内において市街地の環境を維持し、又は土地利用の増進を図るため、建築物の高さの最高限度又は最低限度を定める地区（都市計画法第9条）。
高度利用地区	用途地域内の市街地における土地の合理的かつ健全な高度利用と都市機能の更新とを図るため、建築物の容積率の最高限度及び最低限度、建築物の建ぺい率の最高限度、建築物の建築面積の最低限度並びに壁面の位置の制限を定める地区（都市計画法第9条）。

②～⑤適切。
①**不適切**。減歩は区画整理などで換地処分が行われた際の、整理前の土地面積に対する整理後の面積の差。減歩は公共用地にあてられるほか、売却して事業費にあてるための用地（保留地）とされる。整理前の土地と換地後の土地の割合は減歩の割合で示すことが多く、これを減歩率という。整理前の土地の評価が整理後の評価と比べて増進が少ないときに減歩率は低く（15％ぐらい）、増進が大きいときに減歩率は高く（30％以上）なる。

①**不適切**。コミュニティバスとは、地域住民の多様なニーズにきめ細かに対応する地域密着型バスのことである。
②**不適切**。デマンドは「要求、要請」の意味。利用者が電話などで乗車を予約し、乗り場や行き先はエリア内なら希望できる。利用者がいなければ走る必要がなく、小型車で済むことから、経費削減やバスが走れない狭い道でも運行ができる。タクシーのような希望時間の乗車が必ずしも可能ではなく、乗り合いとなるため、すぐに目的地までいけないこともある。
③適切。
④**不適切**。BRT（bus rapid transit）とは、高速輸送バスシステムのことで、バスの定時性、速達性の確保のため、輸送力を向上させた高度なバスサービスのことである。
⑤**不適切**。トランジットモールとは、中心市街地のメインストリートなどで一般車両を制限し、道路を歩行者・自転車とバスや路面電車などの公共交通機関に開放することで街の賑わいを創出することをいう。

①～④適切。
⑤**不適切**。平成17年に、これまでわが国の国土政策の根幹を定めてきた『国土総合開発法』が『国土形成計画法』へと抜本的に改正された。これまでの開発基調・量的拡大を志向する全国総合開発計画（全総）が時代にあわなくなってき

たことが背景にある。

国土形成計画では、長期的な国土づくりの指針（概ね10年間）を示す全国計画と、国と地方の協働によるブロック単位（首都圏、近畿圏、中部圏、東北圏、北陸圏、中国圏、四国圏、九州圏）ごとの広域地方計画の2層だてとなっている。北海道は北海道開発法、沖縄は沖縄振興特別措置法がすでに存在している。

17 河川 ・・・解答③

①適切。断面積Aが大きくなると、流速v×Aが一定なので速度vは小さくなる。

②適切。断面積Aが小さくなっても、流量Qは一定である。

Q＝v・A＝一定 　（Q：流量、v：流速、A：断面積）

③**不適切**。圧力水頭がゼロになっても、速度水頭がゼロになるわけではない。

$$\underbrace{\frac{V^2}{2g}}_{\text{速度水頭}} + \underbrace{z}_{\text{位置水頭}} + \underbrace{\frac{P}{\rho g}}_{\text{圧力水頭}} = \text{一定}$$

位置水頭 ＋ 圧力水頭 ＝ ピエゾ水頭

V：流速（m/s）　　　P：圧力（g/ms^2）
g：重力加速度（m/s^2）　ρ：密度（g/m^3）
z：高さ（m）

④適切。ピエゾ水頭は位置水頭と圧力水頭の和である。

⑤適切。管路の断面積が同じ区間では、速度水頭が一定のため、ピエゾ水頭や全水頭は管路の傾きに関わらず、一定となる。

18 河川 ・・・解答①

①**不適切**。平均流速は、粗度係数に反比例する。マニング式は以下に示す通りである。

マニング式　$V = \dfrac{1}{n} R^{\frac{2}{3}} I^{\frac{1}{2}}$　　V：平均流速（m/s）　　R：径深（m）
n：マニングの粗度係数　I：動水勾配

②適切。「射流」とは、水深が浅く流速が非常に速い水の流れや津波の流れのことで、射流に対して水深が深く流速が比較的遅い流れは「常流」と呼ばれる。F＜1では常流、1＜Fでは射流、F＝1の流れを限界流と呼ぶ。

$$\text{フルード数} \quad F = \frac{V}{\sqrt{gH}} \qquad \text{V：流速} \quad \text{H：水深}$$

③～⑤適切。等流水深は緩勾配では大きく、急勾配では小さい。一方限界水深は、水路勾配によらない。

等流水深＝限界水深　となる勾配を限界勾配と呼ぶ。

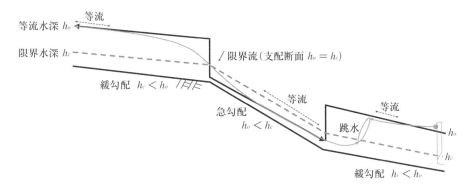

19　河川　　　　　　　　　　　　　　　　　　　　　　・・・解答⑤

A点とC点は自由表面であり、圧力は大気圧でありゼロと考えられる。

A点は、圧力ゼロ、速度ゼロ、位置z_A

C点は、圧力ゼロ、速度v_C、位置z_C

$$z_A = \frac{v_C^2}{2g} + z_C \Leftrightarrow \frac{v_C^2}{2g} = z_A - z_C$$

非圧縮性完全流体の断面積が一定のため、B点の流速はC点と同じである。

B点は、圧力P_B、速度v_C、位置z_B

$$z_A = \frac{v_C^2}{2g} + z_B + \frac{P_B}{\rho g}$$

$$\frac{P_B}{\rho g} = z_A - z_B - \frac{v_C^2}{2g} = z_C - z_B$$

$$P_B = \rho g (z_C - z_B) \quad \cdots \textbf{答え⑤}$$

難しい（知らない人は選択するべきではない）

①②④⑤適切。

③**不適切**。水理学ではレイノルズの相似則は管路の流れに用いる。

レイノルズ数が小さいと安定した流れとなりいわゆる層流となる。層流では、粘性力が支配的で、滑らかで安定した流れが特徴である。一方、レイノルズ数が大きくなると、流れは不安定となり、そのうち乱流に変わる。乱流では、慣性力が支配的であり、無秩序な渦や不安的な流れが特徴である。水理模型実験ではレイノルズ数を合わせることで、現場を再現していると考える。

ちなみに、Re＜2000で層流、2000＜Reで乱流である。

$Re = \dfrac{V \times D}{v}$	Re：レイノルズ数　　　D：管の内径（m） V：流速（m/s）　　　v：動粘性係数（m²/s）

②～⑤適切。

①**不適切**。高規格堤防を除く一般の堤防は、計画高水位以下の水位の流水の通常の作用に対して安全な構造となるよう耐浸透性および耐侵食性について設計する必要がある。高規格堤防は、さらに越流水による洗掘に対しても安全性が確保されるよう設計するものとする。

①適切。護岸は、堤防および低水河岸を、洪水時の侵食作用に対して保護することを主たる目的として設置されるものである。護岸には高水護岸と低水護岸、およびそれらが一体となった堤防護岸がある。

②**不適切**。天端工、天端保護工は、低水護岸の天端部分を洪水による侵食から保護する必要がある場合に設置するものであり、また天端工の端に巻止工を設置する場合もある。

③適切。のり覆工は堤防および河岸を保護する建造物であり、護岸の構造の主たる部分を占めるので、流水・流木の作用、土圧等に対して安全な構造となるように設計するとともに、その形状・構造は多くの場合に河川環境の保全・整

備と密接に関連することから、設計に際しては生態系や景観について十分に考慮する必要がある。

④適切。護岸の基礎工（のり留工）は、洪水による洗掘等を考慮して、のり覆工を支持できる構造とするものとする。

⑤適切。護岸の破壊は、基礎部の洗掘を契機として生じることが多い。根固工は、その地点で流勢を減じ、さらに河床を直接覆うことで急激な洗掘を緩和する目的で設置される。根固工は流速の大きい場所に設置されるため、流体力に耐える重量であること、護岸基礎前面に洗掘を生じさせない敷設量であること、耐久性が大きいこと、河床変化に追随できる屈とう性構造であることが必要となる。

23 海岸　　　　　　　　　　　　　　　　　　　　・・・解答④

①～③⑤適切。

④**不適切**。正常海浜は夏型海浜と呼ばれ、波高が小さく、堆積型の前浜となる。漂砂としては、掃流砂（海底に近いところを滑動、転動して動く）が卓越している。一方、暴風海浜は冬型海浜と呼ばれ、波高が大きく、侵食型の前浜となる。漂砂としては、流れが強いため浮遊砂が卓越し、沿岸砂州が出来る。

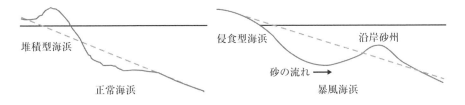

24 海岸　　　　　　　　　　　　　　　　　　　　・・・解答④

①～③⑤適切。

④**不適切**。波の反射率K_Rは、反射波高H_Rと入射波高H_Iの比である。

$$反射率 K_R = H_R / H_I$$

25　港湾　　　　　　　　　　　　　　　・・・解答②

①③～⑤適切。

②**不適切**。船舶の安全な航行や係留、また、貨物の円滑な荷役を行うためには、港湾の【穏やかさ】を示す指標である「港内静穏度」を確保する必要がある。静穏度は一般に、港内において船舶が安全に荷役作業を行えるとされる「荷役限界波高」を超えない確率で示され、「荷役稼働率」によって評価される。卓越風波に直角に航路をとれば当然、港内の静穏は乱される。

26　砂防　　　　　　　　　　　　　　　・・・解答⑤

①～④適切。

⑤**不適切**。計画超過土砂量は計画許容流砂量を上回る土砂量のことである。当然、砂防基本計画における土砂処理の計画の対象となる土砂量である。

用語の定義

計画生産土砂量	計画生産土砂量とは、山腹および渓岸における新規崩壊土砂量、既崩壊拡大見込土砂量、既崩壊残存土砂量のうち崩壊等の発生する時点で河道に流出するものおよび河床等において堆積している土砂量のうち2次侵食を受けるものをいう。計画生産土砂量は、砂防基本計画の対象となる計画超過土砂量算定の基礎となる土砂量で、計画対象区域の現況調査資料、既往の災害資料、類似地域の資料等をもとに定める。
計画流出土砂量 Q	計画流出土砂量とは、計画生産土砂量のうち、土石流または、流水の掃流力等により運搬されて計画基準点に流出する土砂量であって、既往の土砂流出、流域の地形、植生の状況、河道の調節能力等を考慮して定める。
計画許容流砂量 E	計画許容流砂量とは、計画基準点から下流河川等に対して無害、かつ必要な土砂として流送すべき量であり、流水の掃流力、流出土砂の粒径等を考慮して、河道の現況およびその計画に基づいて定めるものとする。掃流区域で計画基準点が複数ある場合は、計画許容流砂量は上下流間において整合のとれたものとしなければならない。
計画超過土砂量 Q－E	計画超過土砂量は、砂防基本計画における土砂処理の計画の対象となる土砂量であり、計画基準点ごとに計画流出土砂量から、計画許容流砂量を差し引いた量で定める。

平成30年度　建設部門

①適切。渇水量：１年のうち355日はこれを下らない流量。
　　　　低水量：１年のうち275日はこれを下らない流量。
　　　　平水量：１年のうち185日はこれを下らない流量。
　　　　豊水量：１年のうち95日はこれを下らない流量。
　　　　高水量：年間１・２日程度該当する河川の流量。
　　　　洪水量：３・４年に一度起こる河川の流量。
②適切。総落差とは、発電所の取水口における水面標高と放水口における水面標高の差。総落差から損失水頭を差し引いたものが有効落差である。
③**不適切**。施工直後のきれいなコンクリート面が、流水中に含まれる砂礫などにより摩耗した場合、当然、粗度係数は増加する。
④⑤適切。ここまでは覚えなくてもよい。

②〜⑤適切。
①**不適切**。取放水口の配置に当たっては、放水流が再循環しないように留意する。

●冷却用水の取放水方式は、取水と放水が相互に影響を及ぼさないこと、および立地点の地形、海象、生物の分布、漁業の実態などを勘案し選択される。事業者には実行可能な範囲で配慮・対策をとることが求められており、設計や施工にあたっては環境保全の観点からの様々な配慮がなされている。
●取水方式には、表層から取水する方式と、温排水の再循環防止や水温が低い海水の取水を目的に5〜10m程度のやや深い水深（夏季の温度躍層以深）から取水する深層取水と呼ばれる方式とがあり、後者を採用している地点が多い。
●放水方式には、表層放水と水中放水とがある。表層放水は従来から多くの地点で採用されている方式で、表層に１m/s以下の低速で放水する。表層放水された温排水は周辺の海水を巻き込みつつ海の表層を2〜4m層の厚さで拡散し、放水口から遠ざかるに従い、周辺海水との混合や大気への熱拡散により水温が低下し周辺の海水温となる。
●一方、水中放水は水中に設置した放水口から2〜5 m/s 程度の高流速で放水する方式であり、放水口近傍で周囲の海水を多量に巻き込むことにより水温を

急速に低下させ、拡散範囲の縮小を図ることができる。特に原子力発電所では、近年、水中放水方式を採用する地点が多い。

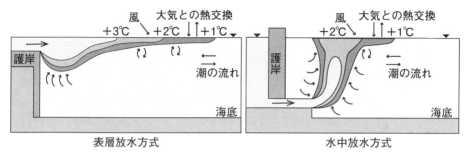

『発電所等からの温排水による環境影響に係る調査業務報告書　環境省より』

29　道路　　　　　　　　　　　　　　　　　　　　・・・解答③

①**不適切**。計画交通量は、「年平均日交通量」に相当する。

②**不適切**。車線の幅員は走行速度や快適性に最も大きな影響を与えるものであり、その必要幅員は路線の設計速度と交通量に応じて定める。

③適切。

④**不適切**。設計速度は道路の構造を決定する極めて重要な要素である。

⑤**不適切**。車線数は、設計時間交通量が設計交通容量を下回るように決定される。

（設計時間交通量）

　計画目標年における30時間交通量とすることを標準とする。一年間、時間にして8,760時間（24×365）の一時間ごとの交通量を多い順に並べていくと、経験的に、1番目と30番目とでは、倍半くらいの違いがある。8,760時間のうち、交通量の多い30時間くらいはちょっと我慢しようという考え方に基づき、上から30番目を設計時間交通量とする。

（可能交通容量）

　可能交通容量は実際の道路条件下と交通状況に応じた最大交通量のことで、基本交通容量を補正して求める。車線幅員の減少、側方余裕の不足、大型車の混入、側方からの進入による障害、線形および見通しの悪さ、交差点の存在により、当然基本交通容量よりは小さくなる。

可能交通容量＝基本交通容量×$a1×a2×a3×a4$　　　で表される。

$a1$：車線幅員による補正　　$a2$：側方余裕の不足による補正
$a3$：大型車による補正　　　$a4$：沿道条件による補正
その他の影響要因（自転車の混入など）は、微々たるもので設計上は無視する。
（設計交通容量）
設計交通容量は可能交通容量の0.75〜0.9の値をかけて求める。

30　鉄道　　　　　　　　　　　　　　　　　　・・・解答③

①②④⑤適切。
③**不適切**。レールとレールの継ぎ目は、騒音・振動、軌道保守費の増加および列車の乗り心地悪化の原因となる。さらに、レールとレールの継ぎ目はその段差により列車通過時に衝撃を受け、列車の走行安定性に影響を及ぼす。この衝撃を緩和するために、溶接によってレールを連続化するロングレール敷設が世界的に普及している。レール溶接は鉄道の安全性を担う重要な技術となっている。ロングレール化のためのレール溶接方法として、フラッシュ溶接法、ガス圧接法、エンクローズアーク溶接法、テルミット溶接法の4工法が適用されている。

レール締結とは、レール同士をつなぐことではなくて、レールとまくらぎをつなぐことである。レール締結装置とは、レールをまくらぎなどに固定して、車両の荷重をまくらぎ・道床へ分散するためのものである。レール締結装置は、レールをまくらぎなどの支承体に締着させ、軌間の保持を行うとともに、車両走行時に車両が軌道に与えるさまざまな方向の荷重や振動（おもに上下方向・横方向・レールの長手方向）などに抵抗して、これらを下部構造のまくらぎ・道床・路盤に分散または緩衝して伝達する機能を持っている。

31　トンネル　　　　　　　　　　　　　　　　・・・解答②

①③〜⑤適切。
②**不適切**。シールド工法は、砂、粘土、岩盤など色々な地質でトンネルを造れる工法である。シールド機や各種機器を使用してトンネルを掘るので、周辺環境に悪影響を与えないようにトンネルを造ることが可能であり、都市部などの

地上部が開発されている箇所でも、安全にトンネルを造ることが可能である。また、河川下などの地下水が豊富な箇所でも、安全にトンネルを造ることが可能である。

32　施工計画　　　　　　　　　　　　　　　・・・解答⑤

①〜④適切。
⑤**不適切**。「クレーン機能を備えた車両系建設機械の取り扱いについて」（平成12年2月28日）により、荷を吊り上げるためのフック及び過負荷制限装置等の安全装置を有しているクレーン機能付きバックホウ等は、法令上移動式クレーンに該当することとなった。

33　施工計画　　　　　　　　　　　　　　　・・・解答④

①適切。仮設構造物の方が使用期間も短く、作用荷重も限られており、万が一の事故の場合でも第三者への影響等が小さいため、本体構造物に比べて小さい安全率が適用されるのは確かだが、それでも100％の安全というわけではない。技術の世界では一般にリスクゼロなんてものは存在せず、常にリスクマネジメントが必要である。
②適切。常識的に考えて、傾斜が緩くて、高さが低い斜面の方が安全である。
③適切。河川堤防の工事においては、施工現場における河川の水位・流量等の影響を受けることが多い。したがって、出水期を避けて施工するのが通例である。しかしながら、積雪・寒冷地域では積雪等による冬期施工の困難性から、また、大規模な工事では非出水期のみでは工期が十分に確保できないこともあり、夏期あるいは出水期に施工しなければならない場合もあるが、その場合は、事前に河川流況を調査し、施工計画および出水対策について検討しておくことが必要である。
④**不適切**。建設機械の合理的組合せを計画するためには、組合せ作業のうち主作業を明確にし、主作業を中心に各分割工程の施工速度を検討するよう留意する。例えばパワーショベルとダンプトラックの組合せならば、パワーショベルの掘削積込みが主作業で、ダンプトラックの運搬が従属作業となる。主作業（パワーショベルの掘削積込み）の施工速度を落とさないようにするためには、従属作業（ダンプトラックの運搬）の作業能力は若干高めに設定しておく

必要がある。

⑤適切。生コンは時間を置けば置くほど強度が増すため、型枠を取外す順序は、比較的荷重を受けない部分からが一般的である。鉛直部材の型枠は水平部材の型枠より早く取り外す。固定ラーメン、アーチなどでは、コンクリートのクリープによって、構造物に生じるひび割れを防ぐことができるので、必要強度に達した後、早く取外すことも検討できる。

34　建設環境　　　　　　　　　　　　　　　　　　　・・・解答②

①適切。レッドデータブックは、環境省が作成・改訂したレッドリスト（絶滅のおそれがある動植物のリスト）に基づき、より具体的な内容を記載したデータブックである。「レッドデータブック」は通称であり、正式な名称は『日本の絶滅のおそれのある野生生物 -レッドデータブック-』という。レッドデータブックには、絶滅のおそれのある野生生物に関する保全状況や分布、生態、影響を与えている要因等の情報が記載されている。

②**不適切**。選択肢の文章はBODのことである。

BOD	BOD（生物化学的酸素要求量）とは、水中の有機物質などが生物化学的に酸化・分解される際に消費される酸素量のことで、河川の環境基準に用いられている。
COD	COD（化学的酸素要求量）は排水基準に用いられ、海域と湖沼の環境基準に用いられている。CODの値は、試料水中の被酸化性物質量を一定の条件下で酸化剤により酸化し、その際使用した酸化剤の量から酸化に必要な酸素量を求めて換算したものである。単位はCOD、BODともに mg/L を使用する。

③適切。富栄養化とは、海・湖沼・河川などの水域が、貧栄養状態から富栄養状態へと移行する現象を言う。富栄養化の要因は下水・農牧業・工業排水・船舶航行など多岐に渡る。このような富栄養化は生態系における生物の構成を変化させ、一般には生物の多様性を減少させる方向に作用する。極端な場合では、赤潮や青潮などの現象を二次的に引き起こすため、富栄養化は公害や環境問題として広く認識されている。

④適切。PM2.5とは、大気中に浮遊している2.5 μm以下の小さな粒子のことで、従来から環境基準を定めて対策を進めてきた浮遊粒子状物質（SPM：10 μm以下の粒子）よりも小さな粒子である。PM2.5は非常に小さいため（髪の毛の太さの1/30程度）、肺の奥深くまで入りやすく、呼吸器系への影響に加え、循

環器系への影響が心配されている。

PM2.5については、環境基本法第16条第1項に基づく人の健康の適切な保護を図るために維持されることが望ましい水準として以下のとおり環境基準が定められている。

　1年平均値：15μg/m³以下　かつ　1日平均値：35μg/m³以下

⑤適切。ゼロ・エミッションは、ある産業の副産物や不要物（廃棄物）を別の産業において有効利用し、社会全体で資源を循環させるため、関与する産業の連携が必要である。環境を汚染することのない生産工程を用いること、単に生産段階での排出を減らすだけでなく、消費や廃棄の段階での影響にも配慮して原材料や生産工程を見直すことが重要である。

35　建設環境　　　　　　　　　　　　　　　　・・・解答①

②～⑤適切。

①**不適切**。平成28年度の全国の公害苦情受付件数は70,047件（前年度に比べ2,414件減少）で、平成19年度以降10年連続で減少している。

環境基本法で定められた7種類の公害（典型7公害）のうち、「騒音」、「大気汚染」がそれぞれ3割超。以下、「悪臭」、「水質汚濁」、「振動」、「土壌汚染」、「地盤沈下」の順となっている。平成28年度は、「振動」のみ前年度に比べ増加した。

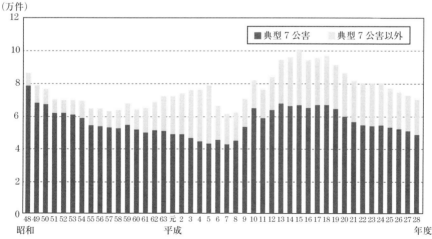

総務省HP『平成28年度公害調査より』

1　土質及び基礎　　　　　　　　　　　　　・・・解答④

①〜③⑤適切。
④**不適切**。含水比wは、土に含まれている水の質量m_wと、その土の乾燥質量m_sから以下の式で表される。

$$w = \frac{m_w}{m_s} \times 100 \quad [\%]$$

2　土質及び基礎　　　　　　　　　　　　　・・・解答①

①適切。液性限界w_L、塑性限界w_p、含水比w_n、塑性指数$I_p = w_L - w_p$とすると、

コンシステンシー指数　$I_c = \dfrac{w_L - w_n}{I_p}$　、液性指数　$I_L = \dfrac{w_n - w_p}{I_p}$　$\Leftrightarrow I_C + I_L = 1$

②**不適切**。一般に締固めエネルギーが多いと最大乾燥密度は大きくなるが、最適含水比は小さくなる。

③**不適切**。様々な粒径の土粒子が適度に混ざった土は締固めやすい特色を持ち、配合の良い土と呼ぶ。

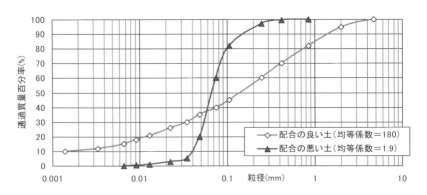

④**不適切**。粒径が0.075mm以下の土粒子を細粒分と呼ぶところまではその通りだが、0.005mm以下のものは粘土、粒径が0.005mm〜0.075mmのものをシルトと呼ぶ。

⑤**不適切**。粒度は粒径加積曲線で知ることが出来る。

3　土質及び基礎 ・・・解答⑤

①**不適切**。流線は、浸透流の流れる方向を示す線のこと。これと等ポテンシャル線とで作られる網目図をフローネット（流線網）と呼ぶ。

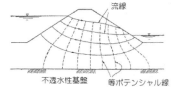

フローネット（流線網）の例

②**不適切**。上向きの浸透力が働き、土中の有効応力がゼロになる動水勾配を、限界動水勾配という。限界動水勾配のときに、砂粒子は上昇水量中を浮遊し、液状化状態となる。

③**不適切**。土中では、水の流れが極めて遅いため、速度水頭は無視できる。逆に、不透水層の下位層などでは、非常に大きな圧力水頭を持っており、掘削時の盤ぶくれなどの様々な問題を引き起こす。土中の水の流れに関しては、全水頭は、位置水頭と圧力水頭の和で定義される。

④**不適切**。動水勾配と流速は反比例ではなくて比例関係である。

$v = k \cdot i$　　v：流速（cm/s）、k：透水係数（cm/s）、i：動水勾配

ここで、動水勾配iは2点間のピエゾ水頭の差hを距離Lで割ったものである。

$i = \dfrac{h}{L}$で表される。

⑤**適切**。

4　土質及び基礎 ・・・解答②

①**不適切**。選択肢の文章はクーロン土圧のこと。ランキン土圧は、限界平衡状態にある地盤内の鉛直面上に作用する土圧を求めるための理論である。

②適切。

③**不適切**。テルツァギーの支持力公式の支持力係数は、地盤の内部摩擦角φから求まる。

粘着力は無関係である。

$$q_d = c \cdot N_c + \gamma_1 \cdot B \cdot N_\gamma + \gamma_2 \cdot D_f \cdot N_q$$

ここで、q_d：地盤の極限支持力度（kN/m²）、B：基礎幅（m）、

　　　　D_f：基礎の有効根入れ深さ（m）

　　　　c：粘着力（kN/m²）

　　　　γ_1：基礎底面より下部の有効単位体積重量（kN/m³）

　　　　γ_2：基礎底面より上部の有効単位体積重量（kN/m³）

　　　　N_c、N_γ、N_q：内部摩擦角φから求まる支持力係数。

④**不適切**。杭の周面抵抗力とは、杭の周面摩擦力ともいい、杭軸方向の抵抗力のことである。

杭の支持力＝杭の周面摩擦力＋先端支持力　は覚えておいた方がよい。

⑤**不適切**。直接基礎は、上部構造からの荷重（鉛直力、水平力、回転モーメント）を基礎スラブの底面から地盤に直接伝える基礎のことで、構造物直下に安定的な支持層がある場合に用いられる。支持力不足や沈下が問題になるような地盤では地盤改良されるか杭基礎が用いられる。

---

5 鋼構造　　　　　　　　　　　　　　　・・・解答③

左図の図心を通る軸（点線）での断面二次モーメントをIとすると、$I = \dfrac{bh^3}{12}$ と表される。図心を通る軸よりyの距離にある軸での

断面二次モーメントは $I = \dfrac{bh^3}{12} + y^2 A$（ここで、Aは面積）

h=3a、b=4a、y=1.5a、A=12a²

$I_{BC} = 4a \cdot 27a^3/12 + (1.5)^2 \cdot a^2 \cdot 12a^2 = 9a^4 + 27a^4 = 36a^4$　　⇒　**答え③**

①③〜⑤適切。

②**不適切**。③の図と比較すれば、分布荷重と集中荷重であり、②か③のどちらかが間違っているのは確実である。集中荷重の曲げモーメントはxと比例関係にあるため、曲げモーメント図は直線であり、③は適切である。つまり②は不適切。

ここで、図②の分布荷重の曲げモーメントを考えてみる。$x \leqq \dfrac{L}{2}$ とすると、点Aでの反力R_Aは、全荷重の2分の1である。

$$R_A = R_B = \frac{qL}{2} \div 2 = \frac{qL}{4}$$

点 x（x≦L/2）でのせん断力 P（x）は、

$$P(x) = \frac{qL}{4} - \int_0^x \frac{2q}{L} x dx = \frac{qL}{4} - \frac{qx^2}{L}$$

点 x での曲げモーメント M（x）は、

$$M(x) = \int^x \frac{qL}{4} - \frac{qx^2}{L} dx = \frac{qL}{4}x - \frac{qx^3}{3L}$$ ← 一次方程式ではない。

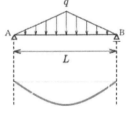

②の正しい曲げモーメント図

①③〜⑤適切。
②**不適切**。例えば、二等辺三角形の頂点に荷重を加える
　と、斜めの部材には「圧縮」の力、底辺の部材には
　「引張り」の力が加わる。

ワーレントラス

プラットトラス

ハウトラス

　トラス構造とは、複数の三角形による骨組構造のこ
とであり、結合部である「節点」はボルトやピンなどで
結合されている。トラスの節点は自由度がないため動
かないが、相互に運動できるように結合されているた
め、部材を曲げようとする力である「曲げモーメント」
が隣り合う部材で発生しない。そのため、荷重を加えた
ときに、部材には引張りまたは圧縮の力だけ働くこと
になる。

①**不適切**。ブローホールのような体積を持った欠陥には有効だが、溶込不足や融
　合不良、割れ等の平面状欠陥の検出には適していない。
②**不適切**。検査精度は検査者の技量に大きく依存する。
③適切。
④⑤**不適切**。磁粉探傷法とアコースティック・エミッション（AE）法の説明が
　逆である。

●鋼構造物の非破壊検査
１）放射線透過試験
　X線やγ線などの放射線の透過作用を利用して試験体中の欠陥を検出する試
験方法。ブローホールのような体積を持った欠陥には有効だが、溶込不足や融合
不良、割れ等の平面状欠陥では場合によっては検知できないこともある。
２）超音波探傷試験
　超音波の反射作用を利用して試験体中の欠陥を検出する試験方法。具体的に
は試験体の表面（探傷面）から超音波パルスを入射させ、試験体の底面や欠陥な
どにより反射し、再び戻ってきた超音波パルスを受信することで、欠陥箇所や欠
陥の大きさを特定する。

3）浸透探傷試験

　試験体の表面に開口した欠陥に浸透液を浸透させ、表面の余剰な浸透液を除去した後に現像液を塗布することにより、欠陥内部の浸透液を吸い出して欠陥指示模様を形成させる方法。鋼・アルミニウム・銅などの金属材料に限らず、セラミック、ガラス等の非金属材料にも適用可能である。

4）磁粉探傷試験

　鉄鋼材料などの強磁性体を磁化すれば試験体中に磁束の流れを生じるが、もし、試験体表面付近に欠陥があれば、磁束の一部が表面に漏洩する。このことを利用して欠陥を検出する試験方法である。

　割れのような線状欠陥の検出能力が浸透探傷試験より優れているため、船舶・海洋構造物・各種化学プラント・各種機械類等の製造時のみならず供用中の検査にも使用されている。なお、磁粉探傷試験はその原理から強磁性体材料に限られ、オーステナイトステンレス鋼、アルミニウム等の非磁性体には適用できない。

5）アコースティック・エミッション（AE）

　材料の亀裂の発生や進展などの破壊に伴って発生する弾性波(振動、音波)で、地震も地球規模のAEと考えることができる。AEは材料内の応力集中に敏感に反応するので、欠陥検出や強度推定などの材料評価に、また、破壊の進展過程をモニタリングできるので稼働中の構造物の保守検査として、新しい非破壊検査法として実用化されている。

6）渦流探傷試験

　電磁誘導原理によって欠陥を検出する試験方法。具体的には試験体に隣接して置いたコイル中に交流を通じることにより生じる電磁場が、導体である試験体中に誘起させた渦電流の発生状況を把握することにより試験体中の欠陥を検出するものである。

7）目視

　目視による鋼構造物の損傷やコンクリート構造物の変状を検査する方法で、簡便だが最も基本となる検査方法。検査対象となる鋼構造物の損傷としては発錆・腐食、変形、亀裂、溶接表面欠陥、欠陥（アンダーカット、オーバーラップ等）があり、コンクリート構造物の変状としてはひび割れ、剥離・剥落、変形、漏水等がある。

①**不適切**。橋の重要度は、道路種別及び橋の機能・構造に応じて、重要度が標準的な橋と特に重要度が高い橋の2つに区分されている。これらのうち、特に重要度が高い橋のことを「B種の橋」という。

A 種の橋	下記以外の橋
B 種の橋	・ 高速自動車国道、都市高速道路、指定都市高速道路、本州四国連絡道路、一般の国道の橋 ・ 都道府県道、市町村道のうち、複断面、跨線橋、跨道橋及び地域の防災計画上の位置づけや当該道路の利用状況等から特に重要な橋

②**不適切**。A活荷重とB活荷重は頻出である。B活荷重は重要な路線、大型車交通量の多い路線を対象としており、道路橋示方書では、高速自動車国道・一般国道、都道府県道及び基幹的な道路を形成する幹線市町村道をその対象として挙げている。その他の道路については、大型車の交通量に応じて、A活荷重とB活荷重を選定することとしている。A活荷重は大型車交通量の少ない道路を想定しており、B活荷重に比べ荷重条件が緩和されている。

③**不適切**。選択肢の文章はT荷重ではなくてL荷重のこと。活荷重はT荷重とL荷重が規定されているが、T荷重が大型トラック単体を想定しているのに対し、L荷重は多数の自動車からなる荷重をモデル化したもので、主桁や主構など橋全体の設計に用いられる。T荷重は集中荷重で、L荷重は等分布荷重であることは超頻出である。

④**適切**。

⑤**不適切**。(H29道路橋示方書より) 橋の限界状態は、一般には上部構造、下部構造及び上下部接続部の限界状態によって代表させ、上部構造、下部構造及び上下部接続部の限界状態は、これらを構成する各部材等の限界状態で代表させることとなる。

　限界状態設計法は、大地震や様々な荷重に対して橋の限界状態(1～3)を定義し、複数の限界状態に対して安全性や機能を確保することで、橋に求める共通的な性能が明確となり、多様な構造や新材料の導入が可能となる設計法である。

◎橋の限界状態

橋の限界状態1	橋としての荷重を支持する能力が損なわれていない限界の状態
橋の限界状態2	部分的に荷重を支持する能力の低下が生じているが、橋としての荷重を支持する能力に及ぼす影響は限定的であり、荷重を支持する能力があらかじめ想定する範囲にある限界の状態
橋の限界状態3	これを超えると構造安全性が失われる限界の状態

10　コンクリート　　　　　　　　　　　　　・・・解答⑤

①**不適切。**低熱ポルトランドセメントとは、ゆっくり硬化するセメントの１つで、似たセメントに中庸熱ポルトランドセメントがある。両者を比較すると、低熱ポルトランドセメントの方が「ゆっくり硬化する」ため強度発現まで７日もかかる。水和熱が小さく、乾燥収縮を抑えられる。初期強度の発現に時間がかかり強度も低いが、91日後には普通ポルトランドセメントと同等の強度が確保できる。低熱ポルトランドセメントの用途としては、マスコンクリート（大断面のコンクリート）、高流動コンクリート、高強度コンクリート、夏期工事があげられる。

②**不適切。**早強ポルトランドセメントは、普通ポルトランドセメントが材齢７日で発現する強さがほぼ３日で得られる特性を持っている。１日で得られるのは、超早強ポルトランドセメントである。

③**不適切。**ポルトランドセメントには、普通、早強、超早強、低熱、中庸熱、耐硫酸塩の６種類がある。

④**不適切。**高炉セメントは、高炉スラグ微粉末を混合したセメントであり、長期強度の増進が大きく、耐海水性や化学抵抗性に優れている。

⑤**適切。**

11　コンクリート　　　　　　　　　　　　　・・・解答①

①**適切。**

②**不適切。**中性化とは、CO_2によって生じる、鉄筋コンクリートの劣化の一つである。コンクリートは主成分がセメントであるため内部がpH12〜13の強アルカリであるが、外部からの炭酸ガスの侵入によって、pHが失われ中性化する。中性になると鋼材の不動態被膜が失われ、耐腐食性が低下する。

③**不適切。**アルカリシリカ反応による劣化とは、骨材中のある種の成分とコンクリート中のアルカリが反応して生成物が生じ、これが吸水膨張してコンクリートにひび割れが生じる現象である。アルカリ骨材反応（AAR）は、コンクリート中のアルカリと反応する鉱物の種類により、アルカリシリカ反応（ASR）とアルカリ炭酸塩反応（ACR）に大別される。世界的に見ると、その殆どはアルカリシリカ反応であり、我が国においてはアルカリシリカ反応について照査することとなっている。

④**不適切。**凍害とは、コンクリート中の水分が凍結と融解を繰返すことによっ

て、コンクリート表面からスケーリング、微細ひび割れ及びポップアウト等の形で劣化する現象をいう。

⑤**不適切**。アルカリ骨材反応は、コンクリート中のアルカリと反応する鉱物の種類により、アルカリ炭酸塩反応とアルカリシリカ反応とに大別されるが、ほとんどはアルカリシリカ反応である。日本の基準ではアルカリシリカ反応に対する耐久性がクリアできればアルカリ骨材反応に対しては基準OKということになる。

12 コンクリート ・・・解答④

①**不適切**。限界状態設計法については、理解しておく必要がある。限界状態設計法とは、構造物がその目的を達成し得なくなる状態、すなわち、限界状態を具体的に想定し、この状態に達する確率を許容限度以下にしようとする設計法である。

終局限界状態：これ以上の荷重の増加に耐えられない状態。

使用限界状態：正常な使用に不都合のある状態。

②**不適切**。コンクリートの圧縮強度とは材齢28日における試験強度である。

③**不適切**。常識的に考えて、水とセメントの割合で水が多くなるとコンクリートの圧縮強度は小さくなる。

④適切。

⑤**不適切**。コンクリートのポアソン比は一般的に0.2であり、標準示方書でも0.2で設計するようにとされている。ちなみに鋼材のポアソン比は0.3である。

13 都市及び地方計画 ・・・解答④

①～③⑤適切。

④**不適切**。多軸型国土構造形成の基礎づくりを掲げ、北東国土軸、日本海国土軸、太平洋新国土軸、西日本国土軸の4つの国土軸形成を目指したのは五全総「21世紀の国土のグランドデザイン」である。

一全総（閣議決定1962年、目標年次1970年）～五全総（閣議決定1998年、目標年次2010～2015年）の最も基本的なキーワードは確実にマスターすること。頻出である。

現在は『全国総合開発法』が『国土形成計画法』へと改正されている。

14 　都市及び地方計画　　　　　　　　　　　　・・・解答③

①**不適切**。選択肢の文章は市街化区域。市街化調整区域は、開発が抑制される区域。

②**不適切**。市街化区域は、さらにその利用目的に応じて、建築可能な建物が制限される。まず、少なくとも用途地域を定め、土地利用の内容を規制する。また補助的地域地区を定めて地域の特色に合わせた制限を掛ける。これらの規制によって、良好な都市環境の市街地の形成を目指すとされている。市街化調整区域は、市街化を抑制する区域で開発行為は抑制され、必ずしも用途地域を定めるとは決められていない。

③**適切**。

④**不適切**。『都市計画法』第29条第1項により、開発行為をしようとする者は、市街化区域等においては次の1)から4)の面積規模の開発行為を行なう際には、あらかじめ、国土交通省令で定めるところにより、都道府県知事等の開発許可を取得することが必要とされている。

　　1) 市街化区域における1,000平方メートル以上の開発行為
　　　　三大都市圏の一定区域（都の特別区、首都圏の既成市街地と近郊整備地帯、近畿圏の既成都市区域と近郊整備区域、中部圏の都市整備区域）では、開発許可が必要な開発行為の最低面積は500平方メートルとされている。
　　2) 非線引き区域における3,000平方メートル以上の開発行為
　　3) 準都市計画区域における3,000平方メートル以上の開発行為
　　4) 都市計画区域および準都市計画区域の外における1ha以上の開発行為

⑤**不適切**。都道府県知事が行う。

15 　都市及び地方計画　　　　　　　　　　　　・・・解答③

①②④⑤適切。

③**不適切**。風致地区とは都市計画法第58条、都道府県条例により、都市内の自然景観を維持し、樹林地帯の保存など緑の保存のために定められた地区で、この地区内では建築物の建ぺい率や高さなどの形態規制が行われるが、建築物の

建設が全く認められないわけではない。なお、風致地区は、10ha以上では都道府県、10ha未満では市町村が地方公共団体の条例でその区域や規制を定めることになっている。

【都市計画法】
　風致地区内における建築物の建築、宅地の造成、木竹の伐採その他の行為については、政令で定める基準に従い、地方公共団体の条例で、都市の風致を維持するため必要な規制をすることができる。(第58条)

16　都市及び地方計画　　　　　　　　　　　　・・・解答④

①**不適切**。大都市交通センサスは、**首都圏、中京圏、近畿圏の三大都市圏**において、鉄道、バス等の大量公共輸送機関の利用実態を調査し、各都市圏における旅客流動量や鉄道、バス等の利用状況(利用経路、乗換え関係、端末交通手段、利用時間帯分布等)、乗換え施設の実態(鉄道駅の乗換え、バス・鉄道の乗換え)を把握するとともに、人口の分布と輸送量との関係、輸送需要構造等の分析を行い、三大都市圏における公共交通政策の検討に資する基礎資料を提供することを目的として、昭和35年以来**5年ごとに実施している**。鉄道・バス定期券利用者調査、鉄道OD調査、鉄道・バス輸送サービス実態調査、乗り換え施設実態調査などがある。

②**不適切**。パーソントリップ調査は、「どの交通機関が」「どのような人によって」「いつ」「どのような目的で」「どこからどこへ」使われているかを調べる。交通手段も調査対象である。

③**不適切**。国勢調査は我が国の人口を明らかにするための調査で、1920(大正9年)以来、10年ごとの大規模調査と5年ごとの簡易調査が行われてきた。西暦年の末尾が「0」の年は大規模調査として、また西暦年の末尾が「5」の年には簡易調査として行われる。従業地又は通学地までの利用交通手段は大規模調査の年だけで、簡易調査の年では項目には入っていない。

国勢調査に関する過去の選択肢の文章	正誤
国勢調査は、日本に住んでいるすべての人及び世帯を対象として、国内の人口や世帯の実態を明らかにするもので、従業地又は通学地等を把握することができる。(H28-14)	適切

国勢調査は、人口に関する最も基本的な調査であり、5年ごとにすべての人と世帯を対象とする統計調査として実施されている。(H27-15)	適切
国勢調査は、人口に関する最も基本的な調査であり、10年ごとの大規模調査では通勤通学手段等も調査に含まれている。(H19-13)	適切
国勢調査では、従業地又は通学地、従業地又は通学地までの利用交通手段などが5年ごとに調査されるため、市区町村間の通勤、通学交通需要とその流動の実態が把握できる。(R3-15)	**不適切**

④適切。

⑤**不適切**。スクリーンライン調査とは、対象地域（市域）を二分する仮想の線（スクリーンライン）を設定し、そこを横断する交通量を測定するもの。

17　河川、砂防及び海岸・海洋　　　　　　　　　　　　・・・解答③

①**不適切**。断面積が大きくなると速度は小さくなるが、流量は一定である。

$$Q = v \cdot A = 一定（Q：流量、v：流速、A：断面積）$$

②**不適切**。圧力水頭がゼロになっても、速度水頭がゼロになるわけではない。

③適切。管径に反比例する。

摩擦損失は、管の長さと平均流速の2乗に比例し、管の内径に反比例する。

流体力学において、摩擦損失を求めるダルシー・ワイスバッハの式は覚えておいた方がよい。

$h_f = f \cdot \dfrac{L}{D} \cdot \dfrac{V^2}{2g}$	h_f：摩擦による損失水頭（m） f：摩擦損失係数 L：管の長さ（m）	D：管の内径（m） V：断面平均流速（g/s） g：重力加速度（m/s²）

④**不適切**。管路の急拡部では、速度が大幅に遅くなるため（Q＝v・A＝一定）、速度水頭が大幅に減少する。このため、速度水頭の減少量が損失水頭分を上回った場合は、ピエゾ水頭（位置水頭＋圧力水頭）が上昇する。

⑤**不適切**。流れ方向にエネルギー損失するため、一定とはならない。

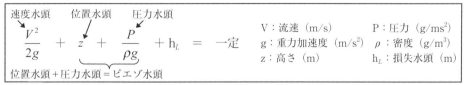

18 河川、砂防及び海岸・海洋　　　　　　　　・・・解答④

①②③⑤適切。
④**不適切**。マニング式はよく出題されるので、しっかり覚えておく必要がある。
マニング式において、平均流速は、動水勾配の平方根に比例し、粗度係数に反
比例する。

マニング式	$V = \dfrac{1}{n} R^{\frac{2}{3}} I^{\frac{1}{2}}$	V：流速（m/s） n：マニングの粗度係数	R：径深（m） I：動水勾配

19 河川、砂防及び海岸・海洋　　　　　　　　・・・解答⑤

①**不適切**。堤防高以下の水位の流量ではなくて計画高水流量である。
②**不適切**。河川堤防の浸透に対する安全性照査は、のり面のすべり破壊と基礎地
盤のパイピング破壊について行う。
③**不適切**。基本高水流量ではなくて計画高水流量である。
④**不適切**。ドレーン工は、川裏のり尻部を透水性が高くせん断強度の大きい材料
に置き換え、堤体の浸透水を速やかに排出するとともにすべり安定性を向上
させる。河川水を堤防に浸透させない効果はない。
⑤適切。

20 河川、砂防及び海岸・海洋　　　　　　　　・・・解答⑤

①～④適切。例外もあるが、一般論としてはそのとおり。
⑤**不適切**。土石流の一般的特性としては、岩塊、大礫、流木などの巨礫が先頭に
集中しているため、大きな破壊力を有していることである。逃げることはでき
ない。

21 河川、砂防及び海岸・海洋　　　　　　　　・・・解答④

①**不適切**。ウォッシュロードは、河床砂礫よりも細かい粒径の土砂で構成されて
いる流砂のことである。流速が遅くなってもなかなか沈殿しないため、ひとた

び流水中に取り込まれれば、長い距離を流下しやすい。ウォッシュロードが堆積するのはもっと下流である。

②**不適切**。掃流砂と浮遊砂が逆である。掃流砂とは、流水の直接の作用を受けて流路床上を転動、滑動する流砂のことで、浮遊砂とは、流水の乱れによる拡散現象により浮遊して輸送される流砂のことである。

③**不適切**。限界掃流力は、河床にある土砂が移動を開始するときの掃流力のことである。河床にある1個の砂粒に働く流体力をF、砂粒の抵抗力をRとすると、F＞Rの時に砂粒は動いている。すなわち、限界掃流力はF＝Rの時の力。FもRも粒径が大きくなればなるほど大きくなる。常識的に考えても粒径の大きな岩と砂粒では、粒径の大きな岩の方がなかなか移動しないことはわかる。

④**適切**。

⑤**不適切**。河床を構成する材料のうち細粒部分が流水によって運び去られた結果、粗い礫のみからなる層によって河床が覆われ自然の平衡状態が出現する。これをアーマリングといい、粗い礫からなる河床面の層をアーマーコートという。河川下流部ではなく、流速の早い上流部で起きる。

①～④**適切**。

⑤**不適切**。高潮の吹き寄せ効果は、風速の二乗に比例するのはその通りだが、水深は浅い方が潮位が高くなる。

台風や発達した低気圧が通過するとき、潮位が大きく上昇することがあり、これを「高潮」という。高潮は、主に以下の2つのことが原因となって発生する。

吸い上げ効果	台風や低気圧の中心では気圧が周辺より低いため、気圧の高い周辺の空気は海水を押し下げ、中心付近の空気が海水を吸い上げるように作用する結果、海面が上昇する。 気圧が1hPa下がると、潮位は約1cm上昇すると言われている。 例えば、それまで1000hPaだったところへ中心気圧950hPaの台風が来れば、台風の中心付近では海面は約50cm高くなり、そのまわりでも気圧に応じて海面は高くなる。
吹き寄せ効果	台風や低気圧に伴う強い風が沖から海岸に向かって吹くと、海水は海岸に吹き寄せられ、海岸付近の海面が上昇する。 この効果による潮位の上昇は風速の2乗に比例し、風速が2倍になれば海面上昇は4倍になる。また遠浅の海や、風が吹いてくる方向に開いた湾の場合、地形が海面上昇を増大させるように働き、特に潮位が高くなる。

23 　港湾及び空港　　　　　　　　　　　　　・・・解答④

①**不適切**。現状ではなく、将来の貨物量の増大、船型の大型化などの輸送体系の変化を十分に考慮に入れなければいけない。
②**不適切**。有義波は大きい方から数えて1/3の波である。
③**不適切**。港湾構造物の耐震性の検討は、対象とする構造物の動的特性を考慮し、震度法、地震応答解析、変形法のいずれか、又はその組合せによって行わなければならない。
④**適切**。ハドソン式は、広範囲の室内実験の結果に基づいており、また現地における使用実績も高いので、波力を受ける傾斜構造物の表のり面を被覆すべき捨石やコンクリートブロックなどの斜面被覆材の所要重量の算定はこれによることができる。しかし被覆材の安定性に及ぼす因子は多く、かつ変動性が高いので、重要な施設については条件に適応した実験により検討したうえで、適切に決定する必要がある。
⑤**不適切**。海底土層部は腐食の進行が非常に遅い箇所である。

24 　港湾及び空港　　　　　　　　　　　　　・・・解答⑤

①〜④適切。
⑤**不適切**。気温が高いほど、標高が高いほど、空気の密度が小さくなり、航空機の浮力及びエンジン出力が低下するため、離陸距離は長くなる。

25 　電力土木　　　　　　　　　　　　　　　・・・解答②

①**不適切**。貯水池式と調整池式が逆。
②**適切**。
③**不適切**。サーチャージ水位とは、洪水時に一時的に貯水池に貯めることのできる流水の最高水位。非洪水時に貯留することのできる流水の最高水位を常時満水位という。
④**不適切**。豊水流量は、1年のうち95日はこの流量よりも減少することのない流量のことである。1年のうち185日はこれを下らない流量を平水流量、275日はこれを下らない流量を低水流量、355日はこれを下らない流量を渇水流量という。

⑤**不適切**。揚水発電は、夜間などの電力消費の少ない時間帯に、他の原子力発電所や大規模火力発電所から余剰電力の供給を受け、下部貯水池（下池）から上部貯水池（上池）へ水をくみ上げておき、ピーク時に発電する水力発電である。

26 電力土木 ・・・解答③

火力発電所の冷却用水の取放水方式は、取水と放水が相互に影響を及ぼさないこと、および立地点の地形、海象、生物の分布、漁業の実態などを勘案し選択される。事業者には実行可能な範囲で配慮・対策をとることが求められており、環境設計や施工にあたっては環境保全の観点からの様々な配慮がなされている。取水方式には、表層から取水する方式と、温排水の再循環防止や水温が低い海水の取水を目的に 5 ～10m 程度のやや深い水深（夏季の温度躍層以深）から取水する深層取水と呼ばれる方式とがあり、後者を採用している地点が多い。
①②④⑤適切。
③**不適切**。海底付近ではなくて、海面付近の漂流物の取水口への流入を阻止できる。水路に付着するマガキ、ムラサキガイなどの海生物の幼生プランクトンやスクリーン閉塞障害を引き起こすミズクラゲの浮遊帯も比較的表層であるため、深層水の取水は海生物の障害を緩和する面からも有効である。

27 道路 ・・・解答⑤

①適切。その通り。
②適切。一年間、時間にして8,760時間（24 × 365）の一時間ごとの交通量を多い順に並べていくと、経験的に、1番目と30番目とでは、倍半くらいの違いがある。8,760時間のうち、30時間くらいはちょっと我慢しようという考え方に基づき、上から30番目を設計時間交通量とする。
③適切。
　12時間交通量：7:00～19:00の交通量
　24時間交通量：24時間の交通量
　昼夜率 = 24時間交通量／12時間交通量
④適切。大型車とは大型トラック、大型バス及び特殊車をいい、それぞれナンバープレートの分類が「1」、「2」、「8, 9, 0」のものである。
⑤**不適切**。ピーク率はピーク時間交通量を平均交通量で割ったものである。

①③〜⑤適切。
②**不適切**。常識的に考えて、性能指標は、道路管理者、つまり発注者が設定するものである。
◎用語の定義

疲労破壊輪数	舗装道において、舗装路面に49kNの輪荷重を繰り返し加えた場合に、舗装にひび割れが生じるまでに要する回数で、舗装を構成する層の数並びに各層の厚さ及び材質が同一である区間ごとに定められるものをいう。
塑性変形輪数	舗装道において、舗装の表層の温度を60℃とし、舗装路面に49kNの輪荷重を繰り返し加えた場合に、当該舗装路面が下方に1mm変位するまでに要する回数で、舗装の表層の厚さ及び材質が同一である区間ごとに定められるものをいう。
平たん性	舗装道の車道において、車道の中心線から1m離れた地点を結ぶ、中心線に平行する2本の線のいずれか一方の線上に延長1.5メートルにつき1箇所以上の割合で選定された任意の地点について、舗装路面と想定平たん舗装路面（路面を平たんとなるよう補正した場合に想定される舗装路面をいう。）との高低差を測定することにより得られる当該高低差のその平均値に対する標準偏差で、舗装の表層の厚さ及び材質が同一である区間ごとに定められるものをいう。
浸透水量	舗装道において、直径15cmの円形の舗装路面の路面下に15秒間に浸透する水の量で、舗装の表層の厚さ及び材質が同一である区間ごとに定められるものをいう。
舗装計画交通量	舗装の設計の基礎とするために、道路の計画交通量及び2以上の車線を有する道路にあっては各車線の大型の自動車の交通の分布状況を勘案して定める大型の自動車の1車線あたりの日交通量をいう。
舗装の設計期間	自動車の輪荷重を繰り返し受けることによる舗装のひび割れが生じるまでに要する期間として道路管理者が定める期間をいう。
舗装の性能指標	舗装の性能を示す指標をいう。

29　鉄道　　　　　　　　　　　　　・・・解答④

①**不適切**。曲線および分岐器において車両の走行を容易にするために軌間を内方へ拡大することを「スラック」という。「カント」とは車両が遠心力により外方に転倒することを防止するために外側レールを内側レールより高くすることをいう。設定カントは、次の計算式から求められる。

$$Co = 8.4 \times \frac{V^2}{R}$$

ここで、Co：設定カント（mm）　V：平均速度（km/h）　R：曲線半径（m）

②**不適切**。「限界脱線係数」とは車輪の形状や曲線半径から理論的に算出した、車輪がレールから浮き上がり始めるときの脱線係数をいう。

③**不適切**。「ロングレール」とは、1本のレールの長さが200m以上のものをいう。

④**適切**。

⑤**不適切**。「軌間」とは、左右レールの頭部内面間の最短距離を指す。わが国では、旧普通鉄道構造規則に基づき、軌間は長らく「レールの上面から14mm以内の頭部の最短距離」とされてきたが、この規則は廃止され、現在は、鉄道各社が実情に合わせて測定位置を定めることになっている。

30　トンネル　　　　　　　　　　　・・・解答⑤

①**不適切**。現在、一般的な山岳工法はNATM（New Austrian Tunneling Method）工法である。NATMは、トンネル周辺地山そのものの持つ力を利用し、ロックボルト、吹付コンクリート等を用いて地山の弱点を補強し、地山自身をトンネルの支保の主役とする工法である。以下に特徴を列挙する。

1) トンネルを支保するものは基本的には周囲の岩盤である。
2) 覆工は薄くてフレキシブルなものでなければならない。
3) 覆工の方法と時期は、岩盤の変位計測に基づき決定する。
4) 地山の強度特性については時間との関係を知る必要がある。
5) 地山と覆工との一体化は一次覆工の段階で果たされていなければならない。
6) 二次覆工は将来の地山条件の変化に対する安全性、止水性、一次覆工材料の耐久性への不安を補うためのものであり、二次覆工は一次覆工で安定を確保した後、変位が収束してから施工するのが原則である。

②**不適切**。吹付けコンクリートの品質としては以下を有する必要がある。
　1）掘削後ただちに施工し、地山を支持する初期強度
　2）施工中に切羽近傍でのトンネルの安定性を確保するための早期強度
　3）長期にわたり地山を支持する長期強度
　4）構造物の機能を維持するための必要な耐久性
　5）構内の作業環境保全上、粉じんの発生量が極力少ないこと

③**不適切**。ロックボルトの内圧効果は、ロックボルトの**引張力**に相当する力がトンネル壁面に内圧として作用する。
④**不適切**。吹付けコンクリートは、トンネル周辺地山の変形を抑制し、安定を確保する支保工の部材として最も一般的に使われている。吹付けコンクリートの効果は、肌落ち防止効果、地山への内圧付与効果、弱層補強及び形状保持の効果、応力分布の平滑化効果、被膜効果などである。問題文の記述は、ロックボルトの効果である。
⑤適切。

31	トンネル	・・・解答①

①適切。
②**不適切**。テールボイドは、セグメントとシールド機の空隙ではなくて、セグメントと地山の間の空隙のことである。テールボイドは、モルタル等で速やかに裏込め注入する必要がある。
③**不適切**。土圧シールド工法が適用できるのは主に粘性土に限られており、添加剤を投入する泥土圧シールド工法や、ほとんどの土質に適用できる泥水式シールド工法の方が適用範囲は広い。
④**不適切**。泥水式シールド工法における切羽安定機構は、切羽の土圧及び水圧に対抗できる泥水圧力を適正に設置して保持する必要がある。泥水には切羽に作用する土水圧よりも**多少高い圧力**を与え、切羽の土圧、水圧を抑える。
⑤**不適切**。シールド工法は、砂、粘土、岩盤など色々な地質でトンネルを造れる工法である。シールド機や各種機器を使用してトンネルを掘るので、周辺環境に悪影響を与えないようにトンネルを造ることが可能であり、都市部などの地上部が開発されている箇所でも、安全にトンネルを造ることが可能である。また、河川下などの地下水が豊富な箇所でも、安全にトンネルを造ることが可能である。

32 トンネル   ・・・解答③

①**不適切**。経済性の観点から、仮設構造物は小さな安全率が適用される。

②**不適切**。機械使用計画立案時は、組合わせる機械ごとの作業を主作業と従属作業に分類し、従属作業の作業能力は、通常の場合、主作業の能率を落とさないために主作業の能力より多めに計画する。

③**適切**。

④**不適切**。河川堤防の工事においては、施工現場における河川の水位・流量等の影響を受けることが多い。したがって、出水期を避けて施工するのが通例である。つまり、渇水期と呼ばれる11月から5月にかけて工事が行われる場合が多い。しかしながら、積雪・寒冷地域では積雪等による冬期施工の困難性から、また、大規模な工事では非出水期のみでは工期が十分に確保できないこともあり、夏期あるいは出水期に施工しなければならない場合もある。その場合は、事前に河川流況を調査し、施工計画および出水対策について検討しておくことが必要である。

⑤**不適切**。仮設構造物の方が使用期間も短く、作用荷重も限られており、万が一の事故の場合でも第三者への影響等が小さいため、本体構造物に比べて小さい安全率が適用されるのは確かだが、それでも100％の安全というわけではない。技術の世界では一般にリスクゼロなどというものは存在せず、常にリスクマネジメントが必要である。

33 施工計画、施工設備及び積算   ・・・解答③

①②④⑤適切。

③**不適切**。グラウンドアンカー式は、掘削面内に切ばりがないので機械掘削、躯体構築が容易である。また、偏土圧が作用する場合や掘削面積が広い場合に有効である。しかし、アンカーの定着できる良質地盤が適切な深度にあること、また、土留め壁周辺にアンカー施工が可能な用地があることが条件となる。

34 建設環境   ・・・解答③

①②④⑤適切。

③**不適切**。一つの事業について、環境影響評価法と地方公共団体の制度による手

続が重複して義務付けられることは、事業者にとって過度の負担となってしまうため、第一種事業やスクリーニングにおいて対象事業とされた第二種事業については、条例での環境アセスメントの義務付けはできず、法の対象外となった事業のみが、条例で環境アセスメントの実施を義務付けられることとなっている。

つまり、国が許可する事業か、都道府県が許可する事業か、という区分ではなくて、法の対象事業かそうでないか、という区分で環境影響評価法か条例に基づくものかが判別される。

35 建設環境 ・・・解答②

①**不適切**。水質汚濁防止法に定義される「公共用水域」とは、河川、湖沼、港湾、沿岸海域その他公共の用に供される水域及びこれに接続する公共溝渠、かんがい用水路その他公共の用に供される水路（下水道法に規定する公共下水道及び流域下水道であって、終末処理場を設置しているものを除く。）をいう。

②適切。

③**不適切**。大気については、気温が高い方が軽い。つまり、気温が下層よりも上層の方が高いとき、大気は安定している。

④**不適切**。建設リサイクル法で規定されている「特定建設資材」とは、コンクリート、木材その他建設資材のうち、建設資材廃棄物となった場合におけるその再資源化が資源の有効な利用及び廃棄物の減量を図る上で特に必要であり、かつその再資源化が経済性の面において制約が著しくないと認められるものと定められている。

⑤**不適切**。土壌汚染対策法で、調査命令が出せるのは、都道府県知事である。

正答一覧

●平成30年度

問題番号	1	2	3	4	5	6	7	8	9	10
答え	②	②	④	④	⑤	⑤	①	⑤	④	⑤
問題番号	11	12	13	14	15	16	17	18	19	20
答え	②	③	④	①	③	⑤	③	①	⑤	③
問題番号	21	22	23	24	25	26	27	28	29	30
答え	①	②	④	④	②	⑤	③	①	③	③
問題番号	31	32	33	34	35					
答え	②	⑤	④	②	①					

●令和元年度

問題番号	1	2	3	4	5	6	7	8	9	10
答え	④	①	⑤	②	④	③	②	⑤	①	④
問題番号	11	12	13	14	15	16	17	18	19	20
答え	⑤	③	⑤	②	③	④	③	⑤	④	②
問題番号	21	22	23	24	25	26	27	28	29	30
答え	⑤	④	①	②	④	④	①	③	③	①
問題番号	31	32	33	34	35					
答え	⑤	①	②	③	③					

●令和元年度再試験

問題番号	1	2	3	4	5	6	7	8	9	10
答え	⑤	⑤	②	①	④	⑤	④	②	⑤	②
問題番号	11	12	13	14	15	16	17	18	19	20
答え	③	④	④	①	①	②	②	③	④	③
問題番号	21	22	23	24	25	26	27	28	29	30
答え	①	③	②	①	③	③	②	④	⑤	③
問題番号	31	32	33	34	35					
答え	⑤	⑤	①	②	⑤					

●令和２年度

問題番号	1	2	3	4	5	6	7	8	9	10
答え	②	④	①	④	①	④	③	②	⑤	②
問題番号	11	12	13	14	15	16	17	18	19	20
答え	④	⑤	②	⑤	①	③	②	②	⑤	④
問題番号	21	22	23	24	25	26	27	28	29	30
答え	①	②	③	⑤	④	⑤	③	③	①	④
問題番号	31	32	33	34	35					
答え	①	⑤	②	④	③					

●令和３年度

問題番号	1	2	3	4	5	6	7	8	9	10
答え	③	③	④	①	②	③	④	⑤	①	④
問題番号	11	12	13	14	15	16	17	18	19	20
答え	②	④	②	①	④	③	②	①	⑤	④
問題番号	21	22	23	24	25	26	27	28	29	30
答え	①	④	⑤	②	④	②	③	⑤	①	⑤
問題番号	31	32	33	34	35					
答え	②	①	⑤	⑤	④					

●令和４年度

問題番号	1	2	3	4	5	6	7	8	9	10
答え	④	④	③	⑤	⑤	④	①	③	②	⑤
問題番号	11	12	13	14	15	16	17	18	19	20
答え	②	③	⑤	①	③	②	②	⑤	⑤	③
問題番号	21	22	23	24	25	26	27	28	29	30
答え	⑤	③	⑤	④	③	①	④	④	②	②
問題番号	31	32	33	34	35					
答え	①	①	①	③	②					

●令和５年度

問題番号	1	2	3	4	5	6	7	8	9	10
答え	③	④	⑤	②	①	⑤	③	④	②	④
問題番号	11	12	13	14	15	16	17	18	19	20
答え	③	②	③	①	④	③	②	⑤	③	②
問題番号	21	22	23	24	25	26	27	28	29	30
答え	①	⑤	③	①	⑤	②	①	③	⑤	④
問題番号	31	32	33	34	35					
答え	④	⑤	②	④	①					

●令和６年度予想

問題番号	1	2	3	4	5	6	7	8	9	10
答え	④	①	⑤	②	③	②	②	③	④	⑤
問題番号	11	12	13	14	15	16	17	18	19	20
答え	①	④	④	③	③	④	③	④	⑤	⑤
問題番号	21	22	23	24	25	26	27	28	29	30
答え	④	⑤	④	⑤	②	③	⑤	②	④	⑤
問題番号	31	32	33	34	35					
答え	①	③	③	③	②					

正答一覧

R3〜R6